바울서신 서론

PAUL AND JESUS
-The True Story-

Copyright ⓒ 2002 by David Wenham
Originally published in English under the title
PAUL AND JESUS
by Society for Promoting Christian Knowledge
Marylebone Road, London NW1 4DU UK
All rights reserved.

Korean Edition
Copyright ⓒ 2004 by Christian Publishing House
Seoul, Korea

초 판   2004년 8월 20일
저 자   데이빗 웬함
역 자   이 한 수
발행인 류 근 상
발행처 크리스챤출판사
       경기도 고양시 덕양구 토당동 364번지 현대 107-1701호
등 록   2000년 3월 15일(제 79호)
전 화   031) 978-9789, 011) 9782-9789, 011) 9960-9789
팩 스   031) 978-9779

값 : 표지뒷면
ISBN 978-89-89249-56-6

Paul and Jesus

바울서신 서론

데이빗 웬함 지음
이 한 수 옮김

크리스찬출판사

[차례 Contents]

· 역자의 말 _ 8
· 저자서문 _ 9
· 서론 _ 11

제1부: 시작 · 15

제1장 예수를 만나기 전의 바울 · 17
1. 바울의 이름과 출신지 · 18
2. 예수와 제자들과의 첫 접촉 · 21

제2장 대변혁 · 25
1. 다메섹 도상의 바울 · 28
2. 극적인 회심 · 31
3. 회심의 결과 바울에게 일어난 일 · 33

제3장 새로운 방향 · 39
1 아나니아 · 40
2 그 후에 일어난 일 · 41

제4장 안디옥: 동방의 수도 · 49
1. 안디옥으로 간 바울 · 53
2. 바울의 예루살렘 이차 방문의 문제점 · 57
3. 시기에 관해 · 62

제2부 바울의 선교여행과 서신 · 65

제5장 갈라디아의 내부와 그 주변 여행 · 67
  1. 사도행전에 나타난 그 이후의 일 · 68
  2. 바울서신에 나타난 그 이후의 일 · 71
  3. 사도행전과 갈라디아서의 상관관계 · 74

제6장 갈라디아에서 진행된 일 · 81
  1. 바울의 상황과 그의 반대자들 · 82
  2. 반대자들의 고발에 대한 바울의 반응 · 84

제7장 갈라디아서가 말하는 바울과 예수 · 97
  1. 예수의 십자가와 부활 · 101
  2. 성령을 지니신 하나님의 아들, 예수 · 102
  3. 하나님의 나라 · 107
  4. 사도들 · 109
  5. 성전파괴, 그리스도와 함께 십자가에 못박힘 · 114
  6. 사랑과 율법 · 116

제8장 헬라 지역 여행 · 121
  1. 헬라로 가는 길 · 122
  2. 사도행전에 나타난 헬라 사역 · 125
  3. 바울서신에 나타난 헬라 사역 · 129

제9장 데살로니가전서에서 진행된 일 · 139

    1. 안도의 한숨 · 140

    2. 디모데가 제기한 문제 · 141

제10장 데살로니가전서가 말하는 바울과 예수 · 147

    1. 주님의 재림 · 148

    2. 유대인의 심판 · 155

    3. 주님의 재림의 긴박성 · 161

    4. 고난 · 162

    5. 하나님의 나라와 윤리 · 163

    6. 결론 · 164

제11장 데살로니가후서 연구 · 167

    1. 데살로니가후서에 대한 의문점 · 170

    2. 데살로니가후서에서의 바울과 예수 · 174

제12장 에베소 여행 · 181

    1. 사도행전에 있는 그 이후의 일들 · 182

    2. 바울서신에 있는 그 이후의 일들 · 185

제13장 고린도전서에서 진행된 일 · 189

    1. 영적인 교회 · 191

    2. 고린도교회의 남녀 문제 · 194

    3. 음식 문제 · 199

    4. 지도력 문제 · 201

    5. 마지막 부활 · 204

    6. 고린도 교회의 혼란 · 206

제14장 고린도전서가 말하는 바울과 예수 · 211

    1. 부활 · 212

    2. 성만찬 · 218

3. 성 관계 · 220

   4. 사도권 · 229

   5. 세례와 하나님의 나라 · 235

   6. 믿음, 지식 그리고 구제 · 236

   7. 지혜와 계시 · 237

   8. 산상 설교 · 238

   9. 교회의 징계 · 239

   10. 아담과 인자 · 239

   11. 주님의 재림 · 242

   12. 결론 · 242

제3부: 마침 · 245

제15장 그 외의 것들 · 247

   1. 사도행전에서 계속되는 이야기 · 248

   2. 후기 서신에서의 바울과 예수 · 252

제16장 참된 이야기 · 259

   1. 사도행전에 있는 바울의 이야기 · 260

   2. 바울서신에 있는 예수의 이야기 · 262

   3. 바울과 예수의 참된 이야기 · 267

[역자의 말]

　서구의 어떤 진보적 학자들 가운데는 바울을 제2의 기독교 창시자라고 치켜세움으로써 예수와 바울의 신학을 이질적이고 모순적인 어떤 것으로 치부하려고 해왔다. 그들의 이러한 시각에 영향을 받은 사람들은 예수와 바울 사이에 신학적인 일치와 연속성을 찾는 일보다는 그들 사이에 존재한다고 생각되는 차이점과 불연속성을 찾는데 혈안이 되어 있다.

　본서는 예수의 교훈 전승이 바울의 신학 메시지에 얼마나 깊은 영향을 미쳤는가를 설득력 있게 논증해 준다는 점에서 그들 사이의 신학적 일치와 연속성을 훌륭하게 논증하는 몇 안 되는 복음주의적 성과라고 말할 수 있다. 이것은 본서의 저자의 결론 가운데서 나타난다: "참으로 인상적인 것은 예수의 전승이 바울의 서신 속에서 논하고 있는 모든 주제에 관해 어떻게 그렇게도 의미 있게 보이는가 하는 것이다. 그것이 갈라디아서에서 바울 자신의 사도권에 대한 문제이든지, 데살로니가서에서 죽은 그리스도인의 운명이든지, 고린도서에서의 성과 결혼이든지, 바울은 그가 말하는 것 속에서 예수의 전승을 깊이 있게 접근한다. 예수의 이야기와 담화는 그에게 기본 토대가 되었으며 그의 가르침에 핵심적인 것이었다."

　필자는 본서를 예수와 바울의 관계에 대해서 탐구하고자 하는 신학도와 목회자들뿐만 아니라 평신도들에게까지 이해 가능하도록 어느 정도 평이하게 쓰려고 노력하고 있다. 따라서 역자는 본서가 신학도와 목회자뿐 아니라 성경에 깊은 관심을 가진 평신도들 가운데서 폭넓게 읽혀지기를 바란다.

2004년 7월 16일
용산에서 역자 씀

[저자서문]

이 책은 지난 20년간 저자가 상당히 많은 관심을 기울였던 주제로 되돌아가는 것이라 할 수 있다. 하지만, 이 책은 저자의 초기 저서들과는 달리 연대기적인 접근법을 사용하였으므로, 보다 신선한 통찰력을 제공할 것이다. 이 책은 비교적 일반 독자의 수준에 맞추어 쓴 것이기에, 의도적으로 각주와 참고문헌을 최소한으로 줄였다. 그러나 저자는 그동안 다방면에서 다른 학자들의 생각과 식견을 받아들여왔기 때문에, 충분히 도움이 될 수 있는 참고문헌란을 원한다면, 언제라도 저자의 초기의 저서들을 참고하기를 바란다.

이 책의 출판을 도와준 모든 분들에게 감사드린다. 특히, 위클리프 학부(Wycliffe Hall)의 직원과 학생들에게 감사를 표하고 싶다. 직원들은 이 책을 쓰도록 안식년을 허락해 주고, 또 격려를 아끼지 않았다. 그리고 학생들은 수업시간과 강연을 통하여 저자가 다양한 아이디어를 생각해내고, 그리고 그것이 확인되는 동안에 모두 다 잘 들어 준 데 대해서 감사를 드린다. 이 책의 원고를 여러 학생들이 읽어 주었는데, 그 중에서 마르크 미카엘(Mark Michael)의 조언은 특히 유익하였다. 이 책을 채택하여 준 SPCK와 어드만 출판사(Eerdmans)에 대하여 감사하게 생각한다. 특히, 저자는 아내 클레어(Clare)의 사랑과 뒷바라지에 빚을 지고 있는데, 알랜과 시몬과 장모인 조안 윌슨을 포함하여 넓은 의미의 가족에게 감사를 드린다.

저자는 지난 칠 여 년 동안에 옥스퍼드에 인접한 어느 교구에서 아주 즐겁게 팀 사역을 했다. 저자는 그 사역을 하는 중에도 가르침과 설교를 통하여 예수와 바울을 생생하게 증거하려고 하였다. 이 같은 저자의 목적이 역시 학문적인 질문을 제공하고 있는 이 저서를 통하여서도 이루어지기를 바란다.

서론

"저는 다소(Tarsus) 출신인 사울을 여러분에게 소개하고자 합니다. 여러분들은 그에 대해 부정적인 이야기를 들었겠지만, 저는 그가 훌륭한 사람이고 그리고 예수 그리스도께 헌신된 제자인 것을 확실히 알려 드리고자 합니다." 이 말은 사울의 회심 이후(행 9:27)에 바나바가 그를 사도들에게 소개할 때에 말했던 내용의 요지일 수 있을 것이다. 예루살렘에 있는 사도들과 다른 그리스도인들은 교회의 첫째가는 핍박자인 이 사람에 대하여 탐탁하지 않게 생각하였으나, 바나바는 바울을 신뢰하였기에 이처럼 중요한 소개말을 한 것이다.

이 책이야말로 바나바가 했던 일을 21세기에 시도하는 것으로 여겨도 좋으리라. 오늘날 많은 사람들은 바울에 대한 부정적인 견해를 가지고 있기에, 그를 충성스런 그리스도의 제자로 보기 보다는, 단지 기독교라는 종교를 가지고 자신을 위해 일한 자유 활동가(프리랜서)라고 자주 비난한다. 바울은 예수의 선한 생각을 변질시켜 버린 자로, 그리고 온갖 나쁜 생각들(예를 들어 여성과 성에 관한)을 소개한 자로 고발당한다. 그리고 그는 다소 뒤틀린 신학적 지성을 가진 교만하고, 자기 주장이 강한 사람으로 보이기도 한다. 바울서신이 예수의 지상적 삶과 가르침을 많이 언급하지 않기 때문에, 사람들은 바울이 예수에게는 사실 관심이 없고, 오직 자신의 신학적인 상상력에서 나온 아주 다른 예수에게 관심이 있는 것이 확실한 것처럼 생각했다. 저자는, 이것은 바울에 대한 그릇된 견해라고 확신하기에 이 책을 통하여 그를 소개하고, 그리고 바울과 예수의 '참된 이야기'에 대하여 무엇인가를 말하기를 원한다.

바울에 관한 주요한 정보의 출처는 바울 자신의 서신(신약성경에서 발견됨)과 또한 사도행전이 있는데, 이 사도행전은 전통적으로 바울의 동료 중의 한 사람인 누가에 의하여 쓰였다고 여겨진다. 현대의 학자들은 신약의 문서와 그 신빙성에 대해 의심을 한다. 즉, 어떤 학자들은 바울이 썼다고 여겨지는 편지들 중 어떤 것은 바울 자신이 쓴 것이 아니라, 바울의 제자가 쓴 것이라고 생각한다. 어떤 학자들은 사도행전을 신빙성이 있는 역사적인 기술이라기보다는 초대 교회를 가상적으로 묘사한 것으로 본다. 이 책에서는 이러한 학적인 문제에 대하여 기술적으로 자세한 토론을 하려고 하지 않는다. 다만 바울의 생애를 생각할 때에 이러한 것들을 마음에 둘 필요는 있을 것이다. 그리고 이 책에서 언급하는 하나의 중요한 문제가 바울과 예수의 관계에 관심을 갖는 것이라면, 또 하나의 문제는 사도행전의 문제와 사도행전에서 바울을 묘사하는 문제이다. 우리는 사도행전과 바울서신을 차례로 들여다 볼 것이며, 그것들을 비교하면서 그것이 무엇을 말하는지를 보게 될 것이다.

이 책에서는 바울의 이야기를 연대기적으로 추적하고자 한다. 제1부에서는 바울의 혈통과 그의 회심에 대하여 아는 바를 연결해 보고자 한다. 그 후 이 책의 핵심부인 제2부에서는 바울의 소위 선교여행과 그의 서신 중에서 네 개(갈라디아서, 데살로니가전후서, 고린도전서)에 관심을 집중할 것이다. 이 곳에서는 차례로 이들 편지들을 보게 되는데, 먼저 그 상황을, 그리고 내용을, 마지막으로 바울과 예수의 문제에 있어서 그것이 조명하는 점들을 숙고할 것이다. 마지막인 제3부에서는 다른 증거들을 아주 간략하게 볼 것이며, 그리고 바울, 바울과 예수, 그리고 예수에 관해 어떤 결론을 내리게 될 것이다.

이 책은 학자들을 위한 것이라기 보다는 우선적으로 평범한 독자와 신학생용으로 기획되었다. 바울에 대해 이제까지는 거의 아는 것이 없었지만, 기독교의 성도 중에서 가장 중요하고 논쟁이 많은 이 사람과 그의 초기 서신을 이해하기를 원하는 사람들에게, 이 책은 바울 입문을 돕는 방법이 될 것으로 기대한다. 다른 한편으로, 이 책은 바울에 대한 일반적인 소개서가 아니라, 바울 사도와 관계된 특수한 역사적인 문제에 초점을 맞추고 있다. 저자는 이 책이 바울의 초기 생애와 사역 그리고 나사렛 예수와 그의 관계를 이해하는데 독특한 기여를 하기 바란다. 불가피하게도 모든 장마다 각종 질문들이 답변되지 않은 채로 남아 있게 되었다 (그 중에서도 특히 갈라디아서와 고린도전서와 같은 서신들은 몇 페이지 이내로 요약하고자 했음). 그러나 그런 약점에도 불구하고, 연대기적 접근과 바울의 삶과 서신, 그리고 바울과 예수의 문제를 함께 조망하려고 하는 이 책의 시도가 참신함과 아울러 밝은 빛을 비춰주기를 바란다.

- 다른 서적들에 관해서-

이 책은 저자가 전에 쓴 책인 「바울, 예수의 제자인가 아니면 기독교의 창시자인가?」(*Paul, Follower of Jesus or Founder of Christianity?*, Grand Rapids, Mich./ Cambridge: Eerdmans, 1994)라는 책과 어느 정도 비슷한 입장을 지니고 있다. 그러나 이 책은 연대기적인 접근과 사도행전과 바울 서신을 연결시키는 시도 때문에, 보다 참신한 전망을 제공하는 가치를 지니게 되었다. 필자가 전에 쓴 책들은 이 책보다 바울과 예수의 문제에 관하여 아주 더 많은 상세한 내용과 참고문헌상의 정보를 제공한다. 이 책은 예수와 바울의 신학적인 가르침과 개념을 비교하고, 바울이 예수에 대해 알고 있는 것을 조사하며, 그리고 그 문제에 관하여 다양한 학적인 접근들을 고찰한다. 필자의 논문 '사도행전과 바울이 말하는 육신 II. 비유의 증거' {「초대시대 배경의 사도행전, 제1권」 (*The Book of Acts in its First Century Setting*, vol. 1. B.W. Winter 와 A.D. Clarke 엮음/ Carlisle: Paternoster, Grand Rapids: Eerdmans, 1993)의 215-58}에서 사도행전과 바울 서신의 문제를 다루었다.

그 외에도 아주 많은 다른 책들을 언급할 수 있다. 브루스 교수(F.F. Bruce)는 맨체스터 대학에서 저자의 박사과정 지도교수였는데, 그의 책 「바울: 자유의 영의 사도」(*Paul: Apostle of the Free Spirit*/ Exeter: Paternoster, Grand Rapids: Eerdmans, 1977)는 여전히 바울과 그의 서신에 관한 대가다운 설명으로 유명하다. 맨체스터 시절의 나의 동료로 헤머(Colin Hemer)라는 사람이 있었는데, 그의 논문인 「헬레니즘 역사 배경 속의 사도행전」(*The Book of Acts in the Setting of Hellenistic History*/ Tübingen: Mohr, 1989)은 매우 가치 있는 사도행전에 관한 논의서이다. 보다 최근에 나온 시리즈인 「초대시대 배경의 사도행전」(*The Book of Acts in its First Century Setting*/ Carlisle: Paternoster, Grand Rapids: Eerdmans, 1993~)은 필자의 쓴 자료이다. 리스너(R. Riesner)의 「바울의 초기 시절」(*Paul's Early Period*/ Grand Rapids: Eerdmans, 1994)은 바울의 초기의 삶을 둘러싼 연대기적인 문제와 그리고 다른 문제들에 대한 가장 인상적이고 상세한 연구이다. 사도행전에 관하여 이용할 수 있는 많은 좋은 주석서 가운데 위더링톤(B. Withrerington)의 「사도행전: 사회적-수사학적 주석」(*The Acts of the Apostles: A Socio-*

Rhetorical Commentary/Grand Rapids: Eerdmans, Carlisle: Paternoster, 1998)은 최근의 유용한 정보로 가득 차 있다.

앞으로 우리가 토론하게 될 바울서신에 대해서는, 다음의 책들이 더 깊은 연구를 위한 유용한 자료들이다. 갈라디아서에 관하여서는 제임스 던(James D.G. Dunn)의「바울의 갈라디아서 신학」(*The Theology of Paul's Letter to the Galatians*/ Cambrige: Cambrige University Press, 1993)과 또한 바클레이(Jonh Barclay)의「진리에의순종」(*Obeying the Truth*/ Edinburgh: T.&T. Clark, 1988)을 보라. 롱게네커(B.N. Longenecker)의「갈라디아서」(*Galatians*/ Dallas: Word, 1990)는 활용할 수 있는 몇권 안 되는 가치 있는 주석 중의 하나이다.

데살로니가전서와 후서에 대한 베스트(E. Best)의「데살로니가전·후서주석」(*A Commentary on the First and Second Epistles to the Thessalonians*/ London: Black, New York: Harper and Row, 1972)은 마샬(I.H. Marshall)의「데살로니가전후서」(*1&2 Thessalonians*/ Grand Rapids: Eerdmans, 1983)와 마찬가지로 여전히 가치 있는 책이다.

고린도전서에 관하여서는, 제임스 던(James Dunn)의「고린도전서」(*1 Corinthians*/ Sheffiled: Sheffield Academic Press, 1995)가 이 문제에 관한 유용한 개요서이며, 그리고 브루스 윈터(Bruce Winter)의「고린도 이후의 바울」(*Paul after Corinth*/Grand Rapids and Cambrige: Eerdmans, 2001)은 신선하고 재미있는 책이다. 티슬턴(A.C. Thiselton)이 쓴 방대한 주석인「고린도전서」(*The First Epistle to the Corinthians*/ Carlisle: Paternoster, Grand Rapids: Eerdmans, 2000)는 어떤 사람에게는 너무 전문적이지만, 내용이 철저하여서 주목할 만한 책이다. 마지막으로, 그렇다고 해서 중요성이 적다고 할 수 없는 책인 김세윤의 새로운 책인「바울 신학의 새로운 전망」(*Paul and the New Perspective*/ Grand Rapids: Eerdmans, 2001)은 바울과 예수의 문제를 직접적으로 제공한 의미있는 학구적인 토론서이다.

PART 1

시 작

예수를 만나기 전의 바울

1

1. 바울의 이름과 출신지
2. 예수와 제자들과의 첫 접촉

1. 바울의 이름과 출신지

바울은 그의 서신에서 자신의 배경에 관하여 많은 말을 하지 않는다. 그가 왜 그렇게 했을까? 어쨌든, 바울은 아래와 같이 알려져 있다.

- 이름: 바울로스(Paulos). 이 이름은 평범한 헬라-로마식 이름이었다.
- 그는 실천적인 신앙을 가진 유대인 가정의 출신이었다: '팔일만에 할례를 받고, 이스라엘의 족속이요, 베냐민의 지파요, 히브리인 중의 히브리인이요, 율법으로는 바리새인이요' (빌 3:5).
- 그는 성인이 되어서, '손으로 일을 하는' 직업을 가졌다(고전 4:12; 살전 2:9).

물론 사도행전은 위의 모습보다 더 많은 살을 붙이고 있지만, 위의 기술은 대체로 사도행전이 말하는 바와 일치한다. 사도행전은 그의 이름을 처음에는 '사울' (히브리식 이름)이라고 부르지만, 그의 이름이 바울임을 확증한다. 다른 많은 유대인 어린 아이들처럼 그도 히브리식 이름과 로마식 이름을 가지고 있었을 것이다. 즉, 베냐민 족속 출신의 유대인 아이라면 이스라엘의 첫 왕(베냐민 지파 출신/삼상 9장)을 따라서 사울이라고 불렀을 것이라고 생각된다. 아마도 그의 가족은 로마식 이름인 바울이 어느 정도 그의 히브리식 이름과 발음이 비슷하여 그 이름을 선택했을 것이다.

사도행전에서 바울이 어떤 설명을 할 때 언급되듯이(행 21:39), 사울/바울은 '소읍이 아닌' 다소(Tarsus)에서 출생했다고 한다. 그 도시는 크고 번영하는 도시였다. 어떤 사람들은 그 도시의 인구를 50만으로 추산하는데, 그 정도의 인구수는 당시로서는 아주 큰 규모였다. 그 도시는 교육과 철학 학교들로 유명하였으며, 확고하게 기반이 잡힌 유대인 지역이 따로 있었다. 그곳은 바다에서 약10마일 정도떨어진 곳에 위치하고 있었는데, 그 위쪽에 지금의 남부 터키에 위치한 크니두스(Cnydus) 강이 있었다.

바울서신은 그의 혈통이 다소에 있었음을 직접 확증하지는 않지만 그가 회심한 후에 대부분의 시간을 그곳에서 보냈다고 말한다(갈 1:21과 그 밖의 갈라디아서). 바울은 헬라어에 능통하고, 그리고 헬라 수사학에 익숙하였는데, 그것은 그가 유대인이라는 것과 잘 부합한다. 즉, 유대인의 첫 번째 언어는 아마도 아람어(히브리어 중의 하나) 이었지만, 그들은 헬라어를 말하는 환경에도 아주 익숙하였다.

사도행전은 바울이 바리새인이었다는 것에 대해 동의하면서, 그가 예루살렘에 있는 '가말리엘 문하에서' (행 22:3) 자라났다고 말한다. 가말리엘은 아마도 신약시대에 예루살렘에 있었던 가장 저명한 유대인 랍비였는데, 그는 자신의 견해에 있어 비교적 자유스러운 사람인 것 같아 보인다. 어떤 사람들은, 후에 밝혀진 바처럼 가장 극단적인 선동자인 사울이 과연 가말리엘의 온건파 학교 출신일 수 있는지를 의심하지만, 오늘날 대학에서 가르치는 사람들은 누구나 학생들이 오히려 선생보다 훨씬 더 호전적이라는 것을 알고 있다.

사도행전은 바울의 직업이 텐트를 만드는 일(구체적으로는 피혁 가공업)이었으며, 로마 시민으로 태어났다고 말한다. 로마의 시민권은 제국에 있는 일부의 사람들에게만 수여하는 일종의 특권적인 지위였으나, 우리로서는 바울의 가족이 어떻게 또는 왜 시민권을 획득하였는지에 대해 알 수 없다. 시저(Julius Caesar)나 안토니(Mark Antony)를 비롯한 수많은 로마의 장군들이 다소를 방문하였을 때, 바울의 가족 중의 한 사람이 그들에게 은혜를 입었거나, 또는 아우구스투스(Augustus) 대 황제에게 은혜를 입었을 수 있었을 것이다. 바울의 아버지가 아마 로마 군대를 위하여 텐트를 만들어 주어서 시민권을 얻었다고 하는 생각은 일종의 억측이다. 그러나 바울의 회심 이후에 추측컨대, 자신의 가족과 이전의 후원의 토대가 끊어졌을 때에 그가 실제로 텐트를 만드는 일을 했을 가능성은 충분하다. 바울이 로마 시민인 것, 가말리엘 밑에서 공부한 것, 그리고 예루살렘 종교당국의 반기독교적인 운동의 지도자로서의 위치라는 여러 가지 요소들은 모두 그가 어느 정도 영향력 있는 유대인 집안의 출신이고, 그리고 그의 친구들이 고위층에 있었다는 것을 말해 준다. 그렇기에 바울이 그리스도인이 되어 이런 모든 것들에서 등을 돌리게 된 것은 커다란 '손실'이 아닐 수 없다(빌 3:8, 9).

바울서신들은 사도행전에 있는 이런 자세한 모든 것들을 확증하지 않는다. 바울서신에서는 바울의 로마 시민권에 대하여 말하지 않고, 그리스도인들에게 있는 하늘의 시민권에 대해 말한다(빌 3:20). 어쨌든, 바울서신들로부터 받는 인상은 바울은 능력 있고, 확신에 차있는 지도자로서 다양한 종류의 사람들과 관계를 맺을 수 있는 사람이었다는 것은 분명해 보인다. 이것은 사도행전이 그의 배경에 관해 말해주는 바와 아주 일치한다.

우리는 사실 바울의 가족에 대하여 잘 알지 못한다. 그러나 그는 어느 한 곳에서 자신보다 앞서 그리스도인이 되었으나, 지금은 로마에 수감되어 있는 자신의 어떤 친척에 대해 말한다(롬 16:7, 흥미를 끄는 언급임). 사도행전은 예루살렘에 살고 있는 바울의 누이와 그 누이의 아들에 대하여 언급하고 있는데, 그 누이의 아들(생질)은 고위층과 접촉을 하고 있었던 것 같다. 그리고 흥미롭게도 그 생질이 바울을 돕는다(행 23:16). 어떤 사람들은 바울이 결혼을 했는데, 아마도 그가 회심하였을 때 홀아비였거나 이혼하지 않았을까 라고 의심을 한다. 어쨌든 2, 3세기의 어떤 그리스도인들이 바울이 결혼했을 것이라는 생각했다고 할지라도(아마도 빌 4.:3의 '참으로 나와 멍에를 같이 한 자'라는 말에 대하여 오해한 것 같다. 알렉산드리아의 클레멘트 지음, 스트로마테이스[*Stromateis* III], vi. 53과 이그나티우스 지음, 필라델피아우스[*Philadelphiaus*] 4:4또는 44를 참고하라), 이에 대하여 믿을 만한 증거는 없다. 사실 유대인 남자라면 누구나 다 정상적으로 결혼을 하려고 했겠지만, 사도행전에 의하면 사람들이 스데반에게 돌을 던질 때에,

바울은 학생일 정도의 '청년'이었다고 한다(행 7:58). 어떤 사람들은 사도행전 26장 10절에서 바울이 그리스도인을 반대하는 데 '가편투표'를 한것에 대해 바울이 최고의 유대인 회의기관인 산헤드린의 회원이라고 주장한다. 그러나 바울이 그 회의의 원로 중의 한 사람이었던 것 같아 보이지는 않는다. 그보다 그는 아마 그 회의 기간 동안에 참석했던 문하생(학생) 중의 한 명인 것으로 보인다. 바울이 그리스도인의 활동을 막는 일에 매우 적극적으로 관계하고 있을 그 당시 아직 결혼을 하지 않은 상태라고 한다면, 그것은 그리 놀라운 일이 아니다.

만약에 바울의 나이가 스데반이 돌에 맞아 죽을 때인 A.D. 30년대 초에 15살에서 20살 사이라면, 그는 아마 다소에서 A.D. 15년에서 20년 사이에 태어났을 것이다(이것은 그가 고린도전서와 같은 서신을 쓸 때에는 40대 나이였음을 뜻한다). 그가 바리새인의 교육을 받기 위하여 예루살렘에 오기 전에, 다소에서 얼마동안 머물러 있었는지에 대해서는 알기 어렵다. 그러나 적어도 그가 예수의 죽음 이전에 사실 예수와 같은 시간에 예루살렘에 있었던 것은 가능하다.

2. 예수와 제자들과의 첫 접촉

바울이 예수와 같은 시간에 예루살렘에 머무르고 있었다고 하더라도 그가 예수를 만났다거나 또는 그의 말씀을 들었다는 것에 대한 증거는 없다. 그가 고린도전서 9장 1절에서 '예수를 봄'에 대하여 언급하고 있는 것은, 그가 회심한 후에 확실히 부활하신 예수님을 만난 것이라고 할 수 있다(고전 15:7과 비교하라). 그가 이전에 예수를 만나보지 못했다는 것에 대해 어느 정도 놀랄 수도 있으나 복음서를 보면 예수는 유월절 축제 때에만 예루살렘에 왔었음을 알 수 있다. 그리고 축제 때에는 10만 명이나 되는 순례객이 그 도시에 족히 있었을 것이라고 평가된다(평상시 인구의 최고치임. 어느 학자는 약 3만 명으로 추산). 바리새인 학생인 청년 사울이 예수와 같은 시간에 예루살렘에 있었다고 할지라도, 그가 예수를 만났어야 할 이유는 없다. 지금 필자가 살고 있는 옥스퍼드(약 12만의 인구)에 자주 왕실의 사람들과 종교 지도자들이 방문하는 것으로 알지만, 필자는 그들이 이 근처에 있어도 거의 그들을 만나보는 일은 없다. 만약에 사울이 예수가 예루살렘 안에 있는 것을 알았다고 하더라도, 바리새인들이 이 젊은 선생(예수)에 대해 그토록 반대하였기에 아마 사울도 그를 멀리하기로 신중하게 결정했을 것이다.

사울과 기독교적인 운동 사이에서 기록된 첫 번째 만남은 스데반이 돌에 맞아 죽을 때에 이루어졌다. 사도행전은 스데반에게 돌을 던진 사람들이 "자기들의 옷을 사울이라고 하는 청년의 발 앞에 두었다"고 하며, 그리고 돌 던진 일을 기술한 후에, "사울이 그의 죽임 당함을 마땅히 여기더라"고 말한다(행 7:58; 8:1). 사도행전은 계속해서 예루살렘 교회의 대박해를 기술하면서, 다음과 같이 설명 한다: "사울이 교회를 잔멸할쌔 각 집에 들어가 남녀를 끌어다가 옥에 넘기니라"(8:3).

이 설명은 그리스도인에 대한 바울 초기의 적대적인 관계를 말하는 그 자신의 설명과도 잘 일치된다. 그러므로 그는 갈라디아 1장 13-14절에서 이렇게 설명한다. "내가 이전에 유대교에 있을 때에 행한 일을 너희가 들었거니와 하나님의 교회를 심히 핍박하여 잔해하고, 내가 내 동족 중 여러 연갑자보다 유대교를 지나치게 믿어 내 조상의 유전에 대하여 더욱 열심이 있었으나". 그는 또한 고린도전서 15장 9절에서 교회에 대한 자신의 박해를 언급하면서, 빌립보서 3장 5-6절에서는 "율법으로는 바리새인이요, 열심으로는 교회를 핍박한 자"라고 말한다(딤전 1:13과 비교하라).

사도행전과 바울서신은, 열심있는 젊은 바리새인으로서 바울이 빠르게 성장하고 있는 기독교 운동을 근절시키는 것을 자신의 의무로 알고, 그들을 박해하는 일을 무자비하게 실행했다는 사실을 서로 동일하게 설명한다.

바울은 스데반에 관하여 언급하지 않는다. 그러나 바울과 스데반에 대한 사도행전의 설명은 전반적으로 사실로 보인다. 스데반은 초대교회의 구제하는 일을 돕기 위하여 지명된 일곱 남자 중의 한 사람이었다. 사도행전에 의하면, 1세기 초의 기독교회에서 부자들은 자신의 부를 가난한 자들과 함께 나누고, 그리고 극빈자(특히, 고대 사회에서 가장 약한 집단 중의 하나인 과부들)에게 음식을 제공하는 신실한 공동체의 생활을 했다(행 5:32-37). 그러나 초대 교회가 급격하게 확장되다 보니 이와 같은 실천적 구제 프로그램의 운영이 잘못되어서 그동안 소홀히 다루어져왔던 헬라어를 말하는 과부들에게서 특히 불평이 나오게 되었다(6:1-3). 그래서 일곱 사람이 지명이 되어 음식을 효과적이고 공정하게 분배하도록 감독하게 되었다. 그들은 기독교 교회의 첫 번째 '집사'로 흔히 알려져 있다. 그리고 '집사'라는 말은 문자적으로는 '종'을 의미하는데, 일곱 사람은 식탁의 '섬김'을 위한 책임을 감당하기 위하여 선택되었다.

흥미롭게도 일곱 명 모두가 헬라어 이름을 가지고 있는 것을 보면, 그것은 실제적인 어떤 일을 하기 위해서라기보다는, 성장하고 있는 교회의 입장에서 헬라어를 말하는 소수의 사람들의 중요성을 인정하고자 하는 목적으로 지명된 것 같다. 예수와 열두 제자들은 주로 아람어(물론 헬라어나 히브리어나 라틴어도 잘 말하였을 것이지만)로 말했고, 그리고 예루살렘에 있는 교회도 처음에는 아람어로 말했던 것 같다. 그러나 로마제국의 다른 지역에도 유대인들이 많이 있었는데, 그들에게는 헬라어가 모국어였다. 이들 중에 어떤 사람들이 예루살렘으로 와서 거주하였는데, 그들 중에 어떤 이들은 그리스도인이 되었다. 그 일곱 사람은 헬라어를 말하는 사람들 중에서 나온 것 같다. 그리고 그들은 뒤에서 일하는 사람들이 아니라, 헬라어를 말하는 사람들 중에서 교회 사역이 늘게 되자 인도자의 역할을 하게 된 사람들인 것 같다. 그러므로, 사도행전은 스데반이 '자유자('리버디노'라고 일컬어졌다)의 회당'을 상대하면서 구레네와 알렉산드리아(북 아프리카), 길리기아와 아시아(오늘날의 터키)에서 온 유대인들을 다루는 사람이라고 기술한다(6:9). 사도행전에 의하면, 일곱 사람 중의 또 다른 사람인 빌립은 사마리아 지역과 한 명의 이디오피아 사람에게 역시 복음을 전하였다(행 8).

바울이 스데반에 관해 언급한 적은 없을지라도, 두 사람 사이에 어떤 관련이 있었다는 것은 가능한 것 같다. 바울은 길리기아의 다소 출신이고 스스로 아람어를 말하는 '히브리인 중의 히브리인' 이라고 하였을지라도, 그는 전적으로 헬라어에 정통하였다. 그래서 그는 자기의 고향지역의 출신 사람들이 포함되어 있는 회당에서 틀림없이 교제했을 것이다. 사도행전은, 스데반이 적어도 그의 대적자들의 눈에는 성전과 모세의 율법에 대하여 비판적인 사람으로 보였다고 말한다(6:13, 14). 바리새인들은 유대인의 법의 상세한 사항을 강조하면서, 하나님에 대한 우선권과 그 목적에 대하여 사람들을 맹목적으로 만들기 위해 흔히 성전과 관련된 신비한 분위기를 강조했는데, 스데반(예수님과 같이)은 이것을 비판했을 것으로 추측된다(사도행전 7장에 있는 스데반의 설교가 이 점을 지적한다). 그러나 바리새파 청년 사울의 정확한 입장이 어떤 것이든지 간에, 사울은 지금 막 부상하고 있는 그리스도인 지도자인 스데반과 그가 주장하는 것을 아주 모욕적이고 위험한 것으로 보았을 것이다. 그리고 사울로 하여금 기독교 운동에 반대하는 운동을 적극적으로 하면서, 결국 그 일에 지도적인 역할을 하도록 이끈 중요한 촉매역할을 스데반이 했을 것이라고 짐작된다. 스데반의 죽음 이후에 발생한 그리스도인의 박해로 인하여, 예루살렘에 있는 그리스도인들("사도들을 제외하고",행 8:1)이 유대와 사마리아로 흩어지게 됨을 사도행전이 약간 신비하게 말하는 것은 우리의 관심을 어느 정도 끌게 한다. 만약, 이 박해가 스데반과 빌립(그 이야기는 사도행전에 바로 뒤이어 나옴)과 같은 헬라파 그리스도인들을 정확히 목표로 하지 않았다고 하면, 이 박해에 사도들이 제외된 것은 이상한 일이 아닐 수 없다.

　스데반이 결국은 바울을 교회의 박해자로 만드는 데 영향을 주었을 뿐만 아니라, 또한 바울의 회심 이후에도 그에게 계속 영감을 주었다는 주장은 흥미로운 생각이다. 바울이 헬라어를 쓰는 교인들의 지도자인 스데반의 외투를 들고 있을 때, 스데반이 율법과 성전에 대하여 바리새인과 다른 유대인의 태도에 대하여 비판하는 것을 역시 정면으로 받아들였을까? 저자는 이 책의 제목을 "예수를 따르는 바울(*Paul follows Jesus*)"로 생각을 해 보았으나, 또한 "스데반을 따르는 바울(*Paul follows Stephen*)"이라고 하는 것도 맞는 것 같다. 그러나, 먼저 바울은 회심을 해야만 했다.

대변혁(The big bang)!

2

1. 다메섹 도상의 바울
2. 극적인 회심
3. 회심의 결과 바울에게 일어난 일

바울이 다메섹 도상에서 부활하신 예수를 만난 이야기는 확실히 모든 시대를 통틀어 가장 유명한 회심의 이야기이다. 그러나 우리는 그 사건을 바울 자신만이 아니라 세상을 변화시킨 사건으로 이해한다. 물론, 그 것은 바울의 세계를 변화시켰다. 어떤 사람들은 이것을 '회심'으로 불러야만 하는지에 대해 의문스럽게 여기는데, 왜냐하면 바울의 관점에 있어서 그것은 종교를 바꾼 경우가 아니라, 그와 다른 유대인들이 기다렸던 메시아를 발견한 것이기 때문이다. 어쨌든 회심이란 단어가 어떤 길에서 다른 길로의 방향전환을 의미한다면, 그것은 확실히 바울에게도 일어난 일이다. 그것은 극적인 변화였다. 고린도후서 5장 17절에서, 바울은 그리스도인이 된 사람에 대하여 '새로운 피조물'이라는 단어를 사용하고 있다. 그것은 그 자신에게도 동일하였다. 창조 때에 비췄었던 빛이 바울의 마음에 비춰서 그에게 새로운 생명을 가져다주었다(고후 4:3). 그것은 또한 하나님과 그의 목적에 대하여 전체적으로 새로운 이해를 갖게 했다. 즉, 바울이 갈라디아서 1장 12절에서 '예수 그리스도의 계시로 말미암아' 그의 복음을 받았다고 말할 때, 자신의 회심의 경우가 복음을 이해하게 된 중대한 순간이라고 확실히 언급한다.

이 모든 일들은 그가 반기독교적인 조직을 이끌고 있었을 때에 일어났다. 어떤 시기에나 기독교 운동을 반대하여 계속되고 있는 운동이 있었다. 즉, 기원 후 30년경에 예수를 체포하여 처형한 일은 당국자들이 보기에 골치 아픈 운동을 제거하려는 첫 번째의 주요한 시도였다. 그러나 불행하게도 그들이 하는 일은 어느 시기에 있어서도 기독교 운동을 멈추게 하지 못하였고, 오히려 그 반대로 되었다. 그리스도인들은 예수가 다시 살아났다는 주장을 하였으며, 그리고 당국자들은 스스로 급격하게 늘어나는 사람들의 움직임을 만나게 되었다. 이 사람들은 그토록 마음에 걸리는 예수의 사상을 전파하였을 뿐만 아니라, 하나님에 의하여 지금 다시 생명을 받은 유대인의 메시아인 그 사람을 자신들이 치욕스럽게 처형했다는 주장을 했다.

그 당시 막 출현하고 있는 교회의 전진을 막아보려는 산발적인 시도들이 있었다. 그러나 우리가 보았듯이, 스데반으로 인해 모든 사태가 더욱더 격렬하게 돌변하게 된 것 같다. 이렇게 모든 사태가 돌변한 이유는 스데반이 열두 사도들보다 더 유대인의 종교에 대하여 비판적인 목소리를 내어서인지, 아니면 유대인 지도자들이 보기에 '이단적인' 이 종교가 애초에 갈릴리 지역을 이끌었던 모임으로부터 다른 유대인 그룹으로까지 확장되는 것을 보고 더욱 악독하게 되어서인지, 아니면 반기독교 운동과 관련된 특별한 개인 때문인지 그 이유에 대해서는 분명하지 않다. 분명한 것은 젊은 바리새파 청년인 사울이라는 강력한 사람이 분명히 개입하게 되었다는 것이다.

스데반 순교에 뒤이어 일어난 그리스도인 박해의 충격은 극적이었다. 그러나 일단 다시 그 충격을 그리스도인의 관점에서 본다면 부정적이기 보다는 긍정적인데, 그 이유는 예루살렘을 강제로 떠나게 된 그리스도인들이 모든 지역으로 흩어져 복음을 전파했기 때문이다(행 8:1, 4). 수리아에 있는 다메섹도 거기에 있는 유대인 회당에 그리스도인들이 모임을 쉽게 가지게 된 지역들 중의 하나였다. 예루살렘 당국자들의 관점에서 보면, 이런 상황은 매우 걱정스러운 것이었다. 즉, 이것이 암처럼 유대인의 세계에 퍼져 유대인과 회당에서 '하나님을 경외하는' 이방인 지지자들도 분명히 부패시킬 것 같았기 때문이다. 이러한 상황 속에서 사울은 당국의 인정을 받아 다메섹에 있는 그리스도인들을 뒤쫓게 되었다. 그리고 우리는 이것이 그의 독창적인 행동이었으나, 그후에 당국자들에 의하여 승인을 받은 것으로 추측할 수 있다.

사도행전에서 이런 모든 것이 정확하게 설명하고 있으나, 바울이 쓴 갈라디아서에서도 자신이 그리스도인들을 열성적으로 핍박한 자였고, 그리고 그의 회심은 다메섹이나 그 근방에서 일어났다고 확실히 말한다(갈 1:13-15). **날짜에 관하여**: 이러한 일의 진전은 예수의 죽음 이후 일년이나 이년 이내에 일어났기에, 사울은 A.D. 31년이나 32년에 다메섹 도상에 있었을 것이다(날짜 문제의 모든 것을 학문적으로 토론하기 위해서는 리스너[R. Riesner]의 바울의 초기시절」[*Paul's Early Period*]을 참조하라).

1. 다메섹 도상의 바울

바울이 자신의 운명을 결정하는 여행을 계속하면서 무슨 생각을 했는지 누가 정확하게 알겠는가? 이것에 대해 너무나 많은 추측을 하는 것은 지혜롭지 못한 일이다. 그 반면에, 다른 여러 가지 것들에 관하여서는 정당하게 확신할 수 있다. 그는 기독교 운동은 유해하기 때문에 짓밟아 버려야 한다는 생각을 분명히 했을 것이다. 또한 이런 일을 일으키는 것 역시 하나님의 뜻이라고 분명히 생각했을 것이다. 보다 자세하게, 다음의 네 가지의 부제목을 가지고 이 문제를 생각해 볼 수 있다.

1) 바울은 예수님에 대해 어떤 생각을 했을까?

바울이 특히 스데반과 같은 사람들과 더불어 격렬한 논쟁에 참여했다면 분명히 예수에 대하여 무엇인가, 많은 것을 알게 되었을 것이다. 바울은 예수가 갈릴리에서부터 제자들을 데리고 있는 인기 있는 종교 지도자였고 구약에 약속된 하나님 백성의 구원이 예수 자신의 사역 안에서, 그리고 그 사역을 통하여서 온다는 주장을 한 것을 알았을 것이다. 그는 예수의 병 고침과 귀신 쫓음이라는 이미 예상된 기적들도 알고 있었을 것이다. 그리고 그 기적들은 예수를 따르는 자들의 경우에는 하나님에 의해 일어난 표적으로 환영을 받았으나, 바울과 다른 바리새인에 의해서는 허위 또는 마귀에 의해 일으켜진 것으로서 거부되었다.

바울은 예수가 메시아이고 하나님에 의해 선택된 지도자라고 하는 그리스도인들의 주장을 알았을 것이다. 그러나, 아마도 바울은 사람들을 잘못 인도하는 죄를 범한 거짓 예언자로 예수를 보았을 것이다. 특별히 바울은 구약의 율법을 예수가 소홀히 한 것과 정결예법에 대해 부주의한 것에 대해서 반대했을 것이다. 바리새인들은 율법을 잘 준수하는 것과 정결하지 못한 것이나 부정한 것을 멀리하고자 하는 것으로 유명한 사람들이었다(바리새인이라는 이름은 원래 '분리주의자'라는 뜻을 의미한다). 그들은 외세의 영향력이 아주 강할 때마다 유대 국가를 거룩하고 특별하게 지키기를 원하였다. 어떻게 보면, 예수는 정반대의 방향으로 사람들을 이끄는 것 같아 보였다. 즉 그는 하나님에게서 왔다고 하나 안식일에 대하여 관대한 견해를 취하고 죄인으로 알려진 자들과 자유롭게 교제를 했기 때문에 이런 근거에서 바울은 예수를 반대했을 것이다. 바울은 또한 예수가 말한 성전에 대한 도전적인 말과 행동에 대하여 틀림없이 반대했을 것이다. 즉, 예수가 성전에서 장사하는 자들을 내어 쫓고 성전의 멸망을 예언한 것은 유대교의 가장 신성한 기관에 대한 오만한 모욕행위로 보였기 때문이다.

바울은 예수가 죽음에서 부활했다는 그리스도인들의 이야기를 알았지만 단호하게 거절했을 것이다. 그는 예수가 자기의 죄로 인하여 정당하게 처형을 받았다고 이해했을 것이다. 구약의 신명기에는 기적을 행하여도 하나님에 대한 진실한 예배에서 사람들을 벗어나게 하는 그런 예언자들에 대하여서는, 그들을 죽음에 처하도록 명령한다(신 13:1-5). 같은 신명기를 보면, 나무에 매달려서 처형된 사람의 죽은 몸을 어떻게 다루어야 하는지를 설명하고 있다. 그것에 보면, "나무에 달린 자마다 하나님의 저주를 받은 자"(21:22-3)이기 때문에, 밤새도록 걸어두지 말라고 한다. 바리새인인 바울은 이러한 율법을 아주 중요하게 다루었을 것이며, 사람들을 잘못 인도한 죄로 예수를 마땅히 죽여야 했다고 여겼을 것이다.

2) 율법과 하나님에게 옳다함을 받는 방법에 대한 그의 견해는?

이미 말하였듯이, 바울은 '율법에 대한 열심' (갈 3:14, 빌 3:5, 6)을 가지고 행동을 하였다. 시편 119편의 저자와 같이(예를 들어, 9-11절), 바울은 하나님의 율법을 부담스러운 짐이 아니라, 그의 백성을 위한 하나님의 선물로써, 하나님을 기쁘시게 하는 의로운 삶을 살기 위한 방편으로 간주했을 것이다. 그는 다른 바리새인들처럼 자신의 소명은 다른 사람들이 율법을 지키도록 도와주는 일로 생각했다. 물론, 그 역시 이스라엘을 향한 하나님의 은혜와 사랑을 믿었으나, 그에게 있어 율법을 지키는 것이야말로 그 사랑 안에 머무는 길이었고 하나님의 심판 아래에 떨어지지 않는 방법이었다.

3) 바울은 하나님 앞에서 자신과 자신의 입장을 어떻게 생각했을까?

바울은 매우 양심적인 사람으로 율법을 지키는 바리새파 유대인이었던 것이 분명하다. 빌립보서 3장 6절에 보면, 회심 이전의 자신을 심지어는 "율법의 의로는 흠이 없는 자"라고 말할 정도였다. 그는 그리스도인의 율법에 대한 느슨함에 맞서서 그리스도인을 공격하는 것을 하나님의 율법과 종교적인 순결을 옹호하는 것으로 보았을 것이다. 추측하건대, 바울은 어떤 정당성을 앞세우면서 하나님 앞에서 자신을 의로운 사람으로 생각하였다. 그가 자신을 모든 면에서 완전한 자로 생각했다는 것이 아니라, 어느 정도 납득이 되는 범위 내에서 자신을 하나님의 선택된 백성의 한 구성원으로서, 특별히 의로운 자로 보았을 것이다. 즉, 그는 남들에게 좋은 모범을 보이고 있어서 종교적으로도 높은 점수를 받은 사람이었다. 누가복음 18장 9-14절에 나오는 바리새인과 세리에 대한 예수의 비유는 의도적으로 그러한 바리새인의 태도를 풍자하는 것 같다(이곳에 보면, 바리새인은 '나는 다른 모든 사람 즉, 강도와 악인과 간음을 행한 자, 또는 심지어 이 세리와 같지 않고, 그리고 일주일에 두 번씩 금식을 하고, 소득의 십일조를 내고 있음'을 하나님께 감사한다). 그런데 여전히 바울도 그의 종교적인 성취에 대하여 동일하게 감사하는 것 같아 보인다. 그가 자신에 대해 득의만만했다는 것이 아니라, 그 자신이 의의 길로 알고 있는 것을 모질게 추구했다는 것이다.

4) 그리스도인과 이방인에 대한 바울의 태도는?

그는 이방인을 하나님의 백성의 밖에 있는 자로, 그리고 부정한 죄인(신실한 유대인이라면 이들과 구별되어야만 하는)으로 보았을 것이다. 그리스도인에 대해서는 예수에 의하여 잘못 인도되었고 다른 이들을 잘못 인도하고 있는 자들로 보았을 것이다. 바울은 이들이 예수를 메시아로 선언하는 것과, 이들 중 어떤 이들은 유대인의 율법에 대하여 자유스러운 것과, 사마리아인과 같은 비유대인과의 교제를 확대하는 것에 대하여 반대하였을 것이다. 바울에게 있어, 특히 근심스러운 사태는 기독교라는 이단이 국제적으로 퍼지고 있는 것이었다. 기독교인들을 더 이상 제어할 수 없게 되기 전에 그들을 긴급하게 굴복시켜야만 하였다.

바울이 확실하게 이런 말로 자기의 견해를 표현하려고 했는지에 대하여 증명할 수는 없다. 그러나 그가 다메섹의 길을 향하여 여행을 할 때, 사태를 이런 입장에서 보았다고 말하는 것은 그릇된 공상이 아니다. 그러나 그 후에 바로 회심이 있었다.

2. 극적인 회심

사도행전은 바울의 회심에 관하여 세 가지의 다양한 설명을 한다(행 9, 22, 26장). 그리고 바울은 갈라디아서 1장에서 자신의 회심을 언급한다. 사도행전에 있는 설명들은 약간 다르나(그렇다고 사도행전의 저자에 대해 염려할 필요가 없으며, 우리도 이에 대해 고민할 필요가 없다), 일반적으로 그 사건을 이해하는 방식은 동일하다. 사도행전 9장에서는 그것을 이렇게 기술한다.

"사울이 행하여 다메섹에 가까이 가더니 홀연히 하늘로서 빛이 저를 둘러 비추는지라 땅에 엎드러져 들으매 소리 있어 가라사대 사울아 사울아 네가 어찌하여 나를 핍박하느냐 하시거늘 대답하되 주여 뉘시오니이까 가라사대 나는 네가 핍박하는 예수라 네가 일어나 성으로 들어가라 행할 것을 네게 이를 자가 있느니라 하시니 같이 가던 사람들은 소리만 듣고 아무도 보지 못하여 말을 못하고 섰더라 사울이 땅에서 일어나 눈은 떴으나 아무것도 보지 못하고 사람의 손에 끌려 다메섹으로 들어가서 사흘 동안을 보지 못하고 식음을 전폐하니라"(행 9:3-9).

바울서신에서는 이런 식으로 자세하게 자신의 회심에 대하여 기술하지는 않으나 대략적으로 언급하고 있다. 그는 갈라디아서 1장 15-17절에서 자신이 교회의 핍박자였으며, 그런 자신에게 하나님께서 "그의 아들을 나타내셨다"고 언급한다. 이 말은 다메섹 지역에서 일어난 일에 대한 분명한 암시이다. 그는 다른 곳에서 예수님의 부활 후의 모습인 "주님을 보았다"거나 또는 "그리스도의 얼굴에 있는 하나님의 영광"을 보았다고 말한다(고전 9:1; 15:8-10; 고후 4:6). 사도행전은 바울이 특별히 예수를 보았다고 하지는 않으나, 그때 자신에게 음성을 들려준 예수님으로부터 분명히 퍼져 나오는 놀랍고도 아주 밝은 빛을 보았다고 말한다. 바울은 부활하신 그리스도에 대한 회심을 말하자는 것이 아니라, 그 계시적 체험으로 인하여 이방인을 위한 전파자로서 명령을 받게 되었음을 말한다(갈 1:15; 행 26:17).

바울의 증거와 사도행전의 이야기는 전체적으로 서로 양립될 수 있다. 이것은 그가 체험한 주요한 일정들과도 일치한다. 그러나, 현대의 독자들을 당혹하게 하는 중대한 어떤 종류의 문제들이 있다. 예를 들어, 우리는 어떻게 바울의 체험을 이해해야만 할 것인가? 그것은 바울의 마음속에 있는 주관적인 체험이었을까? 사도행전은 바울의 동료들이 단지 빛을 보거나 또는 소리를 들었다고 하나, 그래도 그들이 사태가 어떻게 되어 가는지를 몰랐던 것은 아니었다고 말한다. 그것은 전적으로 예상하지 못한 체험이었을까? 아니면, 바울은 이 사건 이전에 스데반과 다른 이들에 의하여 이미 감동을 받고, 그리고 심지어 설복을 당하였을까(그것을 인정하지 않았겠지만)? 바울의 무의식에 대한 이런 식의 억측은 물론 어떻게든 입증될 수 없는 것들이다. 그러나 바울이 보았듯이, 부활하신 예수에 대한 이러한 체험을 하였고 이를 인하여 그의 대부분의 사고방식이 뒤바뀌게 되었다는 것은 억측이 아니다.

3. 회심의 결과 바울에게 일어난 일

1) 예수에 대한 관점의 변화

거짓 선지자라면 그냥 죽고 말았겠지만 그와는 전혀 다르게도, 예수는 위엄 있게 다시 살아난 것으로 드러난다. 기독교인들이 그를 메시아로 본 것은 옳았다. 그리고 바울도 이제 찬란하고 거룩한 영광 속에서 그를 체험하였다. 바울은 예수를 주님, 하나님의 아들, 그리고 하나님의 형상(고린도전서 11:7)으로 말한다. 바울이 어떻게 이 많은 것들을 회심하였을 때 또는 회심 이후에 즉시 파악했을까에 대하여 아는 방법은 없다. 그러나 그가 많은 것을 즉시 파악하였다는 것은 믿기 어려운 것이 아니다.

바울은 예수가 사람들을 잘못 인도하여 그가 마땅히 죽임을 당한 것이라고 더 이상 생각할 수 없었다. 그가 이제 만난 영광스러운 주님은 그 자신의 죄 때문에, 또는 단지 유감스러운 사건으로 인하여 십자가형에 처하여질 수는 없었다. 그의 죽음에는 반드시 거룩한 어떤 깊은 목적이 있었다. 바울은 예수의 죽음은 그분 자신의 죄가 아니라 다른 사람들의 죄를 위한 것이라는 결론을 내렸다.

바울은 잘 가르침을 받은 유대인으로서 구원을 가져다주는 죽음에 대한 개념에 익숙하였다. 다음의 것들을 보자.

- 가장 큰 유대인의 축제인 유월절에 양의 죽임을 통하여 하나님의 백성이 노예상태에서 해방(또는 구속)된 것을 축하했다(출 12).
- 구약의 희생제도는 그 속에 동물의 죽음을 통한 죄의 용서라는 개념을 가지고 있었다. 유대인의 달력에서 가장 중요한 날 중의 하나는 속죄일이었다. 그 날에는 대제사장이 백성들의 죄를 속죄하기 위하여 성전에 있는 지성소 안으로 희생동물의 피를 가지고 들어갔다(예: 레위기 4-5, 16장).
- 이사야서는 이스라엘 백성이 죄로 인하여 포로생활을 하게 되었다고 말하지만, 그 후에 여호와의 종(예수님)이, 그들을 하나님과 좋은 관계

를 갖게 하고 자유케 하기 위하여 스스로 그 백성의 형벌을 담당할 것이라고 말했다(이사야 52-53장).
- 유대인의 역사에 있어 그보다 최근의 일은 기원전 2,3세기에 자기의 생명을 바친 마카비의 영웅들을 순교자로 알고, 그들의 죽음이 속죄하는 능력을 가진 것으로 본 것이다(예, 마카비 4서 17:21-23).

이와 같은 개념들을 생각해 볼 때, 바울이 "우리의 죄를 위하여", 그리고 해방과 속죄와 칭의를 가져다주시기 위해 예수가 "죽었다"는 결론에 조만간 어떻게 도달하였는지를 이해하기는 그리 어렵지 않다(고전 15:3, 고전 5:7-8과 1:30을 서로 비교해 보라, 로마서 3:24-26). 바울은 하나님의 사랑의 최고의 증거로, 그리고 하나님이 세상을 스스로 화해하는 방법으로써 십자가를 보게 되었다(고후 5:14-21, 롬 5:6-8, 8:32).

2) 율법과 하나님에게 옳다함을 받는 방법에 대한 관점의 변화

바울의 회심 체험 이후로, 율법은 실제적인 의미에서 타격을 받았다고 말할 수 있다. 바울은 율법을 하나님의 뜻을 따라 살기 위한 흠 없는 안내자로서 보아왔으며, 그리고 율법에 대한 열정에 따라 하나님의 뜻을 행하였던 자신을 신뢰했었다. 그러나 그는 사실상 율법에 대한 열정 때문에 다메섹으로 향하는 길로 갔었다. 율법은 구원을 위한 통로나 하나님을 기쁘시게 하는 것이 되지 못하고, 대신 죄에 의하여 강요되어져서 그를 전혀 잘못된 방향으로 이끌어갔다. 바울은 율법이 악한 것이라는 결론을 내리지는 않는다. 그것과는 다르게 바울은 율법이 하나님의 거룩하고 선한 방법이라고 표현한다(로마서 7:12). 그러나 바울의 사고방식에 있어 율법은 아주 심하게 비하되고 있으며, 그래서 머지않아 그가 회심하기 이전에 자신이 하던 방식대로 율법에 열심을 내는 사람들을 반대하게 된다.

3) 그 자신과 구원을 얻는 방법에 대한 관점의 변화

바울은 그동안 자신이 하나님의 뜻을 행한 의인이었다고 믿어왔지만, 그리스도인들에 대한 반대운동을 함으로 실제로는 하나님의 메시아(그의 백성을 구원하기 위하여 하나님에 의하여 보내심을 받은 자)를 박해하고 메시아의 전도사역을 반대하고 있음을 지금에서야 발견하게 되었다. 그것은 곤혹스러운 발견임에는 틀림이 없다. 즉, 길을 잘 알 뿐만 아니라 운전기술까지도 숙달된 운전사가 갑자기 이중 차선으로 연결된 잘못된 길로 들어섬을 알게 된 것과도 같았다. 의로운 것과는 전혀 다르게 바울은 이제 죄인 중에서도 가장 극악한 자로서 죄가 있는 자기 자신을 발견하였다.

그것은 곤혹스러우나 어떤 지식을 깨닫게 해주는 발견이었다. 즉, 그것은 부정적인 면에서 어떤 사실을 밝혀주었다. 첫 번째, 바울은 어떤 사람이 종교적 열심이 있어도 진정으로 그리고 심각하게 잘못될 수 있다는 것을 발견했기 때문이다(롬 10:2: "저희가 하나님께 열심이 있으나, 지식을 좇은 것이 아니라"). 두 번째, 바울은 죄의 교묘함을 발견하였기 때문이다. 그는 로마서에서 "선한 것을 통하여 내 안에 사망이 이루어지는"(롬 7:13) 방식으로 죄의 악함이 드러나는 것을 말한다. 그것은 일반적으로 사실이다. 즉, 죄는 과학이나 성과 같이 선한 것을 가지고 악을 위한 파괴적인 목적으로 그것을 이용한다(예, 핵폭탄이나 아동학대). 그러나 바울의 지적은 하나님의 율법(하나님이 이스라엘에게 준 아주 선한 어떤 것)과 관련된 것이다. 그에게 바야흐로 죄가 개입하였고, 그래서 율법에 대한 열심 때문에 사실상 메시아를 박해하였다. 바울은 죄에 대하여 비현실적이지 않고 현실적이었다. 왜냐하면, 그는 자신의 고통스런 체험을 통하여 죄의 파괴적인 역사가 얼마나 교묘하고 사악한지를 배웠기 때문이다.

그러나 만약 바울이 죄의 부정적인 면을 알았다면, 그는 또한 하나님의 은총의 긍정적인 면도 알았다. 하나님에게 옳다고 인정함을 받는 법은 율법에 대한 지나친 열심으로 되는 것이 아니라는 것은 이제 눈이 멀 정도로 아주 분명했다. 구원은 사실상 하나님이 자격이 없는 이들에게 전적으로 거저 주는 은사였다. 그는 이것을 다메섹으로 가는 길에서 체험을 했다. 그는 그리스도와 기독교인들의 광신적인 대적이었으나 그리스도께서 그를 만나 주시고 아주 놀랍게도 전혀 그럴 가치가 없는데도 불러주셨다. 그러므로 바울은 전에는 발견한 적이 전혀 없었던 그런 방식으로 은혜를 발견하였다. 물론 그는 유대인으로서 이스라엘과 그 택하신 민족의 한 사람으로 자신을 선택하신 하나님의 은혜에 대한 개념을 가지고 있었다. 어쨌든 그동안 그는 자신을 대단한 죄인으로서가 아니라, 율법을 지켰기 때문에 하나님을 기쁘시게 하는 사람으로 여겼다. 그러나 이제 이런 것들이 바뀌어졌다. 그는 죄인 중에 괴수(딤전 2:14-16)였으나 율법에 의해서가 아니라 하나님의 은혜로 구원을 받았다. 바울은 하나님의 아들이 "나를 사랑하사 나를 위하여 자기 몸을 버리신"(갈 2:20) 그 놀라운 사실을 체험하였다.

바울이 율법에 대해 가졌던 열심은 그의 회심을 통하여 감소된 것은 아니었다. 사실은 그 반대였다. 그러나 바울의 교만은 죄인임을 발견한 이후에 제거되어졌고 감사로 대치되었다. 그리고 자신의 열심을 다시 재정립하여서 이제는 율법이 아니라, 예수의 죽음에서 나타난 하나님의 은혜에다 그 초점을 맞추었다.

4) 기독교인과 이방인에 대한 관점의 변화

그리스도인의 관점에서 보면, 다메섹 도상에서 일어난 일은 부활하신 예수가 극적으로 개입한 일이었다. 사도행전에 따르면, 예수님은 바울에게 "사울아 사울아 왜 나를 박해하느냐"라고 말씀하시면서 그의 제자들과 자신을 분명하게 동일시하였다(9:4; 22:7; 26:14). 바울의 관점에서 보면, 그리스도인이 결국 하나님의 충성스러운 백성이라고 하는 것은 놀라운 일이었다. 즉, 기독교인들은 예수를 하나님의 메시아로 바르게 인식을 했으며 예수는 자신의 개입으로써 교회와 그의 백성을 확실히 동일시하였다. 바울이 과거에 부정한 죄인이며 환자이상으로 취급한 이방인에 대하여서 이제는 자신의 죄와 하나님의 은혜를 발견한 이후에 더 이상 유대인을 의인으로, 이방인을 하나님의 사랑의 범위 바깥에 있는 죄인으로 생각할 수 없었다. 만약에 교회에 대한 바리새파 박해자인 그에게도 하나님의 사랑이 미칠 수 있었다면, 그 사랑은 이방인을 포함한 다른 "죄인"들에게도 확실히 도달할 수 있는 것이다.

바울은 부활하신 예수에 의하여 이방인에게 가도록 자신이 부르심을 입은 것을 알고 있었다(갈 1:15과 행 9:15을 비교하라). 만약 여러분이 예루살렘에서 다메섹으로 가는 도중에 하나님이 여러분의 삶에 그런 식으로 극적으로 개입을 하였다면, 하나님이 여러분의 삶에 대해 어떤 특별한 목적을 가지고 있다는 결론을 아마도 내릴 것이다. 바울은 자신의 소명이 기독교인을 박해하는 것이 아니라, 예루살렘에서부터 이방인 세계에까지 그리스도의 복음을 전파하는 것이라는 결론을 내렸다. 그는 구약성경이 이스라엘에게 구원을 약속하였으나, 그것은 또한 이방인들이 들어오게 될 것이라는 암시와 약속을 포함한 것임을 알고 있었다(예. 사 42:6, 49:6). 바울은 이방인인 "외부인"을 모으기 위한 소명을 받았다고 믿었다(롬 15:8-20).

바울이 회심하였을 때, 모든 점에 대하여 아마도 즉각적으로 알기는 힘들었을 것이다. 그러나 그의 배경을 고려할 때, 바울의 회심이 얼마나 창조적인 체험이었던가에 대하여 과소평가를 해서는 안 될 것이다. 그는 처음으로 이런 모든 결론에 도달한 사람은 아니었다. 즉, 바울은 심지어 그리스도인이 되기 이전에도 "우리 죄"를 위하여(고전 15:3) 죽으신 예수에 대한 기독교인의 지식에 대하여 알고 있었을 것이고, 죄인들과 교제하고 그들에게 하나님의 구원을 제공하는 예수에 관한 기독교 전승(예. 눅 15:1, 2)도 알고 있었을 것이다. 그러나, 이러한 모든 것을 그에게 절실하게 느끼도록 하고, 그 같은 방식으로 전파하는 복음이 어떤 인간의 복음이 아니고, 사람에게 배운 것도 아니며, 하나님의 계시로부터 온 것(갈 1:11, 12)이라고 주장할 수 있도록 한 요인은 그 자신의 회심 체험이었다. 그의 신학에 있어서 중요한 요소들은(예수와 율법, 그리고 죄, 은혜, 교회, 이방인에 대한 그의 견해) 그 운명의 날에 모두 주어졌다. 바울에게 있어 체험의 중요성은 사도행전을 보면 확인할 수 있다. 왜냐하면, 바울이 그 자신을 설명하고 그 이후의 행동에 대해 답변하기 위하여 유대인들과 로마인들 모두에게 그 이야기를 하고 있기 때문이다(행 22, 24장).

그 체험은 바울이 가진 이전의 모든 생각을 흔들어 버렸지만, 그 뒤에 이어지는 세월 동안에 그의 신학과 사역을 엄청나게 창조적으로 변화시킨 '대변혁'(big bang)이었다.

새로운 방향

3

1. 아나니아
2. 그 후에 일어난 일

바울에게 일어난 일의 충격이 정말 얼마나 심하였는지, 그리고 한때 오만하였던 바리새인이 다메섹으로 가다가 불쌍한 처지가 되어 버리고, 눈이 멀게 된 것이 얼마나 굴욕적이었는지는 상상하기 어렵지 않다. 적어도 바울에게 만사가 계획된 대로 이루어지지 않고 말았다!

1. 아나니아

사도행전에 의하면, 그리스도의 '제자'인 아나니아는 하나님이 바울에게 보낸 사람이라고 말한다(9:10-19). 사도행전에 보면, 아나니아는 겁을 냈다고 말한다. 왜냐하면, 교회의 잔인한 박해자로서 바울의 평판이 그에게도 이미 전해져 있었기 때문이다. 바울이 예루살렘에서 박해한 그리스도인들 중의 일부는 다메섹으로 도망을 왔다. 그런데 그들의 가장 큰 대적이 자신들을 뒤쫓기 위하여 사람들을 모아 가지고 왔다는 소식을 아나니아가 듣게 되었으니, 그는 틀림없이 두려워했을 것이다. 미루어 보건대, 그리스도인들은 바울이 공언한 회심사건이 진짜인지 의심하면서 아마 쉽게 믿으려 하지 않았을 것이다. 즉, 그들은 이것이 모두 바울이 꾸민 약은 수작에 불과하지는 않을까라고 생각했다. 아나니아는 그러한 두려움에도 불구하고 바울에게로 가서 손을 그에게 얹고, '형제 사울'(놀랍게도)이라고 말했다. 아나니아의 안수를 통하여 바울의 시력은 회복되었고, 그리고 그는 세례를 받았다. 성경은 바울의 세례에 대하여 자세히 말하지는 않지만, 기독교와 기독교의 세례에 대하여 반대를 했던 바울과 같은 사람이 예수를 주님으로 고백하면서 물로 들어가서 바야흐로 기독교 공동체의 일원이 된다는 것은 보통 일은 아니었다.

바울은 그의 서신에서 아나니아에 관하여 어떤 것도 말하지 않는다. 그는 서신 속에서 자신의 회심만을 말했기 때문에 이것은 별로 놀라운 것이 아니다. 어떤 사람들은 바울이 갈라디아서에서 누구에게도 그의 복음을 받지 않았다(갈 1:12)고 주장하는 것에 대하여, 그것은 사도행전의 이야기와 모순된다는 생각을 했다. 그러나 그러한 주장은 바울이 예수에 관하여 어떤 사람으로부터도 전혀 배우지 않았다는 것을 의미하는 것은 아닐 것이다. 바울은 그가 박해한 그리스도인들로부터 배웠음에 틀림이 없고(물론 그가 그 당시에는 동의하지 않았을지언정), 그리고 그의 다른 서신을 보면 그는 기독교의 전승을 '받아들였다' 고 한다(고전 11:23; 15:3). 이것에 대해서는 나중에 좀더 자세하게 다루게 될 것이다. 바울이 하나님으로부터 직접 그의 복음 또는 복된 소식을 받았다고 말할 때, 그것은 예수의 주되심과 율법이 아닌 은혜에 의한 구원과 같은 중요한 사항들을 믿는 일에 있어서 자신의 회심이 결정적이었다고 말하는 것이 아니다. 그는 아나니아와 같은 사람들이 중요한 역할을 하였다는 것을 부인하지 않는다.

2. 그 후에 일어난 일

1) 사도행전에서
사도행전은 아래에 나열된 일련의 사건들을 제시한다.

1. 바울은 얼마 동안 다메섹에 머물렀으며, 기독교인들을 박해하는 대신 유대인의 회당에서 예수에 관하여 설교하며 가르치기를 시작했다. 이 일은 이전의 그에 관한 소문을 듣고 있던 사람들에게 놀라운 일이었다.

2. 바울이 기독교의 주장을 강력하게 지지하는 것 때문에 유대인들은 화가 나 그를 죽일 음모를 하였다. 그러한 과격한 반응은 우리에게는 낯선 것 같으나 바울 자신도 기독교인들을 죽일 정도로 사실 적대적이었다. 우리는 종교적인 감정이 더한층 격앙되어져서 실제로 위협적인 폭력으로까지 돌변할 수 있음을 알아야 한다. 예를 들어, 소설가인 살만 러쉬디(Salman Rushdie)를 반대하는것을 보면 알 수 있다. 유대인에게는 현대의 모슬렘들이 러쉬디 이를 미워하는 것보다 더욱더 바울을 증오할 만한 이유가 있었다. 즉, 바울은 자신의 회심을 숨기지 않았으며, 그는 기독교를 반대한 유대교의 중요한 후원자의 입장에서부터 더욱더 유대교를 '반대한' 기독교의 중요한 방어자로까지 이른 역적이었다. 그는 유대인들에게 자신을 따르라고 하면서 불가피하게 유대인 공동체를 혼란스럽게 하였다(행 9:25은 바울의 제자에 관하여 말함). 아마도 유대인들에게는 이전에 기독교 모임을 파괴시키려고 한 사람이 이제는 사실상 자신들을 파괴하려고 하는 것처럼 보였을 것이다. 유대인들이 그에 대해 음모를 꾸민 것은 놀라운 일이 아니었다. 사도행전은 바울이 다메섹에서 광주리를 타고 성벽을 내려와 도망을 해야만 했다고 말한다. 이것은 예루살렘 당국의 승인을 얻어 가지고 왔던 사람에 대한 첫 번째 냉대의 수순이었다.

3. 그는 다메섹에서부터 예루살렘으로 가 그곳에서 그리스도인들을 만나려고 했다. 사도행전은 그들이 바울에 대해 두려워하여, "그의 제자 됨을 믿지 아니하였다"(9:26)고 말한다. 그들이 두려워하는 것은 바울이 예루살렘에서 마지막까지 교회를 극렬하게 공격한 자였음을 생각해보면 이해가 된다. 그들이 바울의 회심에 대한 이야기를 들었겠지만, 그것이 진짜인지에 대해서 의심했다. 어쨌든 간에, 그렇게 잔인하고 두려운 사람을 환영하는 것은 그리 쉬운 일이 아니었을 것이다. 이 시점에서, 바나나가 바울의 이야기에 등장한다. 사도행전은 '사도들에 의해 바나바(위로의 아들이라는 의미)로 불리는 구브로 출신 레위인인 요셉'에

대하여 이미 눈에 띌 정도로 관대한자라고 기술한 바가 있다(4:36, 37). 이제 그의 관대한 정신과 격려하는 성품이 다시금 전면에 나타나게 된다. 우리는 그가 확실하게 바울의 친구가 되어주고, 사도들에게로 바울을 데려다 주면서 예루살렘에 있는 그리스도인들에게 그의 회심이 진심이라고 안심시켜 주고 있음을 볼 수 있다.

4. 그 후 바울은 예루살렘에서 "주님의 이름을 담대하게 말하면서", 기독교를 증거하는 일에 스스로 몰두했다. 특별히 그는 '헬라어를 말하는 자들'과 변론을 하였다. 그것은 마치 그가 스데반의 역할을 담당하고 있는 것 같이 들린다. 다시 한번 자신의 위치가 완전히 역전된 것이다. 그가 헬라어를 말하는 기독교인을 반대하는 지도적인 유대인이었지만, 지금은 그들을 강력하게 지지하는 자가 된 것이다. 다시 한번 그의 삶이 위협 아래 놓이게 되고, 그를 반역자로 여겨서 죽이려는 음모가 있게 되는 것은 놀랄 일이 아니다. 다시 한번 바울은 그리스도인 형제에 의하여 구조되어 팔레스틴을 즉시 벗어나 그의 고향인 다소로 가는 배를 타게 된다(9:26-30).

이상이 사도행전에 있는 이야기이다.

2) 갈라디아서에서

갈라디아서는 약간 다르게 묘사하고 있다(1:16-24). 여기에서 바울은 예수님이 자신에게 나타난 그 이후의 일을 말하고 있다.

"내가 곧 혈육과 의논하지 아니하고 또 나보다 먼저 사도 된 자들을 만나려고 예루살렘으로 가지 아니하고 오직 아라비아로 갔다가 다시 다메섹으로 돌아갔노라. 그 후 삼 년 만에 내가 게바를 심방하려고 예루살렘에 올라가서 저와 함께 십오 일을 유할새, 주의 형제 야고보 외에 다른 사도들을 보지 못하였노라. 보라 내가 너희에게 쓰는 것은 하나님 앞에서 거짓말이 아니로라. 그 후에 내가 수리아와 길리기아 지방에 이르렀으나 유대에 그리스도 안에 있는 교회들이 나를 얼굴로 알지 못하고 다만 우리를 핍박하던 자가 전에 잔해하던 그 믿음을 지금 전한다 함을 듣고 나로 말미암아 영광을 하나님께 돌리니라."

3) 사도행전과 갈라디아서에서

처음에 보면, 사도행전과 갈라디아서에 있는 설명은 아주 다른 것처럼 보인다.

- 갈라디아서는 바울이 예루살렘에 올라가기 전의 수년 동안의 간에 대해 말하나, 사도행전은 그것을 '며칠'이라고 표현한다.
- 갈라디아서는 바울이 아라비아에서 시간을 보낸 것을 언급하지만, 사도행전은 그렇지 않다.
- 갈라디아서는 바울의 예루살렘 방문이 다소 사적이었고 베드로와 야고보(예수의 형제)를 만난 일과만 관련된 것이지만, 사도행전은 그가 사도들을 전부 만났으며 예루살렘에서 공적인 사역을 하였다고 말한다.

어떤 학자들은 이런 불일치점에 대해서 이것이야말로 사도행전이 역사적으로 부정확한 증거라고 말한다. 그러나 그와 같은 결론은 정당화될 수 없고 두 가지 점이 지적되어야만 한다.

첫 번째, 사도행전과 갈라디아서는 사건의 일반적인 순서와 형태에서 일치하고 있다. 바울은 다메섹 근처에서 회심을 하였다. 그는 상당히 시간이 흐른 뒤에 예루살렘으로 올라갔다(행 9:23)의하면 '여러 날', 갈 1:18에 따르면 '삼년'). 그는 예루살렘에 오래 있지 않고 길리기아의 다소에 갔다가 나중에 수리아에 있는 안디옥으로 갔다(행 9:38; 11:25). 또는 갈라디아서에 따르면, 수리아와 길리기아 지방에 이르렀다고 말한다(갈 1:21).

두 번째, 바울은 갈라디아서에서는 그의 회심과 예루살렘에서의 만남 이후의 행동에 대해 다소 자세하게 연대기적인 설명을 하는데, 그 이유는 그가 예루살렘을 의지하고 있으며, 단지 사도들의 조력자일 뿐이라고 그를 폄하하는 비판자들 때문에 그렇게 말하는 것이다(이 점에 대해서는 6장에서 다시 보게 될 것이다). 사도행전 9장은 예루살렘 교회와 그 교회의 확장의 이야기를 다루는 맥락에서 바울의 회심을 말한다. 그래서 바울의 회심 이후에 즉각적으로 어떤 일이 있었는지에 대하여서는 생략된 것으로 이해된다. 그러나 그 대신에, 예루살렘 교회와 그 주변 지역에 대하여 바울의 회심이 어떤 영향을 주었는가에 초점을 맞춘다.

그러므로 사도행전이 아라비아에 관해 언급하지 않는 것에 대해서는 전혀 문제될 것이 없다. 그것은 사도행전 9장 19절의 '며칠'과 9장 23절의 '여러 날' 사이의 기간에 해당될 수 있을 것이다. 기껏해야 사도행전에서 바울이 '사도들'에게 소개되었다는 일반적인 언급과 바울이 베드로와 야고보를 만났다는 보다 더 특별한 보고 사이에 약간의 불일치가 있다는 것일 뿐이다. 사도행전에서 그가 특별히 헬라어를 말하는 사람들에게 공적인 사역을 하였다는 것과 갈라디아서에서 그가 유대교회에 전혀 알려지지 않았다는 것과 관해서도 그것은 큰 문제가 되지 않는다. 갈라디아서에서 암시하고 있듯이, 바울이 예루살렘에 잠시 머물렀다고 할 때(갈 1:18에 따르면 베드로와 함께 15일을 있음)에도, 예루살렘에서 그의 생명이 위태하였기 때문에 그랬을 것이라고 그 이유에 대해 지나친 상상을 할 필요는 없다. 바울은 그렇게 하지 않고 확실히 더 오랫동안 머무르려고 하였다. 바울이 아예 돌아갔다는 것, 또는 그가 어떤 공적인 사역이든지 위험을 무릅쓰려고 한 것은 우리를 놀라게 할 수 있는데, 그 이유는 그가 예루살렘에서 가장 미움을 받는 사람들 중의 하나였음이 틀림없었기 때문이다. 한편으로, 다메섹 도상에서 특별한 삶의 변화를 체험한 사람이 그가 이전에 그토록 박해를 하였던 그러한 모임에서 증언하기를 원하지 않았다고 상상하기도 역시 어렵다. 바울은 사역의 후반기에도 동일하게 위험한 모든 종류의 일들을 기꺼이 감당하려고 하였다(고후 11:23-29을 보라). 그렇기에 바울이 그들에게 증거를 하였다고 보는 것이 타당하다. 그러므로 그가 거기에 오래있지 않고 배를 타야만 했다는 말도 타당하다. 그러므로 바울이 유대의 기독교 교회에 잘 알려질 시간이 없었다는 말도 타당하다.

사도행전 이야기를 간단하게나마 확증하는 구절은 데살로니가전서 2장 14, 15절일 수 있다. 거기에서 바울은 유대의 교회와 그들을 박해한 유대인에 대하여 말한다. 바울은 그들이 "주 예수와 선지자들을 죽이고 우리를 쫓아내었다"는 말을 한다. 만약 데살로니가전서의 기록 연대가 정확히 A.D. 49년이라면, 유대인에 의하여 "쫓김"을 당하였다고 바울이 말하는 것은, 사도행전에 기록되었듯이 그가 회심 이후에 처음으로 예루살렘으로 돌아간 것에 대하여 언급한 것일 수 있다. 다른 한편으로는, 여기에서 바울이 데살로니가에서 최근에 체험한 것을 말하는 것일 수도 있다.

결론적으로, 사도행전과 갈라디아서는 바울의 회심 이후에 일어났던 일에 대하여 아주 다르게 설명을 하나, 상대편에 도움이 되도록 빛을 비춰주면서 거의 완전하게 서로를 보완한다.

4) 아라비아에서

흥미를 끄는 질문이 여전히 남아있다. 즉, 바울이 아라비아에서 무엇을 했을까? 갈라디아서는 바울이 회심 후 그곳으로 곧장 갔다고 말한다. 특히 아라비아는 사막으로 가득 찬 장소를 생각나게 하기 때문에, 예수께서 사막에서 유혹을 받았을 때와 같은 일들을 생각하도록 유혹한다. 바울은 자기에게 일어난 일을 돌이켜보고 그의 삶과 생각을 정리하기 위하여 아라비아로 갔는가? 그동안 일어난 일들로 인한 충격이 모두 지난 후에, 잠시 동안 어디로 사라지는 것은 이해할 수 있다.

그러나 바울이 언급하고 있는 아라비아는 현대적인 의미에서 아라비아가 아니라, 팔레스틴의 정남동쪽에 있는 나바테아(Nabatea) 왕국을 언급하는 것 같다. 그 당시의 나바테아의 왕은 아레다(Aretas) 4세이었는데, 고린도후서 11장 32-33절에서 바울은 "다메섹에서 아레다 왕의 방백이 나를 잡으려고 다메섹 성을 지킬새 내가 광주리를 타고 들창문으로 성벽을 내려가 그 손에서 벗어났노라"고 말한다. 이 구절은 매우 흥미를 끈다. 한편으로는, 갈라디아서와 양자 모두는 일치되는 것 같아 보이는데, 이곳에서 바울은 아라비아 시절을 얘기한다. 그리고 사도행전은 그가 광주리 안에 담겨서 성벽을 내려왔다고 한다. 그러므로 그 구절은 사도행전이 보다 상세한 것임을 증명해준다. 그러나 다른 한편으로 그것이 문제를 일으킨다.

- 사도행전은 아레다가 아닌 유대인이 바울을 뒤쫓아 왔고 그래서 그가 품위 없는 모습으로 탈출하게 되었다고 말한다. 이 점에서 사도행전은 잘못되었는가?
- 아레다 왕의 방백이 왜 바울을 잡으려고 나섰는가? 이것은 바울이 나바테아에서 묵상만 하고 있었던 것이 아니라, 사실상 사역에 착수하여서, 그것이 결국 왕국 내에 적대감을 불러 일으켰음을 암시하는 것인가? 이것을 바울의 첫 번째 '선교 여행'이라고 간주해야만 하는가?
- 그러나 어떤 경우이든지 간에 다메섹에서 아레다 왕의 방백은 도대체 무슨 일을 하고 있었을까?

이러한 질문에 대답을 하기는 어렵고, 그리고 아마 불가능할 것이다. 그 당시 다메섹이 아레다 왕의 지배 하에 있었던 것은 가능하다. 아레다 4세는 기원전 9년이나 8년부터 기원후 40년까지 성공적으로 통치했던 왕이었다(로마의 지배 하에서). 그의 통치의 찬란함은 현재 요르단의 페트라(Petra)에 있는 사자 모양을 한 독수리(lion-griffin) 성전에서 실제로 볼 수 있다. 그러나 다메섹 성안에는 유대인과 나바테아인이 사는 지역이 따로 있었는데, 바울을 제거하려고 하다 보니 그들이 서로 협력을 했다고 보는 것이 보다 더 타당할 것이다. 유대인들의 경우 바울을 미워할 분명한 이유를 가지고 있었을 것이다. 나바테아인들이 나름대로의 이유를 가지고 있었는지, 또는 유대인과 함께 일을 하는 것을 정말로 동의했는지에 대하여서는 확실하지 않다.

물론 여기에서 답변을 못하는 의문들이 있을지라도, 이 같은 폭넓은 기술은 그런대로 확실한 것이기에 사도행전이나 바울에 의하여 주어진 일반적인 인상이나 생각을 의심할 이유는 없다.

안디옥: 동방의 수도

4

1. 안디옥으로 간 바울
2. 바울의 예루살렘 이차 방문의 문제점
3. 시기에 관해

바울의 삶은 도망자의 삶처럼 되었다. 다메섹에서는 광주리로 탈출을 하였고, 그 후에도 예루살렘을 서둘러 빠져나갔다. 사도행전에 따르면, 그는 다소로 갔다가 잠시 후에 안디옥으로 갔다고 한다(9:30; 11:26). 갈라디아서의 내용은 이것과 일치한다(1:21). 실제로 그는 수리아(Syria의 수도는 안디옥)와 길리기아(다소가 있는 지역)로 갔다고 말하는데, 이것은 그가 수리아를 거쳐서 다소에 갔다는 것을 의미할 수도 있다. 그러나 그는 안디옥(갈라디아 2장을 보면, 이곳에 그의 관심이 집중되고 있음)에서 일어난 일 때문에 수리아를 먼저 언급하는 것 같아 보인다.

우리는 바울이 다소로 돌아가야만 한 이유를 이해할 수 있다. 그는 고향에서 은신처를 발견할 수 있었으면 하고 바랬을 것이다. 그곳은 또한 그가 가서 메시아이신 예수에 대한 자신의 새로운 신앙을 나누기를 원하였던 그런 장소였다. 그러나 그가 환영을 받게 되는 것은 또 다른 문제였다. 아마도 그의 친구들과 가족들은 그가 종교의 방향을 바꾼 것에 대하여 탐탁지 않게 생각 했을 것이다. 우리에게는 바울이 다소에 도착해서 어떤 일을 하였는지에 대한 결정적인 정보가 없다. 아마도 그는 그곳에서 사람들로부터 나쁜 평판을 들었을 수도 있다. 그러나 그가 집으로 가지 않았을 리는 없고, 그가 자라났던 회당의 모임에서 자신의 새로운 신앙에 대하여 나누지 않았을 리도 없다. 사도행전 15장 41절은 수리아와 길리기아에 있는 교회들을 굳세게 하고 있는 바울에 대해 말하는데, 그것은 그가 다소 지역에도 한 개의 교회나 여러 교회를 세웠다는 뜻이다. 우리는 그가 이방인을 위한 사역을 어떻게 하게 되었는지, 또는 얼마나 오래 동안 그곳에 머물렀는지에 대해서는 모른다. 그러나 그곳에 오래 있지는 않았을 것이다.

우리가 아는 것은 바울이 수리아에 있는 안디옥으로 갔다는 것이다. 사도행전은 이것을 직접 말하고 있으며(11:25, 26), 갈라디아서도 동일하게 말한다(1:21, 2:11).

수리아의 안디옥(터어키 중부지역에 있는 비시디아 안디옥과는 구별됨)은 현대의 안타캬(Antakya)인데, 신약시대에 아주 중요한 도시였다. 그 도시는 로마의 수리아 지방의 수도였으며, 실제로는 로마 제국의 동부의 수도였다. 그리고 '제국의 세 번째 도시', '동방의 여왕' 및 '아름다운 도시 안디옥' 으로 다양하게 묘사되었다. 그 지역을 다스리는 최고위급 로마 통치자가 바로 이곳에서 진을 치고 있었으며, 대규모의 로마군 파견대가 있었다. 그 도시는 동방에서 서방으로 오는 도상에 있는 무역의 중심도시였고, 로마제국의 가장 큰 도시들 중의 하나였다. 인구가 50만이나 되었을 것이며, 그 도시에는 유대인 공동체가 큰 규모로 잘 형성되어 있었는데, 그 수는 거의 이만명이 넘었을 것이다.

그 도시의 위치가 예루살렘의 정 북쪽 길에서 약 300마일 정도일 뿐이라는 것을 가정할 때, 아마도 기독교는 일찍이 안디옥에 도착했을 것이다. 사도행전은 스데반의 순교 이후에 연이어 생긴 기독교박해로 인하여, 어떤 사람들이 안디옥으로 왔다(11:19)고 말한다. 그리고 그들 중에는 니골라(스데반의 여섯 동료 중의 하나)가 포함되어 있는데, 그는 안디옥 출신 유대인 개종자였다고 말한다(6:5). 사도행전은 그들이 유대인에게 먼저 복음을 전하였다고 말하나, 그 후에 "구브로와 구레네 몇 사람이 안디옥에 이르러 헬라인에게도 말하여 주 예수를 전파하니_ 수다한 사람이 믿고 주께 돌아오더라"고 말한다(11:20, 21).

사도행전은 이방인이 전에도 개인적으로 그리스도인이 된 것을 말한다 (즉, 고넬료 가정이 그 중에서 두드러짐). 그리고 바울의 경우에도(아라비아가 아니라면), 다소에서부터 이방인들 가운데에서 사역을 했다는 것은 가능하다. 그러나 사도행전과 갈라디아서에서 받는 인상은 이방인을 위한 기독교가 사실상 출범을 한 장소는 안디옥이라는 것이다. 기독교인들에게 이방인을 목표로 하는 그 시기가 될 때까지, 이방인 선교는 승인을 받은 정책이 아니었던 것 같다. 예수는 제자들에게 가서 모든 족속으로 제자를 삼으라(마 28:16;행 1:8)고 하였지만, 첫 번째 그리스도인의 우선순위는(실로 예수 자신의 우선순위와 같이) 예루살렘과 유대의 유대인들인 것 같다(갈 2:7-9; 롬 15:8; 마 10:5, 15:24; 행 1:8). 그리고 유대인 배경을 가진 이들이 그들의 동료인 유대인에게로 가는 것은 어쨌든 당연하다. 안디옥에서도 이런 일이 우선적으로 일어났을 것이다. 그러나 구브로와 구레네 출신 사람들은 아마도 이방인들과도 교제를 한 것 같다. 그들은 영적인 '철의 장막'을 돌파하였으며, 그래서 우리는 이방인의 많은 수가 교회로 오고 있는 것을 바야흐로 사도행전에서 보는 것이다.

이 일이 예루살렘에 있는 기독교의 지도자들을 얼마나 당황스럽게 하였는지를 상상하는 것은 어렵지 않다. 급격하게 성장하는 기독교 공동체를 가장 중요한 도시의 길 바로 위에다 세워서 '부정한 이방인'으로 넘쳐나게 하다니 그들은 도대체 누구란 말인가! 사도행전은 고넬료와 그의 가족이 할례를 받지도 않은 채로 세례를 받을 수 있었다는 것을 받아들이기 힘들어했지만, 베드로가 본 환상과 그 가족위로 성령이 임하신 것 때문에 어떤 다른 결론을 내릴 수 없었다고 한다(행 10장과 11장의 이야기를 보라). 그러나, 그들은 그것을 규칙에 대한 하나의 예외로 보았을 것이다. 그것은 이방인에게 문호를 개방하는 것과는 아주 다른 것이었다. 물론, 그들은 이방인들이 유대적 조건하에서 교회의 가족이 되는 것에 대해서는 문제삼지 않았을 것이다. 그리고 사실상 그것은 모든 민족으로부터 제자를 삼으라는 예수의 명령을 해석하는 방법이었을 것이다. 그러나 할례를 받지 않은 많은 수의 사람들을 받아들인다는 것은 대단한 논쟁의 대상이 되었다. 그리고 그 일은 예루살렘에 있는 많은 사람(유대인뿐만 아니라 유대 기독교인도)에게 그들의 조상의 신앙과 문화를 배반하는 것처럼 보였을 것이다(사울과 바리새인은 바로 이런 종류의 사건이 발생하는 일이 멈추기를 원하였다).

그 상황 속에서 해야 하는 확실한 일은 누군가를 안디옥으로 보내어서 무슨 일이 일어났는지 보게 하고, 그리고 이방인에 대한 이러한 비사도적인 직무를 감독하게 하는 것이었다. 성 아가사(St. Agatha)의 다소간 거칠게 들리는 은사주의적인 소행에 대해 영국 교회의 성직자단이 듣고, 도대체 무슨 일이 일어나고 있는지 알아보고 보고하도록 사람을 내려 보낸 것과 같이, 현대의 비유를 상상하는 것도 어렵지 않다. 예루살렘 교회의 참으로 멋진 발상은 바나바를 선택하여 보내는 것이었다. 바나바 그 자신은 구브로인이었지만, 예루살렘 교회의 아주 좋은 신임을 얻고 있는 사람이었기 때문이다.

바나바는 안디옥으로 갔으며, 사도행전은 "저가 이르러 하나님의 은혜를 보고 기뻐하여 모든 사람에게 굳은 마음으로 주께 붙어 있으라 권하니, 바나바는 착한 사람이요 성령과 믿음이 충만한 자라 이에 큰 무리가 주께 더하더라"(행 11:23-24)고 보고한다. 예루살렘에 있는 누군가는 바나바에게 안디옥에서 당황스러운 사태의 진전을 멈추게 하기를 바랐겠지만, 확실히 그 반대의 일이 일어난 것이다. 바나바는 그가 본 것에 대해 놀랐으며 그것이 하나님의 참된 일임을 인정하였다. 교회는 안디옥에서 더욱더 힘에 힘을 얻게 되었다.

1. 안디옥으로 간 바울

바나바의 그 이후의 행보는 재미있다. 사도행전은 바나바가 다소에 있는 바울을 찾기 위해 수백 마일을 가서 그를 데리고 안디옥으로 돌아왔다고 말한다(행 11:25-26). 바나바로 하여금 이러한 일을 하도록 한 것이 무엇인지 확실히 말하기는 어렵다. 그러나 그는 그렇게 오래 전이 아닌 얼마 전에 바울을 예루살렘에서 만났는데, 그곳에서 그는 바울의 회심과 부르심이 참되다는 것을 알게 되었다. 그는 바울을 사도들에게 소개하였고, 이 젊은 사람의 가능성을 분명하게 믿었다. 그는 바울이 예루살렘에 있는 헬라어를 사용하는 사람들 가운데에서 잠시 사역을 한 것에 대해 감동을 받았을 것이다.

그래서 그는 바울이 다소를 향해 배를 타고 가야만 했던 일에 대해 아쉬워하고 있었다. 바나바는 바울이 다소에서 시작한 사역에 대해서 아마 알고 있었을 것이다. 분명한 이유가 무엇이든지 간에 바나바는 바울을 안디옥에 필요로 하는 동역자로 알고 있었기에 그를 데려 왔다. 바울은 수많은 사람들을 가르치면서 성장 중에 있는 이 유력한 유대이방인 교회를 지도하는 일을 본격적으로 시작하게 되었다.

예루살렘이 안디옥의 이런 발전을 어떻게 볼 것인가를 생각해보는 것은 재미있다. 예루살렘에 있는 많은 유대인에게 있어, 그들의 존재는 분명히 불길하였다. 안디옥에 있는 그들의 영적인 형제와 자매는 기독교인이 되었으며, 심지어 그들은 이방인과 식사를 같이 하고 부정한 이방인과 교제함으로 자신들의 유대교적인 충성심을 양보하였다. 사실상 안디옥에 있는 유대교 공동체는 그 같은 문제의 한가운데로 내동댕이쳐지게 되었을 것이다. 그리고 이전에 바리새인이었던 바울은 배반자의 우두머리로 전면에 등장하여서, 많은 유대인들을 어떻게 해서든지 그의 사고방식으로 회심시키는 일에 열심을 가지고 사역을 시작하였다.

바울의 사역이 그 지역의 유대인들을 동요하게하지 않았을 것이라고 상상하기는 어렵다. 그리고 유대인과 기독교인 사이에 격심한 충돌이 있었을 가능성에 대해 추측하는 것은 흥미롭다. 사도행전은 바울의 사역에 있어 이런 일은 그 이후에도 어느 정도 정상적인 형태였다고 말한다(행 13:45, 50, 14:2 등). 이 당시의 안디옥에서 그런 말썽이 있었다는 직접적인 증거는 없지만, 사도행전은 '제자들이 안디옥에서 처음으로 그리스도인이라 불리웠다'고 말한다(11:26). 이 말은 아마도 대적자들이 그리스도인들에게 붙여준 비방적인 별명이거나 당국자들이 유대교인과 제자들을 구별하기 위하여 사용한 이름이었을 것이다. 어떤 경우이든지 간에, 이 이름은 옛 종교와 새로운 종교 간의 긴장을 반영하였다.

실제적인 폭력이 있었든지 또는 없었든지 간에, 예루살렘의 유대인들은 안디옥으로부터 받은 보고로 인하여 예루살렘에서 이전에 그리스도인들을 향하여 그랬던 것보다 더욱더 적대적이 되었을 것이다. 사도행전의 그 다음

장에서, 헤롯왕에 의하여 야고보 사도가 처형을 당하고 베드로가 체포당한 것을 언급하는 것도 우연한 일은 아니다. 이 헤롯은 헤롯 아그립바 1세인데, 그는 주후 41년부터 44년까지 예루살렘에서 잠시 동안 통치하였다. 사도행전은 그가 "이 일이 유대인들을 즐겁게 하였기"(행 12:1-4) 때문에, 기독교 교회의 중요한 지도자들에 대하여 이같이 큰 공격을 감행하였다고 말한다. 헤롯의 행동 뒤에 가로 놓여져 있는 것은 무엇일까? 사도행전 11장이야말로 사도행전 12장의 배경으로 놓여 있음이 분명해 보인다. 달리 말해서, 바나바와 바울의 지도력 하에 있는 안디옥 교회에서 진행되고 있는 일로 인하여 예루살렘의 유대인은 분노하였으며, 그래서 바울의 회심 이후에 잠잠하였던 예루살렘에서의 기독교인 박해는 헤롯의 통치와 더불어 다시금 불이 붙게 되었다.

베드로는 기적적으로 헤롯에게서 벗어나서 예루살렘에서 '다른 곳'으로 이동하였다(12:17). 이 시점에서 베드로는 사실상 예수의 형제인 야고보에게 예루살렘 교회에 전체 지도력을 사실상 넘겨준 것 같이 보인다(12:17; cf. 행 15:13; 갈 2:12). 재미있게도 야고보는 어느 정도 보수적인 유대 기독교인이었던 것 같다(신념에 의해서든 아니면 필요성 때문이든 아니면 둘 다 이든지 간에/ 갈 2:12; 행 21:17-25; 유세비우스,「교회사」2권 23). 기독교의 선교가 이방인에게로 전개되는 것과 기독교 지도자에 대한 유대인의 적대감이 아주 컸던 그 당시에, 예루살렘 교회의 지도자로서 나무랄 데 없는 유대인의 신임장을 가지고 있는 어떤 사람이 있었다는 것은 이점(장점)이라고 할 수 있다. 야고보는 바나바와 바울 그리고 어느 정도 베드로가 그랬던 방식으로는 타협하지 않았다.

예루살렘의 유대 그리스도인들이 안디옥과 그 외에서의 발전(교회성장)에 대하여 어떻게 느꼈는지에 대하여 확실하지는 않으나 아마도 상당한 압박감을 가지고 있었을 것이다. 그런 저런 이유로 인하여, 그들은 계속되고 있는 일로 인하여 아주 비참한 기분이었을 것이다. 그들은 유대 그리스도인 형제와 자매들이 이방인과 교제를 하면서 행하는 '타협'에 대하여 불편해 하였다. 그들은 이방인 그리스도인들이 적절하게 할례를 하기를 원했을 것이다(그렇게 하면 그들의 생활이 대단히 수월했을 것이다). 그들은 바울이 이러한 상황에 관계하고 있는 것에 대하여 특별히 의문점을 가지게 되었던 것이다. 그들은 안디옥 교회에서 지도자의 역할을 하는 과거의 박해자에 대해 아마도 아주 불편해 하였고, 그리고 이들이 채택한 자유스런 정책을 확실히 멀리했다. 어쨌든 바나바는 인정을 받은 대표자였으나 바울은 그런 종류의 사람이 아니었다.

사도행전이 안디옥의 기독교인들이 예루살렘에 있는 형제와 자매들에게 재정적 또는 물질적인 도움을 보낸 것을 서술하는 것은 이런 일반적인 상황 속에서였다. 사도행전은 이 일은 아가보라는 사람이 예언한 극심한 세계적인 기근에 대한 반응 때문이었다고 말한다(11:27-30). 그러나 사도행전에 따르면 아가보는 예루살렘에서 최근에 안디옥으로 내려온 예언자들 중의 한 사람이었다. 그와 그의 동료들은 예루살렘 교회에 대한 소식을 틀림없이 가지고 있었다. 그들이 가지고 온 소식은 예루살렘에 있는 그리스도인들이 어려운 때를 맞아 곤경에 처하게 되어 다가오는 기근에는 특히 취약하게 될 것이라는 것이다. 안디옥에 있는 그리스도인들이 이 소식을 듣자 예루살렘으로 부조를 보낼 마음을 가지게 되었는데, 이것은 그들이 안디옥에서 행하는 일 때문에 그곳의 교회가 고통을 당하고 있다는 것을 알았다면 더욱더 그런 마음을 가졌을 것이다. 그것은 지금 빠르게 성장하고 있는 말썽 많은 신생 교회로부터 모교회에 보내는 우정의 행동이었다. 그것을 '화평의 제물'이라고 기술하는 것은 그렇게 정확한 것은 아니나, 바나바와 바울이 그 선물을 가지고 갔다는 것은 주목할 만하다. 그들은 정상급 수준의 대표단이었다.

이 장에서 우리가 묘사하고 있는 모든 것들은 거의 사도행전에 근거하고 있으나, 몇몇 학자들은 사도행전의 역사적인 신빙성에 대하여 의심을 한다. 그렇지만 갈라디아인에게 보낸 바울의 편지는 다양한 사항들을 확인하게 해준다. 갈라디아서가 확증하는 것들:

- 바울은 길리기아와 수리아에 있었다(1:21).
- 그는 안디옥에 있었다(2:11).

- 바울과 바나바는 동료였다(2:1, 13).
- 예루살렘의 기독교인들은 물질적으로 심한 압박을 받고 있었다(2:10).
- 안디옥에 있는 유대인 기독교인들은 이방인과 함께 식사를 하였는데, 이 일은 예루살렘에 있는 사람들에게 대단히 불쾌한 것이었다(2:11).
- 예수의 형제인 야고보는 예루살렘 교회의 지도적인 인물이었으며 그곳에서 보수적인 유대인 기독교에 관련되어 있었다(2:9, 12).

2. 바울의 예루살렘 이차 방문의 문제점

물론 갈라디아서가 상세한 여러 가지 사항을 확증하고 있으나, 반면에 바울과 바나바가 안디옥으로부터 예루살렘 교회에 가서 부조금을 전달한 것은 언급하지 않는다. 그 대신 갈라디아서는 '유명하다고 하는' (2:2) 사람들에게 '바울이 이방인들에게 전파하는 복음' 을 설명하기 위하여 바울과 바나바가 그들을 방문한 것을 언급한다. 바울은 분명히 자신을 변호하는 것이 불가피하다고 느꼈다. 그 이유는 그가 바로 다음에 언급하는 '거짓 형제' 때문이었는데, 그들은 이방인을 위한 바울의 자유의 복음에 대해 분명하게 반대한 자로서 이방인들도 할례를 받아야 한다고 주장했다(2:3-5). 토론의 결과 바울이 기록하고 있듯이, 예루살렘에 있는 지도자들에 의하여 바울의 메시지와 사역은 인정을 받는다. '내가 무할례자에게 복음 전함을 맡기를 베드로가 할례자에게 맡음과 같이 한 것을 보고' (2:7), 야고보(예수님의 형제로 여기에 처음 이름이 나옴)와 게바와 요한도 '나와 바나바에게 교제의 악수를 하였으니 이는 우리는 이방인에게로 저희는 할례자에게로 가게 하려 함이라' (2:9). 바울은 야고보와 베드로와 요한을 '유명하다는 이들' 과 '기둥같이 여기는 이들' 이라고 언급한다(2:6, 9). 이 말은 약간은 불만을 내포하고 있는 말투처럼 들리나 갈라디아서에서 바울은 자신을 이등급 기독교 지도자와 사도라고 폄하하는 사람들에게 대응하는 상황에 있음을 기억하여야 할 것이다.

1) 갈라디아서 2:1-10과 사도행전 15장을 동일시하는 경우

바울과 바나바의 예루살렘 방문에 대해 갈라디아서가 이같이 설명하는 것을 첫눈에 보면, 사도행전 11장 27-30절의 '기근 구제를 위한 방문'과 별로 같아 보이지 않는다. 그래서 많은 학자들은 그것이 사도행전 15장에 기술된 예루살렘 공의회와 더욱 더 유사하게 보인다는 주장을 하였다. 사도행전 15장은 다음과 같이 말한다:

- 바울과 바나바는 안디옥에서부터 예루살렘으로 올라갔다.
- 문제는 이방인이 할례를 받을 필요가 있느냐는 것으로 예루살렘 출신의 어떤 사람들은 이것을 아주 강력하게 주장한다.
- 그 문제는 바울과 바나바 그리고 베드로와 야고보를 거쳐서 토의된다.
- 그 결과 할례에 대해서는 바울과 바나바의 입장을 지지하는 것으로 판결된다. 그렇지만 이 판결문은 이방인으로 하여금 유대인 자신의 입장에서 유대적인 어떤 관습(예, 식사습관)을 준수할 것을 요구한다.

갈라디아서 2장에 있는 바울의 설명과 이 설명을 동일하게 보려는 유혹을 받기 쉽다. 그러나 이 둘을 동일시하기에는 많은 어려움이 있다. 한 가지의 문제는 사도행전 15장은 매우 공식적인 모임을 말하는데, 그 모임은 그 후 신속하게 작성된 공적인 판결명령으로 끝난다. 그 반면에, 갈라디아서 2장은 바울과 바나바가 '기둥같이 여기는 사람들'과 개인적으로 토의하는 것을 말하는데, 그 모임은 교제의 악수로 끝이 난다. 더 이상의 판결문도 없고 이방인에 대한 음식의 제한도 전혀 없었다. 또 다른 문제는 사도행전 15장에서 말하는 예루살렘 방문은 바울의 회심 이후의 세 번째 방문이 되는 셈인데, 사도행전에 따르면 두 번째 방문은 11장에 기록된 기근 구제를 위한 방문이었다. 그러나 갈라디아서의 입장에서는 2장의 방문이 바울의 회심 이후의 두 번째 방문이다.

이러한 불일치를 설명하는 것은 쉽지 않은 일이다. 갈라디아서 2장을 보면, 바울이 기근 구제 방문이나 또는 단순히 그곳에 들른 것을 잊고 있는

것은 정말 아닌 것 같다. 왜냐하면 그는 예루살렘 방문에 대해서 제한될 정
도로 아주 신중하게 설명하기 때문이다. 사도행전이 그 방문에 대한 시기를
혼동했다는 식의 일반적인 설명을 하면 할수록 사도행전 11장의 기근 구제
방문은 사실상 그 이후의 일이 되거나 또는 판결문이 공표된 다른 상관없는
어떤 경우를 가지고 갈라디아서 2장의 개인적인 토의와 사도행전 15장을
합치는 셈이 된다.

2) 갈라디아서 2:1-10과 사도행전 11:27-30을 동일시하는 경우

어쨌든, 갈라디아서 2장과 사도행전 15장을 동일시하는 것을 거부하는
것이 더욱더 간단하다. 그리고 사도행전 11장의 기근 구제방문은 바나바와
바울이 갈라디아서 2장의 '기둥들' 과 토의를 하기 위한 방문이었다고 가
정하는 것이 더 수월하다. 아래에 주어진 고려사항은 이 주장을 지지하는
입장에 있다.

(1) 비록 사도행전 11장이 바울과 바나바가 예루살렘에 있는 누군가와 함
께 안디옥에서 일어난 이방인 선교사역을 토론하는 것을 서술하지 않
는다고 할지라도, 사도행전 11장에서 서술되었듯이 바울과 바나바가 안
디옥에서부터 예루살렘까지 가는 동안에, 그동안에 일어났었던 일에 대
한 토의 없이 갈 수 있었다는 것은 말이 안 된다. 안디옥과 예루살렘이
어떤 결과를 놓고 충돌했을 것이라는 우리의 제안이 비록 사변적일지
언정, 안디옥 교회의 사역과 특별히 그 곳의 사역에서 바울에 대해 논
쟁의 여지가 있었던 부분에 대하여 예루살렘에 있는 기독교 지도자들
과 심각하게 이야기를 하지 않은 채로, 바울과 바나바가 예루살렘 교회
의 장로들에게 기근구제금만을 전달했을 것이라는 식으로 사도행전 11
장을 읽거나 상상하는 것은 정말 어이가 없다.

(2) 사도행전이 그 토론을 서술하지 않은 것은 사실이나, 그러나 (a)갈라디
아서는 그 모임이 사적이었다고 말한다. 그리고 (b) 그리스도인의 기부

와 돈을 나누어주는 것에 대하여 매우 관심을 가지고 있는 누가-행전의 저자로서 그 같은 방문의 일면에 초점을 두었을 것이라고 하는 것은 놀라운 일이 아니다(cf. 눅 12:33; 행 4:32-37).

(3) 갈라디아서 2장에 의하면, 그들이 가지고 간 기근 구제금에 대하여서 언급을 하지 않는 것이 또한 사실이다. 그러나 바울과 바나바의 이 방문에 관한 설명은 '기둥과 같은 이들'이 우리에게 가난한 자들을 계속 기억하여 줄 것(바울 자신도 힘써서 하고 있는 일/ 갈 2:10)을 요청하였다는 설명으로 끝난다. 이 말은 그 당시의 예루살렘의 상황으로 인하여, 예루살렘 기독교인들이 물질적으로 궁핍한 경우에 처했음을 확증한다. 갈라디아서 2장은 바울과 바나바는 '계시를 인하여' 예루살렘으로 올라갔다고 하는데, 그 계시는 사도행전이 언급하는 아가보의 흉년 예언에 대한 암시 일 수 있다(갈 2:1; 행 11:28).

(4) 갈라디아서 2장의 토론에서 아마도 문제시되는 주요사항은 바울의 사도직과 사역이었는데, 그것은 정확히 사도행전 11장의 상황에서 예상될 수 있었던 문제였다(이방인들과 그들에게 무엇을 요구해야 하는가에 대한 보다 큰 문제는, 이 경우에 핵심적인 문제가 아니었을지 모르나 이것은 나중에 다시 전면으로 등장한다. 갈라디아서 2장 3-5절은 이러한 나중의 경우에 대해 언급한다).

(5) 갈라디아서 2장은 '기둥과 같은 이들'이 바울과 바나바에게, "우리는 이방인에게로, 저희는 유대인에게로"(갈 2:9)라는 부탁을 하였다고 말한다. 이것은 사도행전 13장에 있는 일련의 사건과 완전히 부합되는데, 여기에서는 바울과 바나바는 예루살렘에서 모임을 한 후 안디옥으로 돌아와서, 다시 '첫 번째 선교여행'으로 알려진 일로 인하여 안디옥을 떠났다고 적혀있다(행 13:2-4). 그들이 이방인으로 가는 일에 대하여 마치 예루살렘으로부터의 초록색 신호등 이 주어진 것 같으나, 이것은 바로 정확히 그들이 하고 있는 일이다.

사도행전 13장 2절의 내용을 주목하는 것은 흥미 있는데, 이 구절에 따르면 교회가 그들의 두 지도자들을 보내기로 결정을 한다. 그들은 성령에 의하여 이런 일을 하게 되는데, 성령은 "내가 불러 시키는 일을 위하여 바나바와 사울을 따로 세우라"고 하신다. 우리는 그 일이 무엇인지 알지 못하나, 이 구절은 능히 예루살렘에서 "이방인에게로 가라"(갈 2:7, 9)고 그들에게 부여한 임무를 상기시키는 암시일 수 있다. 성령은 이제 그들에게 맡겨진 그같은 일을 가지고 앞으로 나아가도록 말씀한다. 그래서 그들은 그렇게 하였다.

(6) 갈라디아서 2장에 의하면, 바울은 예루살렘의 '기둥과 같은 이들'과 함께 한 모임에서 유대 기독교인과 이방 기독교인에 관한 논쟁이 종결되었다는 것을 분명하게 말한다. 그리고 그 이후에 바울은 특별히 식탁교제의 문제로 인하여 베드로가 안디옥에 있었을 때, 그를 일으켜 세워서 훈계하였다고 말한다(2:11-23). 그것이 사도행전 15장의 회의를 하게 한 논쟁이었다고 생각을 하면 분별이 되는데, 그 회의의 판결문에는 특히 이방 기독교인이 그들 자신과 유대인 간의 좋은 관계를 위하여 유대인의 몇 가지 식사규례를 존중할 것을 요청받는 내용이 포함되어 있다. 사도행전 15장과 갈라디아서 2장 1-10절을 동일하게 보는 것 보다는 사도행전 15장을 갈라디아서 2장 이후에 오는 것이라고 보는 것이 더 적합하다(이 점에 대해서는 5장에서 다시 나올 것이다).

우리는 사도행전과 갈라디아서가 다 옳다는 결론을 내린다. 바울이 회심한 이후에 한 예루살렘의 이차 방문은 사도행전 11장과 12장의 기근 구제 방문이었으며, 그것은 갈라디아서 2장에 기술된 방문과 같다. 안디옥에서 계속되던 일로 인해서 예루살렘에 있는 기독교인들의 생활은 어렵게 되었다. 그리고 그런 상황에서 예루살렘으로 물질적인 후원을 보내는 일은 기독교적인 우정의 아주 긍정적인 행위였다. 그러나 바울로서는 역시 그 상황에 대하여 철저하게 이야기를 하는 것이 아주 바람직스러웠는데, 그것은 정확히 바울과 바나바가 '기둥같이 여기는 이들'과 함께 이야기를 한 그 내용이다. 학자들이라도 흔히 이러한 단순한 논리와 연결을 보지 못하고 있는데, 그 이유는 사도행전과 갈라디아서가 제시하는 큰 그림을 인식하지 못하기 때문이다.

3. 시기에 관해

바울은 주후 31년이나 32년에 일찍이 회개를 하였던 것 같다. 갈라디아서에서, 바울은 그 이후 '3년'에 예루살렘으로 간 것에 대하여 말하는데(1:18), 그것은 주후 33-35년 사이일 것이다(삼년이 삼년 전체인지[삼년 간], 아니면 보다 가능성 있게 생각해서 포괄적인 계산을 하는가에[삼년 만에] 달려 있음). 그리고 나서 그는 14년 만에 예루살렘에 올라갔다고 말하는데, 그것은 그 이전 방문 이후의 14년 일 수도 있고, 회심 이후의 14년일 수도 있다(2:1). 만약에 전자라면 주후 46년과 49년 사이의 어느 날이라고 말하는 셈이다. 그러나 만약 후자라면, 주후 44년과 46년 사이가 된다.

사도행전의 증거와 관련해서 보면, 기근 구제 방문과 교회에 대한 헤롯 아그립바의 공격에 대한 설명 사이의 이야기의 연결점을 따지면 대략 주후 44년이나 45년이 매우 적합할 것이나 누가는 아주 모호하게 그렇게 정확히 연결하지 않았다('그때에' 12:1). 만약에 헤롯의 교회 핍박이 기근 구제 방문 이전에 있었다면, 그 방문은 헤롯의 죽음(주후 44년) 이후에 즉시 일어난 일이라는 것이 합당하다. 그때에 예루살렘의 기독교인들에게 후원이 필요하였으며, 베드로도 그때 예루살렘으로 돌아왔다. 물론, 그는 아마도 사람들의 눈에 띄지 않도록 처신했을 것이며, 그리고 바울이 그와 다른 이들을 만난 일도 '사적인 것'이었다(행 12:23-5; 갈 2:2). 우리는 주후 44년-46년부터 예루살렘에 극심한 기근이 있었다고 알고 있는데, 이 시기는 우리가 생각하는 날짜의 성격과 일치되는 것이다.

- 갈리굴라의 상(像)에 대해 -

　주후 39년 또는 40년, 로마황제 가이우스 갈리굴라(Giaus Caligula)는 팔레스타인의 유대인에게 격노하면서, 그의 동상을 예루살렘 성전 안에 세울 것을 명하였다. 그 명령을 수행할만한 사람은 최근에 임명된 로마의 수리아 총독인 페트로니우스(Petronius)였다. 그는 이러한 재난을 불러일으키는 행동을 하지 않기를 간구하는 유대인 대표들에게 둘러싸이게 되었다. 다행스럽게도 미친 이 황제는 로마에서 암살을 당하여서 그 문제가 일단락이 되었다. 만약에 이 시기에 기독교 교회가 안디옥에 설립되었다면, 안디옥에 있는 유대인과 기독교인들 사이의 관계에서 이러한 사건이 가져다 줄 수 있는 충격을 추측해보는 것은 흥미 있다. 특별히 기독교인들이 성전이 더럽혀지고 파괴될 것이라고 하신 예수의 가르침과 말씀을 그들에게 반복하였다면 유대인들이 그것을 받아들였을까 아니면, 그 반대의 일이 일어났을까? 만약에 기독교 교회가 그 위기 이후에 세워졌다고 할지라도 주어진 사건을 생각해 본다면, 성전에 대한 태도는 여전히 기독교인과 유대인 사이에 특별히 긴장을 조성하였을 것이다(더 자세한 것은 7장과 10장을 보라).

PART 2

바울의 선교 여행과 서신

갈라디아의 내부와 그 주변 여행

5

1. 사도행전에 나타난 그 이후의 일
2. 바울 서신에 나타난 그 이후의 일
3. 사도행전과 갈라디아서의 상관관계

1. 사도행전에 나타난 그 이후의 일

사도행전에 의하면, 바울과 바나바는 예루살렘에서 중요한 화해의 방문을 가진 후에, 지중해 세계 주변으로 선교여행을 시작하였다고 한다. 정확하게 말하자면, 그들은 안디옥으로 다시 돌아왔고, 그리고 교회가 주를 섬겨 금식을 할 때에 성령을 통하여 하나님은 "내가 불러 시키는 일을 위하여 바나바와 사울을 따로 세우라"(행 13:2)고 말씀 하셨다.

여기서 재미있는 두 가지 일에 주목할 수 있다. 첫 번째는, 기근 구제의 목적으로 그들을 예전에 예루살렘으로 파송한 것과 같이, 이번의 경우에도 예언에 대한 반응으로 파송되었다는 것이다. 우리는 성령의 감동을 받은 예언이 아주 중요하게 여겨지는 교회를 다루고 있다. 그러나 두 번째는, 만약에 우리가 갈라디아서 2장의 배경을 제대로 이해하고 있다면, 이 예언은 불시에 나타난 것이 아니었다는 것이다. 우리가 보듯이, 그것은 바울과 바나바가 '이방인에게 가라' 는 즉, 이미 예루살렘에서 그들에게 주어진 명령을 붙잡는 것이라고 할 수 있다. 마치 아가보의 이전 예언을 그들이 중요하게 느끼고 있는 무엇인가를 확증한 것처럼(예루살렘으로 파견단을 보내야만 하는 것), 여기에서도 성령은 예루살렘에서 무엇인가를 선별해서 그들이 동의한 명령을 수행하도록 지금 인도하시는 것 같다.

로마 제국의 동쪽의 수도인 안디옥(이 도시에 처음으로 강력한 이방인 교회가 세워졌음)에서, 이방인을 위한 선교사('사도'는 선교사를 의미함)가 교회의 축복과 후원 속에서 파송되었다.

그들은 먼저 성령의 지시를 따라 지체 없이 구브로(Cyprus) 섬으로 갔는데, 그곳은 역시 그들이 가기에 적합한 장소였다. 왜냐하면, 바나바가 구브로 출신이었고 안디옥 교회도 구브로와 어떤 연결 통로를 가지고 있었기 때문이다(행 4:36, 11:20). 사도행전은 두 선교사가 섬 전체를 통과하면서 적어도 한명의 개종자(그는 적어도 그 섬의 총독[수상이라고 할 수 있음]인 서기오 바울이라는 사람이었다)를 만들었다고 기술한다.

그들은 구브로에서부터 항해를 하여 지중해의 북쪽을 건너서 남부 터어키(오늘날의 지명)로 가서 다시 다소(Tarsus)로 갔는데, 이는 바울이 다소 출신이라는 것을 생각하면 상당히 합리적인 이동이었다. 그들은 실제로 다소에서 몇 백 마일 서쪽에 있는 버가(Perga)에 상륙하였다(행 13:13). 사도행전은 그들의 젊은 동료인 마가 요한이 이 시점에서 그들을 떠났다고 말한다. 이것은 나중에 바울과 바나바 사이에 긴장을 가져온 사건으로 드러난다(15:36-40). 우리는 바울이 그 일을 마가 요한의 직무유기나 그의 용기나 헌신의 부족의 증거로 보고 있다고 추측한다. 위로자인 바나바는 어쨌든 자신의 사촌이었기 때문에, 마가에게 더욱 더 자비로울 수 있었다(골 4:10). 만약 이 경우에 마가가 용기를 잃게 되었다면, 그 선교 팀에서 생긴 어떤 질병과 관련이 있을 수 있다. 왜냐하면, 갈라디아서 4장 13절에서 바울은 병이 들어서 갈라디아인에게로 왔다고 말하고 있기 때문이다. 그들이 상륙하였던 버가의 날씨는 무더웠고 습하였으며 말라리아가 기승을 부렸기에 바울과 다른 이들도 병이 들었을 것이며, 이로 인하여 마가는 그들을 떠났을 것이다. 그리고 바울과 바나바는 더욱 건강한 상태를 유지하기 위하여 해발 1,000미터 이상인 비시디아 안디옥을 향하여 내륙으로 갔다. 물론 그곳에 도착하기 위하여서는 타우루스(Taurus) 산맥을 넘는 160마일의 고된 여행을 했을 것이다. 바울과 바나바가 서기오 바울의 제안으로 비시디아 안디옥에 갔다는 것도 가능한데, 왜냐하면 그 지역에 그의 가족의 연고가 있었다는 증거가 있기 때문이다.

어쨌든, 사도행전은 바울과 바나바가 비시디아 안디옥과 이고니온의 이웃 도시인 루스드라와 더베에서 열매가 맺히는 사역을 하였다고 기술한다. 그들은 비시디아 안디옥과 이고니온에서는 회당에서 사역을 시작하였다. 사도행전 13장은 유대인에게 했던 바울의 설교를 기록한다. 바울은 여기에서 이스라엘의 역사를 요약적으로 말한다(스데반을 회상하는 형태로). 그후에 그는 예수는 메시아이고 세례 요한에 의해 장차 오시기로 예언된 자라고 말한다. 그리고 그는 구약의 본문을 인용하면서 예수의 죽음과 특별히 부활에 관하여 말한다. 마지막으로 바울은 사람들에게 회개할 것을 요청한다. 한편, 그의 선교의 결과로 많은 유대인과 '하나님을 경외하는 자들'(회당에 가입한 이방인)이 회개를 하였으나, 또 다른 한편으로 믿지 않는 유대인들로부터 적대감과 반대가 있었다. 이로 인하여 바울과 바나바는 이방인에게로 돌아서게 되었는데, 이는 "주께서 이같이 우리를 명하시되 내가 너를 이방의 빛을 삼아 너로 땅 끝까지 구원하게 하리라"고 했기 때문이다(13:47). 그 결과, 더욱더 많은 회심자들이 있었으나, 또한 유대인들로부터 극심한 반대가 더 심하여지고 늘어나게 되어서, 마침내 그 지역에서 추방되는 일까지 이르게 되었다.

그들은 동쪽으로 100마일 가량 되는 이고니온으로 이동을 하는데, 거기에서도 아주 동일한 형태의 사태가 일어나서, 결국 그들의 생명을 위협할 정도로 유대인들이 선동하고 모함하는 것으로 끝이 나게 된다(14:1-5). 사도행전은 이고니온에서 많은 기적이 이루어진 것을 언급하며, 그들이 다음 목적지인 루스드라에 도착했을 때, 앉은뱅이를 기적적으로 치유하여 군중들 사이에 처음으로 큰 기쁨이 생기게 되자, 사람들은 바울과 바나바를 그들의 전설에 따라 그 도시를 방문하였던 제우스신과 헤르메스신으로 대우했다. 그러나 이러한 열광은 나중에는 악의에 찬 적대감으로 변하여 바울에게 돌을 던지고는 죽도록 내버려두었다(14:6-20). 그와 바나바는 더베로 가서 그 곳에서 많은 수의 제자를 얻게 된다(14:20, 21). 여기에서 그들은 다시 돌아서서 그들의 발걸음을 다시 되밟으면서, 루스드라와 이고니온과 안디옥에 세운 교회가 '수많은 환난'을 견디어내도록 격려하고 각 교회를 이끌 장로들을 세운다. 그리고 나서 그들은 해안 쪽으로 되돌아가서 버가에 도착하는데, 그곳에서 이번에는 아마도 전에 몸이 약해서 하지 못하였던 '도(말씀)를 전하는 일'을 하게 된다. 그후 수리아 안디옥으로 돌아와서 거기에서 제자들과 함께 오랫동안 있게 된다(14:22-8).

사도행전이 서술하고 있는 그 후의 일은 '어떤 사람들'이 유대로부터 안디옥에 내려와서 "형제들을 가르치되, '너희가 모세의 법대로 할례를 받지 아니하면 능히 구원을 얻지 못하리라'고 한 일이다. 사도행전은 '이 일로 인하여 바울과 바나바와 저희 사이에 적지 아니한 다툼과 변론이 일어나서', 형제들이 이 문제에 대하여 바울과 바나바와 및 그 중의 몇 사람을 예루살렘에 있는 사도와 장로들에게 보내기로 작정하였다고 말한다(15:1-3).

2. 바울 서신에 나타난 그 이후의 일

우리는 바울의 예루살렘 이차 방문 이후에 계속되어지는 사도행전의 설명을 뒤따라 왔다. 그러나 이에 대하여 바울 자신이 확증한 설명이 있는가? 우리는 바울이 쓴 고린도후서에 근거하여 그 질문에 대해 일반적으로 긍정적인 답변을 할 수 있다. 바울은 고린도후서에서 그가 경험한 환난들에 관하여, 그의 비판자의 경험과 그 자신의 경험을 대조하면서 다음과 같이 생생하게 기술한다.

"너희가 그리스도의 일군이냐 정신없는 말을 하거니와 나도 더욱 그러하도다 내가 수고를 넘치도록 하고 옥에 갇히기도 더 많이 하고 매도 수없이 맞고 여러 번 죽을 뻔하였으니 유대인들에게 사십에 하나 감한 매를 다섯 번 맞았으며 세 번 태장으로 맞고 한 번 돌로 맞고 세 번 파선하는데 일주야를 깊음에서 지냈으며 여러 번 여행에 강의 위험과 강도의 위험과 동족의 위험과 이방인의 위험과 시내의 위험과 광야의 위험과 바다의 위험과 거짓 형제 중의 위험을 당하고 또 수고하며 애쓰고 여러 번 자지 못하고 주리며 목마르고 여러 번 굶고 춥고 헐벗었노라"(고후 11:23-7).

이것은 아주 주목할만한 환난의 목록으로 여러 방면에서 이것은 바나바와 함께한 바울의 선교사역에 대하여 우리가 조사한 사도행전의 설명과도 일치된다. 특별히 이것은 한번 돌로 맞은 것과 사십에 하나를 감한 매를 맞은 것도 언급한다. 이것은 유대인의 형벌로서 유대인들은 최대한 사십대의 매를 구약의 율법하에서 허용 한다.

'하나를 감한 매(39대)' 는 그 한계를 벗어나지 않았음을 확실히 하려는 것이다(cf.신 25:3). 바울이 이런 형벌을 다섯 번이나 당하였다는 사실은 사도행전이 역시 말하고 있듯이, 그가 회당과 밀접하게 접촉하였고 그래서 그들과 갈등이 생겼음을 확증한다.

어떤 사람들은 정확히 이 점에 대해 사도행전을 의심하면서 바울의 선교사역은 유대인을 위한 것이 아니라, 이방인을 위한 것으로 관찰하면서 이것과 사도행전(바울이 회당에서 정규적으로 그의 선교적인 방문을 시작하였다는 것)에서 주어진 인상 사이에서 어떤 모순을 발견한다. 어쨌든 바울이 자신의 사명에서 유대인과 회당의 접촉을 제외시키지 않았다는 것은 분명하다. 그리고 이 사실은 위에 인용된 고린도후서의 구절로 인한 것만은 아니다(고전 9:20을 또한 보라). 바울은 자신의 사역을 '열방으로' 가는 것으로 보았으나, 또한 복음이 '첫째는 유대인을 위한 것' (롬 1:16)으로 믿었다. 그리고 그는 자신이 방문한 이방인의 도시로 진입하는 자연스러운 지점으로서 유대인 공동체를 이용하였다. 회당에는 전형적으로 '하나님을 경외하는' 많은 이방인이 있어서, 회당에서 사역을 하는 것은 유대인 뿐만 아니라 유대교에 호의적인 이방인들에게 접근하는 하나의 방법이었음을 기억할 가치가 있다(행 17:4, 17).

고린도후서 11장의 구절은 역시 위험한 여행을 언급하는데, 그것은 사도행전에 나타난 기술과 부합된다. 사도행전을 통하여 바울이 이곳저곳으로 여행을 다니는 것을 읽을 때, 우리들의 대부분은 그런 여행이 어떠했는지에 관한 지식이 거의 없다. 그러나 만약에 우리가 바울의 행로를 지상에서 더듬어 간다면, 그가 얼마나 멀고 먼 거리를 여행했는지(도보로 수백 마일), 그 지역의 어떤 곳은 얼마나 거칠고 한적했는지(예를 들자면, 거의 4,000미터나 솟아오른 남부터어키의 타우루스 산맥을 넘을 때), 그리고 대적에 대한 계속되는 염려를 가지고 진흙길을 걸어가고, 작은 배를 타고 바다 위에 있는 것이 얼마나 사람을 지치게 하고 또 위험하였는지에 대하여 깨달을 수 있을 것이다.

그러나 고린도후서 11장이 사도행전에 있는 바울의 '첫 번째 선교 여행'의 설명과 일치된다고 할지라도 그것은 단지 그 여행만 아니라, 계속된 다른 여행들 그리고/혹은 그 이전의 여행들을 포함하여 모든 여행을 일반적으로 설명한다. 갈라디아서는 특별히 이 시기의 사건들로써 우리를 도와주는가? 우리는 바울과 바나바에게 이방인에게 가라는 초록색 신호등이 주어질 당시까지, 바울이 역사적인 예루살렘 방문을 하기 전에 어떤 일이 일어났는지를 어느 정도 상세하게 갈라디아인들에게 설명하고 있는 것을 보았다. 불행하게도 그 이후에 어떤 일이 있었는지는 그렇게 분명하지 않다. 어쨌든 갈라디아서가 기록된 그 시점까지 다양한 일들이 일어났다.

(1) 바울은 갈라디아에 갔고 많은 갈라디아인들로부터 따뜻한 환영을 받았으며, 그리고 그곳에 교회를 세웠다. -- 이 사실에서 편지가 유래하였다.
(2) 바울은 거짓 형제에 관하여 걱정스러운 소식을 들었다. 바울이 보기에 그들은 갈라디아 교회에 와서 사람들에게 할례를 받을 것과 유대인의 율법을 지켜야만 된다고 설득했다(1:7-9, 6:12 그리고 곳곳에).
(3) 안디옥에서 어떤 힘든 논쟁이 있었는데, 그곳에는 바울과 바나바와 '야고보에게서 온 어떤 이들'이 포함되어 있었다(2:11-21). 이 논쟁은 유대 그리스도인과 이방 그리스도인이 함께 식사하는 문제에 관한 것이었다. 베드로가 안디옥으로 내려와서 처음에는 바울과 바나바와 그리고 모든 사람들을 따라서 이방인과 함께 식사를 하였다. 그러나 그 후 '야고보에게서 온 이들'이 오자, 베드로가 뒤로 물러나서 슬그머니 자리를 피하였다. 왜냐하면, '그는 할례 그룹에 속한 자들을 두려워했기 때문이다.' 바울이 충격을 받을 만하게도 바나바와 그의 이 전 동료들과 안디옥에 있는 대부분의 이방인 교회의 지도자를 포함하여 다른 유대인 그리스도인들도 다 마찬가지였다.

이러한 것을 관찰할 때에 생기게 되는 흥미 있는 질문들이 많이 있다. 예를 들어, 언제 안디옥에서 이 논쟁이 일어났는가? 그것은 예루살렘에 있는 '기둥 사도들'과의 협의 후(그때 그들은 사역지를 구분하였다)에 즉시 일어난 것 같지는 않다. 그것은 아마 바나바와 바울이 갈라디아로 선교여행을 간 후에, 아마도 바울이 갈라디아인에게 서신을 쓰기 직전에 일어난 것 같이 보인다. 만약에 그것이 그의 갈라디아 선교 시기 이전의 옛 역사였다면, 왜 그가 그 당황스런 사건을 그들에게 말하려고 하겠는가? 만약에 그것이 아주 최근의 역사이고 심지어 갈라디아에서 계속 진행 중인 그 같은 일의 일 부분이었다면(예를 들어, 바울의 입장을 전복시키려는 할례당의 반대운동), 바울로서는 아주 열심히 토론하는 열띤 주장을 설명할 수 있을 것이고, 따라서 그 논쟁 이후에 어떤 일이 일어났는가를 말할 수 없을 것이다. 어떤 학자들은 바울이 그 논쟁에서 어찌할 바를 몰라, 결국은 그 결과를 말하지 못하였다는 추측을 한다. 그렇다면 그가 왜 그것을 갈라디아인에게 말하고자 하는가? 사실상 당시의 상황은 갈라디아와 안디옥에서 진행 중이어서 아직 해결이 되지 않았던 것 같아 보인다.

3. 사도행전과 갈라디아서의 상관관계

그러나 이것을 어떻게 사도행전과 관련시킬 수 있을 것인가? 논쟁이 많이 되고 있는 질문 중의 하나는 "갈라디아가 어디에 있는가" 하는 것이다. 갈라디아인들은 원래 다누베(Danube)지역에 있는 중앙 유럽 출신으로서, 일부는 가울(Gaul 즉, 프랑스) 그리고 일부는 소아시아(즉 터어키)와 안키라(Ancyra, 현대의 Ankara,)로 이민을 왔다. 바울은 그러한 갈라디아 민족에게 글을 쓸 수 있게 되기를 원했을 것이다. 그러나 갈라디아의 로마 구역은 안키라(Ancyra) 남부와 안디옥, 이고니온,루스드라와 더베가 자리잡고 있는 지역으로 거의 200마일에 걸쳐 있다. 그렇다면 바울이 갈라디아인에게 편지를 쓸 때에, 그는 갈라디아 민족에게 쓰고 있는가(북-갈라디아설), 아니면 비시디아 안디옥과 같은 갈라디아 지역에 있는 사람들에게 쓰고 있는가(남-갈라디아설)? 다른 견해를 생각하는 어떤 학자들이 있음에도 불구하고 남-갈라디아설은 약한 듯하다. 바울은 그가 사역을 하는 지역에 대하여 그 지방의 명칭을 매우 일정하게 사용하는데(예, 고전 16:1, 5, 15, 19; 고후 9:2; 롬 15:26), 그것이 남 갈라디아의 다른 도시들을 언급하는 확실한 방법이었을 것이다. 물론 사도행전 16장 6절과 18장 23절이 북 갈라디아의 사역을 언급할 수 있는 것으로 추측이 가능하지만, 사도행전은 남 갈라디아에서의 바울의 의미 있고 성공적인 사역에 대한 방대하고 그리고 별로 논쟁거리가 없는 증거를 우리에게 보여 준다.

그러나 이러한 논쟁보다 더 중요한 것은 사도행전과 갈라디아서가 긴밀히 일치하고 있는 바를 설명하는 그런 방식이다. 이러한 관점에 대하여:

(1) 사도행전 11장, 12장과 갈라디아서 2장 1-10절은 바울과 바나바가 재난을 당한 예루살렘 교회를 돕기 위하여, 그리고 베드로와 야고보와 요한과 더불어 사역을 논하기 위하여 예루살렘으로 올라갔다고 기술한다. 그 토의의 결과로 그들은 이방인에게로 가는 소명을 인정받게 되었다.

(2) 이 일은 안디옥 교회가 그들을 파송하는 것으로 이어진다. 그들은 먼저 구브로에 갔다가 그후에 남-갈라디아로 갔다. 그들은 거기에서 성공적인 사역을 하면서 여러 중심지에 교회를 세웠다(행 13장과 또한 갈라디아서).

(3) 그러나 그들의 사역으로 인하여 그 지역의 유대인 공동체와의 사이에 깊은 분열과 폭력으로 돌변된 적대관계가 생기게 되었다. 불가피하게 이런 소식은 예루살렘에 있는 유대 지도자들에게 알려졌을 것이다. 또한 불가피하게 이 일 때문에 예루살렘에 있는 유대 그리스도인들도 유대 당국자들과 다른 이들의 새로운 압력을 받게 되었을 것이다. 그리스도인들은 그 자신들의 삶을 위하여 싸워야 함을 아주 잘 알게 되었을 것이다. 그래서 예루살렘 출신의 유대 그리스도인 중의 어떤 사람들은 다양한 지역

으로 나아가서 바울과 바나바의 '자유스러운'(liberal) 회심자들과 협력했다. 어떤 이들은 갈라디아로, 어떤 사람들은 안디옥으로 갔다.

(4) 바울과 바나바는 안디옥으로 돌아갔다. 어느 시점에 베드로 또한 그곳으로 왔다. 처음에 그는 교회의 관례를 받아들였는데, 그것은 예배의 한 부분으로 이방인과 유대인이 함께 식사를 하는 것이었다. 베드로가 이방인 백부장인 고넬료에게 가라는 뜻으로 주신 하나님의 놀라운 환상을 본 후 그의 집에 갔을 때, 할례를 받지 않은 그 가족들에게 하나님이 성령을 부어주시는 것을 보았다고 사도행전이 말하는 것이 옳다면, 베드로가 이방인과같이 식사를 하는 것은 놀라운 일이 아니다 (행 10장). 그 것보다 더욱더 놀랄만한 것이 있다면, 그것은 그 소식을 들은 예루살렘의 그리스도인들이 할례를 받지 않은 이방인들을 이후에는 의심을 했다는 것이다. 심지어 놀랄만한 것은 베드로도 이방인들과 식사를 하는 일에서 물러서도록 설득을 당할 수 있었다는 것이다. 이 일 때문에 고넬료의 전체 이야기에 대하여 의심을 하겠는가? 아니 그럴 필요는 없다. 이 사건에 대해 바울이 설명하는 전체적인 요점은 베드로가 뒤로 물러섬은 그의 특별한 정책상의 변화였다는 것이다. 더욱 놀라운 것은 이 일에 바나바가 베드로와 함께 한 것이다. 왜냐하면 바나바는 그렇게 오랫동안 이방인을 위해 열려진 접근방법의 한 부분을 담당하고 있었기 때문이다. 그런데도 지금 그가 뒤로 물러선 것이다. 그 이유는 무엇일까? 분명히 어떤 설득력 있는 논의가 야고보에게서 왔다고 주장하는 이들에 의하여 강요되고 있었기 때문이다.

바나바나 베드로는 이방인은 할례를 받아야만 한다는 견해에 찬성을 한 것은 아닌 것 같아 보인다. 다음에 있는 사항들은 아주 개연성이 있어 보인다.

(1) 문제시되는 것은 부정한 음식을 먹음으로써 자신을 더럽히는 유대 그리스도인에 관한 것이다. 이방인이 무엇을 하든지 간에 그것 때문에 정통

유대인들이 염려하는 것은 아니다. 정말로 당황하게 하는 것은 그들의 동료 유대인들이 율법에 대한 헌신과 조상들에 대한 전통을 포기하는 것이었다, 예를 들어, 이방인과 같이 부정한 음식을 먹음으로써 자신들을 더럽히는 것이었다(그 후의바울에 대한 고발, "네가 이방에 있는 모든 유대인을 가르치되 모세를 배반하고 아들들에게 할례를 하지 말고 또 규모를 지키지 말라"에 대하여 행 21:21을 보라).

(2) 유대 그리스도인들은 바로 이 점에 있어서 예루살렘에 있는 유대인으로부터 모진 압박을 받고 있었다. 우리는 유대인 역사가 요세푸스로부터 당시의 유대 국가주의는 전투적이기에 로마의 당국자에 의해 유대의 다양한 폭동적인 운동이 강압적으로 진압되었음을 알고 있다. 예루살렘에 있는 그리스도인들은 율법에 대해 예상되는 자유로운 태도와 이방인과의 친밀한 교제 때문에 동료 유대인들의 공격 아래 놓여 있었을 것이다. 바울은 갈라디아서 6장 12절에서 소위 유대주의자들이 하는 일은 단지 '그리스도의 십자가를 인한 핍박을 면하려 함뿐이라'고 말한다. 바울의 이런 고발은 전혀 근거가 없는 것이 아니라, 정확히 옳은 것일 수 있다. 유대 그리스도인들은 예루살렘에서 복음증거를 하는 것이 사실 어려웠던 것이 아니라, 실제로 중상모략을 당하고 공격을 당하는 것이 힘들었다.

(3) 이미 살펴보았듯이, 유대교인과의 알력의 특별한 원인은 갈라디아 지역에서 바울과 바나바가 사역을 할 때, 그곳에서 그들이 유대인이 보기에 불길한 방식으로 공동체를 두 갈래로 나누었기 때문이다. 사태는 베드로가 이방인과 함께 식사를 하면서 자신을 더럽혔다는 안디옥에서 도착한 보고에 의하여 더욱더 악화되었을 것이다. 베드로가 그 행실로 인하여 교회의 리더로서 모든 체면을 잃게 되었다고 떠들어대는 안디옥에서 온 유대 그리스도인이 베드로에게 경고를 하는 모습을 추측해볼 수 있다. 그들이 베드로의 소명은 특별히 '할례를 받은 자'에게 가기

위한 것(갈 2:7, 8)이라고 말하면서 그들이 베드로를 소환하는 것을 추측하는 것은 가능하다. 그리고 베드로와 바나바가 그 위기에 제대로 대응하지 못하여 예루살렘에 있는 그들의 형제와 자매가 이방인과의 식탁의 교제에서 후퇴하는 일로 인해서 위기를 당하게 되었다고 추측하는 것도 가능하다.

우리가 말했듯이, 야고보에게서 온 사람들이 자신들의 행동으로 이방인들에게 할례를 받도록 강요한다고 베드로와 바나바는 생각하지 않았을 것이다. 그들은 그것을 일시적인 압력으로 보았거나 또는 사실상 그들은 유대인 그리스도인과 이방인 그리스도인 사이에서 주의 만찬을 구별함으로 민족주의적 분파주의를 향하여 무의식적으로 움직이고 있었다. 그러나 예리한 합리적인 정신의 소유자인 바울의 경우에 있어서는 이방인들과 함께 식사를 하지 않는 것은 그들을 배신하는 것이었다. 그리고 바울에게는 하나님의 백성의 정식 회원이 되기 위해 할례를 받을 필요가 없다고 말하는 것이 유효한 말이었다. 바울은 그것을 신학적으로 사활이 걸린 것으로 보았다(갈 2:14-21).

그 논쟁이 얼마나 뜨거웠고 날카로웠는지를 살펴보는 것은 어렵지 않다. 바울과 베드로는 둘 다 선교적인 관심(바울은 이방인 선교사로, 베드로와 바나바는 예루살렘에 있는 유대인 선교사로)에 따라 움직이고 있었다. 사도행전 15장 2절은 "적지 아니한 다툼과 변론이 일어났다"고 말한다. 갈라디아서는 아마도 이런 맥락 속에서 쓰였을 것이며, 이 사실로부터 갈라디아서에서의 바울의 고통스러운 어조와 갈등에 대해 어떤 해결책도 언급하지 않는 실상이 유래한 것이다. 또한 이 사실에서부터 일인칭으로 편지를 쓰고 있으나, 이방인 사이에 있는 바나바의 사역에 대하여서는 언급하지 않는 일이 유래한 것이다(물론, 그들이 그를 알고, 그리고 그와 바나바가 한 팀이었음을 추측할지라도). 이 편지를 쓰고 있는 시점에 바나바와 바울의 관계는 아주 긴장되어 있었다(사도행전에서 바울이 갈라디아의 사역에서 사실 주도권을 가지고 있는 듯하나, 바나바가 덜 두드러지게 보이는 것에 대해 주목하는 것도 역시 흥미로운 일이다. 예를 들어, 13장과 14장 12절에서 '바나바와 사울'이 '바울과 바나바'로 바뀐 것을 주목하라).

이러한 모든 것의 결과는 사도행전 15장에 기술된 소위 예루살렘 회의였다. 그 토론에 참석한 자들은 우리가 지금 예상하는 대로 할례당, 바울, 바나바, 베드로, 그리고 야고보였다. 그리고 결론적인 결정은 문제가 되었던 그 사건을 정확하게 반영한다. 첫째는, 이방인들이 할례를 받고 유대인의 모든 율법을 지킬 것이 요구되는가 하는 것이다. 그리고 두 번째는 유대인에게 위법적인 것을 피하면서 그리스도인들 간의 식탁교제가 유지될 수 있는가 하는 것이었다. 첫 번째 것에 대한 답변은 분명히 노(no)이어서, 바울을 옹호하는 것이었다. 두 번째 것에 대한 답변은 이방인 그리스도인들은 유대인에게 위법이 되는 여러 가지 중요한 원인들을 피하도록 요청을 받았다는 것이다. "우상의 제물과 피와 목매어 죽인 것과 음행을 멀리 할지니라"(행 15:29).

이 결정은 바울과 베드로 사이의 타협이라고 말할 수도 있으나, 양편의 관심을 포함하는 원칙에 의거한 결정으로 보는 것이 더 나을 것이다. 왜냐하면, 그것은 그리스도인은 율법으로부터 자유하다는 바울의 주장을 찬성할 뿐만 아니라, 또한 그리스도인들은 다른 이들에게 불필요한 위법 행위을 하도록 하여서는 안 된다는 것(바울 자신도 고전 9:12-23에서 강하게 주장하고 있음)을 다의적으로 애매모호하게 강조하기 때문이다. 그것은 또한 유대 그리스도인과 유대인(모세의 글을 안식일마다 회당에서 읽는 사람들)을 위한 베드로의 관심을 승인하고 있다(15:21). 그것은 역시 유대 그리스도인과 이방 그리스도인 사이의 식탁의 교제를 일단 다시 가능하게 하였는데, 이것은 바울과 베드로 둘 다 찬성하는 것이었다.

이 토론의 한 결론은 사도행전과 갈라디아서를 보면, 두 저자의 의견이 다르나 신뢰할 수 있는 증인으로부터 기대할 수 있는 것과 똑 같이 정말 서로 잘 일치되어 있다는 것이다. 또 다른 결론은 갈라디아서는 바울의 신약 서신 중에서 가장 초기의 것으로 안디옥 사건 당시에 바로 쓰인 것이라는 것이다. 예상되는 날짜는 대략 주후 48년이다. 어떤 학자들은 갈라디아서가 그 주제와 그것이 제시하는 개념이 로마서와 사실 비슷하기 때문에 갈라디아서는 로마서의 기록연대인 주후 57년경 보다 더 가까운 연대임에 틀림없다고 주장했다. 그러나 이것은 믿을 수 없는 주장이다. 첫째로, 갈라디아서와 로마서는 서로 말투가 다르다. 갈라디아서는 염려하는 식이고 귀에 거슬리는 반면에, 로마서는 보다 더 비교 평가하는 말투이다. 그리고 두 번째로, 갈라디아서와 로마서의 주제가 유사한데, 그 이유는 유대 그리스도인과 이방 그리스도인의 동일한 문제를 계속 반복하기 때문이다. 바울이 로마서를 쓸 때 그는 예루살렘으로 가는 중이었고, 다시 한번 그 문제를 마주 대하게 될 것을 알고 있었다(15:31; 사도행전 21을 또한 보라). 그래서 여기에서 동일한 개념과 논쟁이 반복되리라는 것을 사실 예측할 수 있다.

# 갈라디아에서 일어난 일

6

1. 바울의 상황과 그의 반대자들
2. 반대자들의 고발에 대한 바울의 반응

갈라디아서는 바울이 몹시 흥분한 상태에서 위대한 열정과 능력으로 쓴 편지이다. 우리는 전 장에서 바울과 함께 갈라디아 지방을 여행하면서 사도행전과 바울서신으로부터 일련의 역사적인 순서를 재구성하려고 하였다. 이제는 특별히 갈라디아서로 방향을 돌려서 바울과 그의 사역에 대한 그의 서신으로부터 배울 수 있는 것이 무엇인지 보고자한다. 다음 장에서는 예수와 바울의 관계에 대하여 우리가 무엇을 추론할 수 있는지를 생각하게 될 것이다.

1. 바울의 상황과 그의 반대자들

바울서신을 읽을 때에 흥미를 자아내는 질문 중의 하나는 무엇이 이 서신을 쓰도록 이끌었는가? 하는 점이다. 대부분의 서신은 특별한 상황에 대한 응답이지만, 그러한 상황이 무엇이었는지를 이해하는 것이 항상 쉬운 것만은 아니다. 학자들은 '거울을 들여다보는 식의 읽기(mirror-reading)' 과정에 대하여 말한다. 즉, 우리가 글을 들여다보고서 그 상황이 무엇을 반영하는지를 보려고 하는 것을 말한다(바울이 누구에게 그리고 무엇에 대해 말하는가에 관하여). 다른 사람들은 그 일은 전화상의 대화에서 한편의 말을 듣고 나서, 상대편의 사람이 무엇을 말하는지를 이해하는 것과 같다고 말했다. 그러나 이 일은 특별히 '이쪽 편'의 사람이 동요하고 있으면 늘 쉽지만은 않은 일이다.

어쨌든 우리는 이미 갈라디아에서 무슨 일이 일어났는지에 대한 수많은 단서를 가지고 있는데, 어떤 것은 갈라디아서에 아주 분명하게 나타난다. 바울은 보통 그의 편지에서 수신자에게 감사를 표하는 것으로 시작한다. 그는 심지어 제멋대로 행하는 고린도인들에게도 감사를 한다(고전 1:4). 그러나 갈라디아서에서는 편지를 여는 감사가 없다. 그 대신에 고통스러운 말로 곧장 건너 뛴다. "그리스도의 은혜로 너희를 부르신 이를 이같이 속히 떠나 다른 복음 좇는 것을 내가 이상히 여기노라 다른 복음은 없나니 다만 어떤 사람들이 너희를 요란케 하여 그리스도의 복음을 변하려 함이라"(갈 1:6). 여기에 보면, 갈라디아인들이 바울에게 가르침을 받은 것에서부터 멀리 떠나 간 것(바울이 방문한 이후에 곧 그의 가르침을 왜곡하는 사람들에 의하여)에 대한 분명한 증거가 있다. 바울은 복음을 왜곡시켜서 변질시키는 자들은 저주를 받기를 바란다고 계속하여 말한다(1:8, 9).

그 서신의 결론은 마찬가지로 교육적이다. 바울은 필사자로부터 그가 구술하고 있는 사람들을 향하여 펜을 취하여 들고서 이렇게 쓴다. "내 손으로 너희에게 이렇게 큰 글자로 쓴 것을 보라"(6:11). 그리고 나서 그는 아주 담대하게 계속 말한다. "무릇 육체의 모양을 내려 하는 자들이 억지로 너희로 할례 받게 함은 저희가 그리스도의 십자가를 인하여 핍박을 면하려 함뿐이라 할례 받은 저희라도 스스로 율법은 지키지 아니하고 너희로 할례 받게 하려 하는 것은 너희의 육체로 자랑하려 함이니라"(6:12-13). 문제시된 것은 이방 그리스도인이 할례를 받는 것이다. 바울은 그것을 구원에 불필요한 것으로 보았다. 그의 뒤에 온 사람들이 갈라디아인들에게 그것을 강요하고 있었다.

서신의 시작과 끝 사이의 내용은 바울의 반대자들이 자신들의 경우를 어떻게 주장하였는지에 대하여 더 많이 말한다.

(1) 그들은 바울에 대하여 비판적인 태도로 사람을 기쁘게 하는 자라고 그를 고발했으며(할례를 주장하지 않는다고), 복음에 대한 바울의 견해는 인간적인 견해일 뿐이라고 주장했다. 그들은 바울이 이류급의 기독교 지도자(즉, 예수에 의하여 위임을 받은 적도 그리고 가르침을 받은 적도 없어서 참 사도들에게 의존적인 지도자)라고 하는 말을 꺼냈다 (1:11-17). 바울의 적대자들이 그들의 기독교 신앙을 포기하지 않은 상태에서 바울을 향해 예수의 도에 대하여 타락되고 그리고 물을 탄 견해를 가르친다는 식으로 그를 고발했다는 것을 깨닫는 것이 중요하다.

(2) 그들은 구약성경에 호소하였는데, 특별히 아브라함에 대해서 그리고 하나님과 아브라함의 특별한 관계로 주어진 징표와 하나님의 백성의 표시로서의 할례에 대하여 언급하였다. 만약에 갈라디아인들이 하나님의 백성의 일원이고 아브라함의 자손이라면 할례도 역시 그들을 위한 것이라는 것이다. 예수는 그것을 바꾸지 않았다. 바울의 적대자들은 모세의 율법에 관하여 그것은 하나님에 의하여 그의 백성에게 주어진 것으로 윤리적인 삶을 위하여 절대로 필요한 지침이라고 주장을 했다. 그들에게 있어서는 바울의 주장대로 율법을 포기한다는 것은 도덕적인 혼란으로 가는 비결이었다. 그리고 이들의 주장에 의하면, 바울의 주장은 예수의 도와는 반대되는 것이었다(예수는 율법의 포기를 주장하지 않았다). (우리는 갈라디아서 3장에서부터 5장까지 바울이 응대하는 논조로부터, 이러한 것이 그들이 주장했던 것임을 추론한다. 우리는 그들이 마태복음 5장 17-19절과 같은 예수의 말을 인용하는 것을 상상할 수 있다).

2. 반대자들의 고발에 대한 바울의 반응

1) 정서적 반응

바울은 냉철하고 논리적인 침착한 주장이 아닌 열띤 감정을 가지고 그들에게 응대했다. 우리가 보았듯이, 바울은 그들이 받은 복음에서 속히 떠나는 것에 대해서 놀랐다고 말한다(1:6). 바울은 "누가 너희를 꾀더냐?"(3:1)라고 물으며, 자신이 그들을 방문하였을 때에 있었던 그에 대한 사랑과 헌신이 지금 어디에 있느냐고 묻는다. 그는 지금 자신이 당하는 고통을 여자가 해산할 때 일어나는 일로써 비교한다(4:15-20). 그는 자신의 사역을 손상시키기 위하여 몰래 들어온 자들에 대하여 적대적이며 그리고 다른 복음을 전하는 자에게 저주를 언급한다(1:7-9). 그는 갈라디아인들을 동요시키는 사람들이 다른 사람들에게 할례를 행하기보다는 그들 스스로 그런 절단을 하기를 바란다(5:12). 바울은 그들이 갈라디아인의 환심을 살려고 할지라도, 그들의 동기는 갈라디아인의 영적 복지가 아니라 그들 자신의 좋은 입지(아마도 유대인과의)와 박해를 피하려는 것이라고 주장한다(6:12-13, 4:17).

2) 하나님이 복음에 부여하신 본질을 강조함

바울의 복음은 사람이 만든 것이고 이차적인 것이라고 고발하는 사람들의 주장에 대하여 바울, 자신은 하나님의 직접 계시를 받았으며 그것은 사람으로부터가 아니라, 하나님의 계시로부터 자신의 복음이 나온 것이라고 주장을 하면서 이러한 주장을 물리치는 것을 우리는 보았다(2장 상단을 보라). 바울은 예루살렘의 사도들을 크게 의지한 것이 아니라 그 반대였다. 그는 회심 이후에 예루살렘에 가 본적이 사실 없다. 물론 십사년 이후에 예루살렘 사도들의 앞에 자신의 복음을 내놓고 설명을 하였지만, 그들은 그것을 인정하여 그와 바나바에게 교제의 오른 손을 내밀었다(1:10-2:10).

3) 은혜를 강조함

할례와 율법에 대한 주장에 관하여 바울은 은혜와 십자가 및 믿음에 초점을 두면서, 율법을 그리스도의 복음에 반대되는 위치에 두고 그것들을 이해한다.

갈라디아서에서 '은혜'의 중요성은 '그리스도의 은혜로'(1:6) 부르신 이를 갈라디아인들이 떠난 것을 바울이 탄식하면서 편지의 본문을 시작하는 방식을 보면 분명히 드러난다. 바울은 갈라디아인들이 '하나님의 은혜를 폐함으로' (2:21) 잘못된 길을 가고 있다고 말한다. 그리고 그는 이것이 치명적인 것이라고 확신한다(역시 5:4를 보라). '은혜'가 그 편지의 시작과 끝에 있는 바울의 인사말의 핵심이라는 것은 필시 의미심장하다("우리 하나님 아버지와 주 예수 그리스도로 좇아 은혜와 평강이 있기를 원하노라 그리스도께서 하나님 곧 우리 아버지의 뜻을 따라 이 악한 세대에서 우리를 건지시려고 우리 죄를 위하여 자기 몸을 드리셨으니"[1:3-4]; "우리 주 예수 그리스도의 은혜가 너희 심령에 있을지어다"[6:18]). 바울은 여기서 문안 인사말의 표준적인 형태를 단지 사용할 수도 있었겠지만, 보통 쓰는 헬라어 용어인 '인사'(chairei)보다 '은혜'(charis)라는 단어를 사용한 것은 필시 의도적인 신중한 태도이다. 1장 4절과 2장 21절에서 바울은 십자가에서 자신의 생명을 주시는 그리스도라는 말로 그리스도의 은혜를 설명한다. 그리고 2장 20절을 보면, "나를 위하여 자기 몸을 버리신 하나님의 아들"이라는 표현이 나온다. 바울은 갈라디아인들이 하나님의 은혜와 은사에서 멀리 떠나기를 원치 않는다.

4) 십자가에 초점을 맞춤

은혜와 십자가는 서로 함께 바울에게 해당되는 것이다. 그리고 바울 사도에게 있어 십자가의 중심성은 우리가 이미 토론한 서두의 인사말 뿐만 아니라, 그가 펜을 들어서 마지막으로 요약을 하는 편지의 끝 부분에도 역시 나타난다. 그는 자신의 태도와 할례와 같은 것들을 자랑하는 그런 사람들의 입장을 대조한다. "그러나 내게는 우리 주 예수 그리스도의 십자가 외에 결코 자랑할 것이 없으니 그리스도로 말미암아 세상이 나를 대하여 십자가에 못 박히고 내가 또한 세상을 대하여 그러하니라 할례나 무할례가 아무것도 아니로되 오직 새로 지으심을 받은 자뿐이니라"(6:14-15). 바울에게 있어 십자가는 세상을 변화시키고, 삶을 변화시키는 사건으로서 믿는 자들에게 새 창조를 가져다주는 것이었다. 그는 "이제는 내가 산 것이 아니요 오직 내 안에 그리스도께서 사신 것이라"고 할 정도로 "그리스도와 함께 십자가에 못 박힌 것"을 말할 수 있다(2:20).

바울은 예수가 스스로 율법의 저주를 담당하심으로 우리의 죄(하나님의 율법이 우리를 정죄하는 그런 죄들)를 위하여 죽었음을 믿는다. 그는 신명기에서 말하는 저주 선언("나무에 달린 자마다 저주 아래 있는 자라" 갈 3:13)을 회상하면서, "그리스도 예수 안에서 아브라함의 복이 이방인에게 미치게 하고 또 우리로 하여금 믿음으로 말미암아 성령의 약속을 받게 하기 위하여"(3:14), 그리스도가 죽으셔서 우리를 율법의 저주로부터 구속 또는 해방하였다고 한다. 다른 말로 하면, 십자가는 우리의 저주를 담당하기 위해, 죄 많은 '세상'에서 우리를 구원하기 위해, 우리에게 '새 창조'를 일으키기 위해, 우리를 하나님의 영을 소유한 하나님의 자녀로서 하나님의 가족 안으로 이끌기 위해, 그의 사랑 안에서 예수를 보내신 하나님의 사건이다.

그러므로 바울에게 있어, 율법을 하나님의 백성의 일원이 되기 위한 필수적인 기준으로 삼고자 하는 자들은 심각하게 잘못된 것이다. 그들은 십자가의 기본적인 중요성을 사실상 부인한다. 그들의 의도로 보면, "그리스도는 헛되이 죽었다"(2:21). 만약에 하나님에게 옳다고 인정을 받는 길이 우리가 이미 가지고 있던 율법과 할례를 통하여 된다면, 왜 예수가 죽어야만 했는가? 바울은 그들이 "십자가의 거치는 것"을 피하고 핍박에서부터 자신들의 육체를 구원하기 위해 그런 견해를 주장하고 있다고 생각한다(5:11, 6:12).

5) 믿음을 강조함

그리스도께서 우리를 위하여 주신 하나님의 은혜를 받는 방법은 갈라디아서의 또 다른 중요한 요소인 믿음에 의해서이다(2:15-3:14). 믿음은 은사를 받아들이는 것이다. 믿음은 아브라함이 그랬듯이 하나님의 약속을 받아들이는 것을 필요로 한다(3:18). 그리스도인에게 믿음은 그리스도의 복음을 믿는 것을 의미하며, 세례를 통해 신앙을 표현하는 것을 말한다. 바울 당시의 세례는 세례 받을자가 웅덩이나 강에 발을 들여 놓고 예수에 대한 자신의 신앙을 고백하면서, 물 속에 완전히 잠겼다가 다시 나오는 것이었다. 바울에게 있어 그 극적인 순간(세례)은 믿는 자가 예수와 함께 십자가에 못 박히고, 그와 함께 죽음으로 내려갔다가 하나님의 가족 안에서 자신의 새로운 생명을 함께 가지도록 부활하는 것을 의미한다(또한 3:26-9을 보라).

바울은 갈라디아인들의 믿음에 관한 사항을 증명하기 위해 그들 자신들의 회심-경험에 호소한다(3:1-5). 왜냐하면, 그들은 예수의 이야기와 그의 죽음에 관하여 이야기를 들었을 때, 그것을 믿고 성령을 받았기 때문이다. 그것은 강력한 체험이었으며(바울은 그들 가운데에서 일어난 기적을 언급할 수 있다), 그것은 그들에게 분명히 많은 것을 의미했다. 그러므로 바울은 이제 그들에게 묻는다. "너희가 성령을 받은 것은 율법을 지켜서이냐 아니면 복음을 듣고나서 예수를 믿음으로냐?" 그 대답은 분명하다. 그러면 왜 지금 율법을 지키는 것이 필수적인 것이라고 생각하느냐?

6) 아브라함은 믿음의 사람이고 그리스도인은 아브라함의 가족임을 보임

구약으로부터의 논쟁에 대해 말하자면 바울은 아브라함을 핵심적인 인물로 보며, 자신의 주장을 뒷받침하는 사람으로 본다. 바울은 하나님의 백성의 아버지로서 그를 보는 유대적 견해를 받아들이고 그리스도인을 아브라함의 가족의 구성원이 되는 것으로 받아들인다(3:29). 그러나 그는 구약성경으로부터 다음과 같이 논한다.

- 아브라함은 믿음을 통하여 하나님으로부터 의롭다함을 받았다. 바울은 창세기 15장 6절을 인용하는데, 거기에서는 이렇게 말한다. "아브람이 여호와를 믿으니 여호와께서 이를 그의 의로 여기셨다." 이것은 바울에게 매우 유용한 성경구절로서 아브라함의 믿음을 강조하고(하나님에 의해 그에게 주어진 약속을 믿음), 그가 '의'로 여기심을 받은 것(그의 선한 행실이나 기타 다른 것에 의해서 얻은 것이 아님)에 대해 말한다 (3:6). 그것은 은혜의 약속이었다(3:18).

- 다른 창세기 본문에서 하나님은 아브라함에게 "땅의 모든 족속이 너를 인하여 복을 얻을 것이니라"고 약속한다(창 12:3). 헬라어로 '모든 족속'(ethne)이라는 말은 보통 이방인으로 번역할 수 있으며, 그래서 바울

은 여기에서 아브라함의 축복을 통하여 이방인들이 복을 받게 될 것을 바라보는 약속을 본다.

● 그러나 또 다른 창세기 본문을 보면 하나님은 아브라함과 그의 '씨' (seed)에게 약속을 한다(창 17:7-9). 창세기의 현대어(영어) 성경은 히브리어 '씨' 라는 말을 '후손들(descendants)'과 같은 말로 번역을 하는데, 이것이 사실 자연스러운 뜻이다. 그러나 바울은 다소 전형적인 유대인 랍비방식으로 그 단어를 단수로 사용하는 것에서 그 귀중한 뜻을 발견한다. 왜냐하면, 바울은 예수를 아브라함의 그(the)씨로 보기 때문인데, 그 씨인 예수 안에서 아브라함에 대한 하나님의 약속이 성취되고 예수를 통하여 우리가 지금 아브라함의 '씨' 가 될 수 있기 때문이다(3:16, 29). 이것은 우리에게 약간 이상 하게 보이는 논의이다. 그러나 이것은 예수에 대한 바울의 신념을 반영하는 것이고, 구약의 율법을 다시 부과시키고자 하는 이들과 토론하는 상황 속에서 아주 적합했을 것이다.

● 아브라함은 바울의 논쟁을 하나의 다른 방향으로 몰고 간다. 갈라디아서 4장에서 바울은 아브라함의 두 아들 이삭과 이스마엘에 관하여 말한다. 이삭은 하나님의 기적적인 개입으로 이삭의 아내인 사라에게서 태어났는데, 그 이유는 사라가 불임이고 나이 많아 늙은 상태였기 때문이다. 이스마엘은 사라가 임신하지 못할 때, 아브라함과 관계를 가진 사라의 몸종인 하갈에게서 태어 났다. 물론 이스마엘이 첫 번째로 태어났지만 이스마엘과 그의 어머니는 주로 사라의 시기심 때문에, 아브라함의 가정에서 쫓겨 나와 광야로 간다. 이스마엘은 그곳에서 가정을 꾸미고 애굽 가까이에 있는 시나이에서 여러 부족들의 조상이 되었다고 한다(창 16장과 21장을 보라). 갈라디아서에서 바울은 이 유명한 이야기를 가지고 무엇인가 주목할 만한 말을 한다. 유대인은 스스로를 하나님의 백성, 아브라함과 이삭의 자손으로 보고 있었다. 그러나 바울은 시내산에서 주어진 율법을 지금 주장하는 유대인들은 사실상 몸종의 아들인

이스마엘에 해당된다고 말한다. 그 반면에 하나님의 기적을 일으키는 약속을 신뢰하는 자인 그리스도인은 이삭에 해당된다고 말한다.

이러한 논쟁이 바울의 유대인 반대자들(유대인들은 스스로 아브라함의 참 자녀라고 자랑하였는데, 이런 주장은 우리에게는 아마 약간 이상하게 보임)을 얼마나 격노하게 했는지를 이해하기는 그리 어렵지 않다. 그러나 바울이 갈라디아서에서 계속되는 내용(유대주의자의 방식은 스스로 율법을 행하여서 그것을 지키는 방식이고 하나님의 방식은 하나님의 약속과 자비를 신뢰하는 방식인데, 이 둘 사이에는 갈등이 있음)을 흥미 있게 기술하기 위한 목적으로 구약의 이야기를 이해했을 것이라고 보는 것도 어렵지 않다. 바울은 그리스도인을 아브라함의 진정한 영적인 가족과 진정한 이스라엘로 본다(6:16).

7) 율법에 대한 그의 관점을 설명

그러나 구약의 율법에 관하여서는 어떠한가? 율법을 하나님에게 의롭다는 인정을 받기 위한 수단으로, 그리고 윤리적인 삶을 위한 핵심적인 요소로 보는 이들에게 바울은 어떻게 말하는가?

(1)율법의 실패

첫째, 바울에게 있어서 율법은 그 누구도 하나님으로부터 의롭다하심을 받지 못한다는 것이다. 바울은 이 점에 관하여 베드로와 부딪힐 때 자신이 말한 것을 자세하게 열거하면서, 베드로에게 말하듯이 인용하고 있다. "우리는 본래 유대인이요 이방 죄인이 아니로되 사람이 의롭게 되는 것은 율법의 행위에서 난 것이 아니요 오직 예수 그리스도를 믿음으로 말미암는 줄 아는 고로"(2:15-16a). 그러면 바울은 이것을 어떻게 알고 있었는가? 그것은 단지 바울과 다른 이들이 예수를 믿는 것이야말로 참된 길이라고 생각한 반면, 율법은 의롭다 함을 얻는 길이 아니라고 부정적적으로 결론을 내린 것일까? 분명히 바울 자신의 체험은 그와 같은 것이었다. 다메섹 도상에서 예수를 만난 그 기적으로 말미암아 율법을 따르는 것이 그에게 파멸(또는 해가 됨)이 되고, 그 반대로 예수 안에만 하나님의 은혜가 있다는 것을 분명히 깨달았다.

어쨌든, 다메섹 도상에서 바울이 발견한 것은 예수가 오셨기 때문에, 이제는 율법(완전하게 선한 것이었음)이 지나간 것이 되었다는 것만은 아니었다. 그는 자신이 끔찍한 죄인으로 메시아를 박해했건만, 그동안 율법은 그것을 막지 못한 것을 스스로 발견했다. 사실상 어떤 의미에서 그것은 공모를 했던 것이다(이것은 로마서 7장에서 바울이 직접적으로 상술하고 있음). 그러므로 율법 안에 있는 문제는 그것이 단지 대치되어졌다는 것이 아니라, 하나님과의 의로운 관계와 올바른 삶에 관하여서 선을 낳지 못했다는 것이다.

우리가 제시한 연대기적 관점에 비추어 볼 때, 사도행전 15장에서 흥미롭게도 베드로는(바울과의 고통스런 토론 이후에) 이방인에게 율법을 부과하기를 바라는 이들에 대해 이 점을 확실하게 말한다. "그런데 지금 너희가 어찌하여 하나님을 시험하여 우리 조상과 우리도 능히 메지 못하던 멍에를 제자들의 목에 두려느냐 우리가 저희와 동일하게 주 예수의 은혜로 구원받는 줄을 믿노라 하니라"(행 15:10-11).

이것은 분명히 바울의 견해이다. 율법은 하나님과의 의로운 관계와 순종적이고 윤리적인 삶의 열매를 맺게 하는 점에서는 실패한 것이다. 우리(그리고 바울은 "이방 죄인이 아닌 나면서부터 유대인인 우리"에 대해 말함)는 모두 죄인이고 죄 아래 가두어져 있다(갈 3:22). 그리고 율법은 우리를 구해내지 못한다. 바울은 경험을 통하여 그것을 잘 알고 있었으며 율법을 지키도록 갈라디아인들을 강요하는 사람들 스스로도 그 율법을 지키지 못한다고 설명한다(6:13).

율법은 우리를 구해내기는 커녕 우리에게 저주를 선고한다. 왜냐하면, 구약은 생명을 얻기 위하여 율법을 지켜야만 하며 만약 그렇지 않으면 저주를 받는다고 말하기 때문이다(갈 3:10-12; 레 18:5; 신 27:26). 바울은 단지 이방인이 아니라 유대인, 심지어는 바울 자신이 그랬듯이 가장 율법에 열심이 있는 유대인을 함정에 빠뜨리는 것이 율법이라고 본다. 바울이 후에 로마서에서 구약을 인용하면서("의인은 없나니 하나도 없으며"; (롬 3:10) 라고 말하듯이.

그것은 바울이(적어도 논쟁을 위해서) 예수 앞에서 살았던 모든 자들은 하나님에 의해 정죄를 당하고 저주를 받았다고 하는 의미인가? 분명히 그렇지 않다. 그것은 그가 아브라함을 알고 있기 때문이다. 바울은 또한 모세의 책에 정하여진 구약의 희생제사와 속죄일에 대해서도 잘 알고 있었다. 이러한 중요한 제도는 확실히 구약성경은 사람이 율법을 범하고 하나님 그 죄를 용서하는 것을 알고 있음을 생생하게 보여준다. 사실상 바울이 예수의 죽음을 설명하게 되는 것은 이런 배경에서이다(롬 3:25에서는 아주 확실함). 그러나 율법을 지키는 것이 하나님에게 의로 인정하심을 받아 하나님의 백성의 구성원이 되는 방법이라고 주장하는 그런 사람들을 향한 그의 메시지는 이렇다. 그러면 그것을 지키되 모두 지키라! 그러나 어느 누구도 정확하게 그렇게 할 수 없다(율법이 죄를 다루는 그 본질적인 방법으로써 스스로 입증하듯이). 율법을 지키는 것을 의지하는 것은 저주로 가는 통로이다. 그래서 우리는 아브라함의 길, 더 정확히 말하면 그리스도의 길을 필요로 한다.

(2) 율법의 목적

그러나 만약에 우리가 율법을 지킬 수 없고 또 그것이 우리를 생명으로 인도하도록 의도된 것이 아니라면, 하나님은 왜 율법을 주셨을까? 바울의 답변은 율법은 "범법함을 인하여서"(갈 3:19) 어떤 일시적인 역할을 했다는 것이다. 바울은 흥미롭게도 이 구절에서 율법은 천사를 통하여 주어졌다고 말한다. 이것은 유대인의 전통이었는데 아마도 바울은 이 시점에서 율법의 지위를 다소 떨어뜨리기 위해 그런 전통을 되살린다. 물론 율법은 궁극적으로 하나님으로부터 왔으나 약간은 간접적으로 왔다.

바울은 헬라어의 파이다고고스(paidagogos)라는 개념을 사용하면서 율법의 역할을 설명한다(3:19-4:10). 흥미롭게도 이 단어는 영어의 전문용어인

'pedagogy(교육학)'라는 말과 관계가 있다. 그러나 바울 당시에는 교육이란 부유한 집안에서 종을 채용하여서 그 자녀들을 돌보게 하고 규율을 지키도록 하는 것이었다고 말한다. 가정교사(paidagogos)는 그 자녀를 학교에 데리고 다니고 그들이 규율을 어기면 매질을 하면서(문자 그대로) 일종의 훈육하는 역할을 담당했다. 물론 그 자녀가 아주 유익한 역할을 수행할지라도, 그 보답으로 그들의 주관자인 이러한 노예 선생에게 채찍을 맞아 자주 몸이 쓸려나갔을 것이라고 상상할 수 있다. 그러나, 그 자녀가 나이가 되면 해방감이 어떤 것인지를 맛보게 될 것이며 그리고 더 이상 노예의 지배 하에 있지 않고, 그 집안의 충분한 권리를 가진 아들(또는 딸)이 되는 것을 상상할 수 있다.

바울은 율법을 이와 같은 노예로 본다. 즉, 예수 그리스도가 오시기 전까지 우리가 잘못했을 때, 우리를 지적하고 통제하면서 잘못을 일러준다. 그러나 이제는 그분이 오셨기 때문에 율법 하에서 사실상 종이었던 우리들은 자유하게 되었다고 바울은 말한다. 우리는 지금 우리 안에 있는 하나님의 영과 더불어 하나님의 아들과 상속자가 된 것이다. 이 말은 율법의 지배로 다시 돌아가기를 원하는 것은 전혀 의미가 없다는 것이다. 바울은 '그러한 약하고 천한 초등학문'으로 갈라디아인들이 되돌아가고자 하는가라고 질문한다. 초등학문을 가리키는 헬라어 단어는 여기서 '기본 원리들(principles)'이라고 번역할 수 있으며, 율법의 요구에 대한 언급이라고 할 수 있다. 그것은 하나님으로부터 의롭다고 인정하심을 받는 선한 사람을 만들 수 없었다는 의미에서 약하고 보잘 것 없는(천한) 것이다. 그러나 원리(priciples)라는 단어는 '영적인 능력들(spiritual powers)'을 의미할 수도 있다. 그래서 바울은 유대인들이 율법의 지배 하에 있을 때, 그들은 자신들을 유혹하고 굴욕을 주는 모든 종류의 죄의 세력의 먹이가 되었다고 말할 수 있었다. 어쨌든, 바울은 아들(양자됨)의 경험으로부터 다시 가정교사(율법)의 지배 하로 돌아가기를 원하는 것은 불합리하다고 말한다.

(3) 성령과 율법

그러나 율법에 자유스러운 바울의 복음이 도덕적인 방임에 대한 처방책이 아니지 않는가? 수년 후에 바울이 고린도 교회의 그리스도인들에게 "모든 것이 가하다"고 선포하여서 그들이 여러 종류의 부도덕함과 우상숭배에 연루된 것을 보면 확실히 그렇게 보일 수도 있을 것이다(고전 6장과 11장을 보라). 바울의 반대자들이 가장 염려한 것들이 정당한 것처럼 보였을 것이다. 그러나 바울은 그의 복음이 도덕적으로 부적절하다는 주장에 대하여 성령을 언급함으로써 답변한다. 우리는 갈라디아인들이 그리스도인이 될 때 얼마나 강력한 성령의 체험을 했는가를 보았는데(3:1-5), 성령은 바울에게 있어 그리스도인의 체험의 핵심이었다. 그분은 예수 안에 있었던 영(the Sprit)이며(4:6), 우리를 단지 아브라함의 자녀가 아니라 하나님 자신의 자녀로 인치시는 분이시다(3:29, 4:7). 하나님의 성령은 우리를 윤리적으로 변화시키는 분이다. 우리는 바울이 말한 대로 '육(the flesh)'에 따라서 살아가곤 했다. '육(flesh)'이라는 단어는 우리의 신체적인 몸이 아니라, 우리의 죄악된 인간적인 본성을 말하는 것이다. 그러나 우리는 그 후 예수와 함께 십자가에 못박혔으며 그래서 율법에 의해 정죄 받는 그러한 옛날의 육체적인 실패의 삶은 끝이 나고 성령 안에서 생명으로 다시 일어났다(5:16-25). 이런 새로운 삶은 성령의 '열매'에 의하여 드러나는 것으로 바울은 이를 "사랑, 희락, 화평, 인내, 자비, 양선, 충성, 온유, 절제"로 나열한다. 바울은 이것을 약간 익살맞게 "이러한 것을 금지할 법이 없느니라"(5:22-24)고 설명한다. 여기에 사실상 율법에서 자유한 바울의 복음을 가리켜 죄를 부추기는 교리로 이해하려는 이들을 위한 답변이 있다. 그 반대로, 성령으로 살고 사랑 안에서 사는 것은 율법을 성취하는 것이다. 왜냐하면, "온 율법은 '네 이웃 사랑하기를 네 몸같이 하라' 하신 한 말씀에 이루었기" 때문이다(5:14). 바울은 이렇게 말하면서 사람은 사랑을 받으면서도 다른 어떤 계명에 별다른 영향을 받지 않을 수 있다는 현대적인 개념을 주장하는 것은 아니다. 바울이 의도하는 바는 율법으로부터는 자유하지만, 사랑 안에서 성령에 의해 사는 그리스도인은 역설적이게도 유대교 아래에서 가능하지 않았던 방식으로 하나님의 도덕법을 성취한다는 것이다(롬 8:4, 13:8-10을 비교하라).

바울은 모든 그리스도인이 완벽하게 산다는 환상에 사로잡혀 있지는 않다. 그는 그리스도인들 안에서 '육체'의 죄된 옛날의 삶과 성령의 새로운 삶 사이에서의 갈등은 계속된다고 말한다. 그래서 그는 갈라디아 그리스도인들에게 예수와 함께 자신을 십자가에 못 박고 새로운 삶을 살아가도록 요구한다(5:19-25). 그러나 그가 물론 이것의 중요성을 강조하면서, 심지어는 옛 생활을 살고 있는 자들은 하나님의 나라를 유업으로 받지 못할 것이라고 경고한다고 할지라도, '율법 아래' 있는 것과 '성령 안에' 있는 것과는 차이가 있음을 여전히 분명히 한다. 그 차이란 죄에 대하여 노예생활을 하는 것과 그리고 새로운 창조의 삶을 살수 있는 능력으로 그 자질이 갖추어진 하나님의 구속된 자녀인 것과의 차이이다.

갈라디아서가 말하는 바울과 예수

7

1. 예수의 십자가의 부활
2. 성령의 지니신 하나님의 아들, 예수
3. 하나님의 나라
4. 사도들
5. 성전파괴, 그리스도와 함께 십자가에 못박힘
6. 사랑과 율법

우리는 갈라디아서에서 바울의 꼿꼿한 가르침과 그러한 가르침이 생겨난 상황을 보았다. 그렇게 함으로 갈라디아 교회의 역사와 바울이 그 교회의 기초를 세웠던 역할(바나바와 함께 한)에 대해 논하였다. 그러나 그것 이상으로 바울이 그 교회를 세웠을 때 있었던 일을 알기 위해 갈라디아서를 사용할 수 있을까? 특히 바울과 바나바가 그들에게 복음을 제시했을 당시에, 바울이 원래 갈라디아인들에게 가르쳤던 것 중의 일부를 추론할 수 있을까? 바울서신의 대부분 또는 모두는 이미 세워진 기독교 교회에게 보낸 목회적인 편지이기에 바울의 복음전도에 대해서는 거의 말하지 않는다. 우리는 그 편지들이 기초를 놓기 위한 것이 아니라, 그 이후의 부분들을 정리 정돈하기 위한 것이라고 말할 수 있다. 그렇다면 바울이 비시디아 안디옥과 같은 장소에 도착했을 때 무엇을 설교하고 가르쳤을까? 이 장의 목표는 그 문제에 관해(특히, 바울이 예수에 관해 가르쳤던 것에 대해) 도움이 되는 사실을 얻을 수 있는지를 보는 것이다. 이 책의 서두에서 어떤 학자들은 바울에게 있어서 예수 사역의 전승은 별로 중요하지 않았으며, 그는 예수의 충성스런 제자가 아니었다고 말했다. 사도행전과 특히 바울의 초기 사역에 대한 갈라디아서의 증거는 이런 견해를 지지하는가?

사도행전은 바울이 갈라디아에서 무엇을 가르쳤는지에 대해 간단하게 보충설명을 한다. 특히, 비시디아 안디옥에 있는 회당에서 그가 설교한 내용이 설명되어 있는데, 이 책의 5장에서 그것을 볼 수 있다. 바울은 다윗 왕을 통하여 이스라엘의 역사를 더듬어 올라가면서, 예수를 다윗의 자손과 이스라엘의 약속된 구세주라고 증명한다. 그는 세례 요한이 예수를 공포한 것을 말하며 그리고 구약성경의 인용구를 가지고 자신의 주장을 입증하면서 예수의 죽음과 부활을 말한다. 그는 듣는 자들에게 하나님의 은혜에 응답하도록 도전을 하면서 자신의 설교를 끝맺는다(행 13:16-43). 바울이 자신과 바나바를 예배하고자 했던 루스드라에 사는 우상숭배하는 이방인에게 말할 때 강조한 것은 이해하다시피 다르다. 이곳에서 바울은 살아계신 하나님께로 돌아오고 우상에게서 돌아설 필요성에 대해 말한다(행 14:14-17).

이러한 사도행전의 증거는 재미있지만 그러나 아주 간략하다. 바울이 비시디아 안디옥 사람들에게 예수를 통하여 "모세의 율법으로 너희가 의롭다 하심을 얻지 못하던 모든 일에도 이 사람을 힘입어 믿는 자마다 의롭다 하심을 얻는 것"(13:39)을 말하는 것은 흥미롭다. 은혜와 율법에 관한 이런 설명은 갈라디아서를 생각나게 한다. 바울이 예수를 세례 요한의 맥락에서 말하는 것은 역시 흥미있는데, 왜냐하면 복음에 대해 이것은 예수의 초기 사역이 어떻게 요한에게로 더듬어 올라가는지를 회상하게 하기 때문이다. 바울은 세례 요한으로부터 그의 부활에 이르기까지의 예수의 이야기를 했을까? 우리는 이것을 사도행전에서부터 조리있게 추론할 수 있다. 그러나 사도행전의 저자는 이 사실을 충분히 알고 있었는가, 아니면 누가가 바울에게 말하기를 원했던 것을 다만 바울로 하여금 말하도록 창작했는가? 갈라디아서가 말하는 증거는 무엇인가?

갈라디아서에서 바울이 가르치고 강조하는 많은 것들(살아계신 예수와 은혜 그리고 율법에 대해 강조함)은 직접 또는 간접적으로 그 자신의 회심 체험을 통하여 왔을 것이다. 사실상 그는 자신의 복음을 직접 계시에 의해서 받았다고 말한다(1:12). 그러나 바울은 팔레스틴에 있었던 예수의 사역에 대하여 알고 있었는가? 그리고 그것은 갈라디아에서의 그의 사역에서 중요하였는가?

그러한 문제에 대답을 하는 것은 사실상 탐정이 어떤 일을 조사하는 것과 같다. 그것은 어떤 방법에 있어서는 바울의 반대자들의 상황과 견해를 거울 읽기(minnor-reading)하는 것보다 심지어 더 난해한 일이다. 왜냐하면, 우리가 알고 싶어 하는 것이 제거되어진 두 가지 국면에서 현재 일을 하고 있기 때문이다.

제1단계: 바울이 갈라디아인에게 쓴 서신
제2단계: 갈라디아인들에게 일어난 갈라디아 내의 사건과 사상
제3단계: 바울이 갈라디아에 있었을 때 제2단계의 응답이었던 바울의 가르침

제3단계로 돌아가는 것은 야생거위를 쫓으려는 일과 같이 어려울 것이며, 그것은 순전히 사색이 되기 쉽다. 그러나 필자는 현대의 교통사고 조사관이 기차나 비행기의 충돌로 생긴 파편더미를 주의하여 찾아봄으로써, 어떤 일이 일어났는지 그 체험에 대해 얼마나 엄청난 양을 추적하는지를 생각해 본다. 필자는 우리도 바울의 편지에 대해 이와 유사한 일을 할 수 있다고 생각한다(물론, 그것들은 파편더미일 수밖에 없지만!).

특별한 문제에 답변하기 위해 단서를 찾고 있는 수사관으로서는 해답을 미리 단정하지 않고, 그 후에 그 해답에 해당되는 증거를 찾아서 그것을 해석하는 일이 중요하다. 그러므로 철교 가까이에 있는 콘크리트 한 조각으로는 문명의 파괴자들이 기차를 탈선시켰다는 것을 증명하지 못한다. 이와 비슷하게 바울서신과 복음서 양자에서 나타나는 생각이나 표현들로서는 바울이 관련된 복음서의 이야기를 알고 있었다는 것을 증명하지 못한다. 다른 가능성이 있는 설명이 고려되고 비교될 필요가 있다. 그러나 우리는 비판적이어야만 하고 순진할 필요는 없다고 할지라도, 그 단서를 이해하고 그 증거를 함께 파악하는 일에 있어서는 역시 탐구적이고 상상력이 있어야만 한다. 독자들에게 이 탐구에 참여할 것을 초청하는 바이다.

1. 예수의 십자가와 부활

갈라디아서에서 확실한 가장 첫 번째는 바울이 갈라디아인들에게 예수의 죽음을 가르쳤다는 것이다. 우리가 보았듯이 그것은 바울 자신에게 매우 중요한 것인데 그는 이렇게 설명한다. "예수 그리스도께서 십자가에 못 박히신 것이 너희 눈앞에 밝히 보이거늘"(3:1). 이러한 표현법에 의해 바울이 의도한 바가 무엇인지는 정확하지 않지만, 이것은 적어도 갈라디아인들이 예수의 십자가에 대해 가르침을 받았다는 것을 보여준다. 바울은 그들이 알고 있는 그 어떤 것으로 이것을 언급한다.

그들이 예수의 죽음에 관해 배웠던 바에 대해서 우리는 바울이 그들에게, "나를 사랑하사 나를 위하여 자기 몸을 버리신 하나님의 아들"(2:20)과 관계된 모든 것을 가르쳤을 것이라고 확신할 수 있다. 그러나 그가 그들에게 십자가의 처형 이야기를 했을까? 바울은 어떤 식으로든지 확실히 그렇게 했을 것이다. 그는 자신이 자랑하는 것으로써 '십자가'를, 그리고 기독교의 핵심으로써 '십자가처형'에 대해 말한다. 이것은 듣는 이들에게는 전혀 의미가 없었을 것이다. 왜냐하면, 그들에게 있어 십자가 처형은 당 시대에 사람을 잔인하게 죽이는 모습이었기 때문이다. 바울은 그들에게 예수의 죽음에 대해 분명히 말했을 것이다. 그리고 그것이 어떻게 하나님의 사랑의 최상의 표현이고 구원의 방법으로 보일 수 있는지를 설명했을 것이다. "십자가형으로 극적으로 표현된" 그리스도에 대한 언급으로 보아, 그가 십자가 처형에 대한 설명을 한 것은 분명해 보인다. 그리고 갈라디아서 6장 17절에서, 그가 자신의 몸에 예수의 흔적(헬라어로 스티그마타, *stigmata*)을 가지고 있음을 다소 모호하게 설명한 것은 예수가 매질을 당한 것과 십자가에 매달릴 때 받은 상처자국을 암시하는 것이다. 바울은 그리스도를 섬길 때에 받았던 육체적인 상처 속에 그 흔적이 반영된 것으로 보고 있는가?

어쨌든, 바울이 예수의 십자가형의 이야기를 말했을 것이라고 보는 것은 전적으로 개연성이 있는 듯 하다. 누가는 그의 복음서에서 예수와 함께 십자가형에 처해진 채로 죄를 뉘우친 어떤 죄수의 이야기를 포함시킨다. 그

죄수는 자신의 잘못을 인정했으며 비록 죽음에 해당하는 죄인이지만 예수에 의해 낙원에 있도록 약속을 받는다(눅 23:40-42). 이것은 바울에게도 역시 호소력이 있었던 이야기이다(죄인을 위하여 십자가에서 예수의 구원하는 사랑을 나타내 보여주는 것으로). 이것은 상상하건대, 그가 "예수와 함께 십자가에 못박힘"(2:20)을 숙고하는 데서 사실 기여했을 것이다. 그러나 이것에 대한 증거는 없다.

바울은 또한 예수의 부활에 대해 갈라디아인들을 가르쳤을 것이다. 그는 갈라디아서의 바로 첫 구절에서 이것을 언급하며 "내 안에"(2:20) 지금 살아계신 그리스도에 대해 말한다. 바울은 그들이 이것을 아는 것을 당연하게 여기며 그래서 그들에게 이 사상에 대해 설명할 필요를 느끼지 않는다.

2. 성령을 지니신 하나님의 아들 예수

바울은 그들에게 예수의 죽음과 부활에 대해서 가르쳤는가? 바울이 그렇게 하지 못했을 것이라고 말하는 학자들도 있지만, 바울이 이들에게 십자가에서 죽으시고 부활하신 예수에 대해서 말하지 않고 예수를 전할 수 있었던 것은 아닌 것 같다. 그들은 로마 사람들에 의해 십자가에 처형당한 이 사람이 누구인지를 확실히 물어보았을 것이다.

바울이 갈라디아서에서 예수의 이야기를 말하게 되는 가장 근접한 본문은 4장 4절에서 6절까지이다. "때가 차매 하나님이 그 아들을 보내사 여자에게서 나게 하시고 율법 아래 나게 하신 것은 율법 아래 있는 자들을 속량하시고 우리로 아들의 명분을 얻게 하려 하심이라 너희가 아들인 고로 하나님이 그 아들의 영을 우리 마음 가운데 보내사 아바 아버지라 부르게 하셨느니라."

1) 아바(Abba)

아마도 이 구절에 있어 가장 주목되는 사항은 사울이 그리스도인이 하나님을 부르는 것을 뜻하는 아바라는 단어를 사용한 것이다. 이것은 아람어 단어이기 때문에 주목을 받는다. 갈라디아서는 (적어도 대부분은) 아람어가 아니라, 헬라어를 말하는 사람들을 위해 헬라어로 쓴 서신이다. 그런데 바울은 왜 그것을 '아버지'라고 번역을 해가면서도 성령이 그리스도인들에게 '아바'라고 부를 것을 격려한다고 이들에게 말하는가? 그 답변은 간단하다. 그 단어는 예수로부터 온 것인데 예수의 말은 원래 아람어였다. 마가복음은 예수가 그 단어를 사용했다고 확증한다. 마가는 예수가 십자가의 죽음을 앞에 두고 겟세마네 동산에서 기도하면서 심히 고민하여 "아바, 아버지여_ 이 잔을 내게서 옮기시옵소서"(막 14:36)라고 말하는 모습을 기술한다. 바울처럼 마가는 헬라어를 사용하지만, 특별한 경우에는 아람어로 기록하였다.

이것은 하나님에 대해 이야기하는 색다른 방법이었음을 시사한다. 만약에 '아바'가 많은 사람들이 하나님을 일컫는 일반적인 칭호였다면 우리는 신약성경을 쓴 저자들이(이들은 헬라어로 말함) 그 아람어 용어를 예수가 사용했던 것으로 특별하게 회상하는 것을 기대하지도 않았을 것이다. 예수 당시의 유대인들은 하나님을 '아바'로 부르지 않았다는 증거가 있다. '아바'는 가정에서 아이들이 아버지를 부르는 호칭이었다. 그것은 영어의 대디(Daddy)와 같이 어린아이들이 쓰는 천진난만한 그런 단어는 사실 아니었으나, 그래도 유대인들에게는(유대인들은 하나님의 이름을 가볍게 사용하지 않는다) 아주 친밀하게 들렸을 것이다. 어쨌든, 예수는 이 말을 사용하였다. 그 말은 하나님에 대한 그의 가까움을 표현하는 것이었고, 그래서 사람들은 그것을 예수에 관한 특이하고 두드러진 무언가로 기억했다.

그러나 바울이 예수로부터 그 표현을 취했다는 것을 우리가 어떻게 아는가? 그것은 첫 번째, 바울은 헬라어 편지 속에서 아람어를 사용하고, 두 번째, 그는 하나님을 '우리의 마음속에 그의 아들의 영을 보내사 아버라고 부르짖게 하신 분'으로 특별히 언급하기 때문이다(4:6; 또한 롬 8:15-16을 보라).

그렇다면 바울이 예수의 사역과 그리고 하나님의 아들로서의 두드러진 자의식을 지닌 예수에 대해 알았다고 하는 강력한 증거가 있는 셈이다. 더욱이 바울은 '아바'라는 용어를 사용할 때, 그가 이야기하는 것을 갈라디아인들도 이해할 것이라고 당연히 여기고 있다. 그들이 특별히 겟세마네의 이야기를 알고 있었다는 것은 결코 불가능하지 않다. 왜냐하면, 마가가 겟세마네의 이야기에서 그 표현(예수가 '아바'라고 함)을 사용했기 때문이다. 고린도전서로 가게 되면, 바울이 "주 예수께서 잡히시던 밤"(11:23)에 대해 언급하는 것을 보게 되는데, 그것은 복음서에 의하면 겟세마네의 밤이었다(막 14:36).

2) 여자에게서 나심

그러나 방금 인용한 갈라디아서의 구절은 때가 차매, "여자에게서 나시고 율법 아래에 나시게" 끔 자기의 아들을 보내신 하나님에 대해 말한다. 이것은 바울이 예수 탄생의 이야기를 알고 있었다는 것을 암시하는가? 바울이 여기서 말하는 것에 관하여 재미있는 것들이 세 가지가 있다.

첫 번째, 바울은 예수를 여자에게서 나신 분으로 언급한다. 바울이 예수의 아버지에 관해서가 아니라, 그의 어머니에 대해 언급하는 사실에는 어떤 중요한 의미가 있는가? 만약에 바울이 마태와 누가에서 발견하는 형태와 같은 예수의 탄생 이야기('성령으로' 마리아에게 잉태되심)를 알았다면, 그는 여기에서 그 단어를 주의해서 선택했음직하다. 반면에, 다른 인간의 형상에 대해 사용될 수 있는 표현이 있다. 예를 들면, 예수는 세례 요한에 대해 여자에게서 낳은 사람 중에서 가장 큰 자라고 말한다(마 11:11).

두 번째, 우리가 이해하고 있는 번역에서 '나신'(born)이라는 헬라어는 보통의 탄생에 대해 쓰는 그런 단어가 아니다. 그 후에 바울이 똑같은 장에서 이삭과 이스마엘과 그 어머니들에 대해 말할 때(4:21-31), 그는 보통 사용하는 단어를 쓴다. 그것은 인간의 아버지와 어머니 사이에서 태어나는 것을 뜻할 때 쓰는 단어이다(*gennaoomai*; 마 1:1-16과 비교하라. 여기에서 이 동사는 아버지가 자녀들을 '낳는' [begetting] 족보에서 사용된다). 그러나 4장 4절에서 예수에 대해 말할 때 바울은 약간 비슷하게 들리나, '되다'(*ginomai*)와 같은 뜻을 가진 좀더 일반적인 단어를 사용한다. 우리는 이 동사를 '어떤 여성에게서 나오는'(coming forth of a woman)으로도 번역할 수 있는데, 그렇게 번역하면 바울이 그 용어를 선택한데 대한 그 어떤 그 특별한 의미로 볼 수 없다. 반면에, 바울이 예수의 탄생에 대해 보통 쓰는 단어를 사용하지 않고 이곳과 로마서 1장 3절 및 빌립보서 2장 7절에서 '되다(become)'는 단어를 사용하는 것은 의미가 있을 수 있다. 이것은 바울이 요셉이 예수의 아버지가 될 수 없음을 알았기 때문인가?

세 번째, 갈라디아서 4장 4절의 전체적인 표현법은("때가 차매 하나님이 그 아들을 보내사 여자에게서 나게 하시고 율법 아래 나게 하신 것은 율법 아래 있는 자들을 속량하시고"), 누가복음의 1장과 2장에서 누가가 예수의 탄생을 설명한 것을 강하게 떠오르게 한다. 누가복음 1장과 2장은,

- 하나님의 구원의 시기가 도래함에 대한 강한 깨달음을 가지고 있다.
- 예수를 하나님의 아들로 말한다(1:32, 35).
- 그의 어머니 마리아에게 초점을 맞춘다.
- 마리아와 요셉은 아기의 탄생에 대해 유대인의 법을 충실하게 준수했다 (2:21-27).
- 예수에 대해 이스라엘을 구속하기 위해 오신 자로 말한다 (1:68, 2:38).

이러한 세 가지의 사항을 미루어 볼 때 바울은 그 이야기를 알고 있었다고 말할 수 있다. 누가복음의 저자가 바울의 동료였다면(그 작가의 두 번째 책인 사도행전에서 제시됨), 이것은 놀라운 것이 아니다. 물론 누가-행전의 저자가 바울의 간결한 주장을 화려한 대화체로 발전시킴으로써 그 관계가 반대의 방향으로 될 수도 있다. 그러나 이것은 '아바'를 다루는 원숙한 방법이 아니다. 또한 바울이 이 구절에서 다르게 예수를 언급하는 것도 확실한 방법은 아니다. 예를 들면, 예수가 "율법아래 있는 자들을 속량하려고 율법아래 나게" 되었다는 것은 바울이 사용하기에는 편리한 것이 아니었다. 왜

냐하면, 바울은 이방인에게 율법을 강요하려고 했던 사람들에게 맞서서 논쟁을 했기 때문이다. 그러나 만약에 그와 다른 사람들이 누가복음에서 발견된 유아시절의 이야기를 알았다면, 그 점은 피할 수 없었을 것이다.

3) 우리의 마음속에 있는 아들의 영

바울은 그리스도인이 하나님의 '아들들'이고 그래서 "하나님이 그 아들의 영을 우리 마음 가운데 보내사 아바 아버지라 부르게 하셨다"고 강조한다(4:6). 우리는 예수께 두드러지게 사용되는 '아바'라는 단어의 중요성을 조사했다. 그러나 바울은 갈라디아서의 구절 가운데 예수의 아들 됨과 마찬가지로 아들의 성령을 더불어 공유하는 것을 말한다. 바울이 예수의 아들 됨에 관해 말할 때, 그는 성차별주의자가 아니며 또는 여성을 배제하는 것도 아니다. 그 반대로, 그는 그 앞의 구절에서 그리스도 안에서는 여성과 남성이 따로 없음을 지적한다(3:28). 그는 우리 모두가 성자 예수와 하나가 되었음을 지적하기 위해 그의 아들 됨을 말한다.

바울은 이전의 구절에서 아들 됨의 체험은 그리스도 예수 안에 있는 믿음(세례를 통해 표현된 믿음)을 통하여 온다는 사실을 분명히 한다(3:26-27). 바울은 '그리스도 안에서의 세례'(baptism into Christ)에 대해 말하면서, 세례를 받은 사람에 대해서 '그리스도로 옷을 입은 것'이라고 말한다. 바울의 경우에 있어 우리는 세례 속에서, 그리스도와 함께, 그리고 그리스도 안에서 하나가 된다. 우리는 그에게 속하고 그리고 그와 함께 한다. 전에 보았듯이 바울은 우리가 예수의 죽음에 함께 동참하는 것(예수와 함께 십자가에 못박힘)으로 본다. 우리가 문자적으로 십자가에 못 박혔다는 것이 아니라 예수와 연합되었다는 것이다. 그 예수는 있었고, 마치 예수의 성령이 우리의 것인 것처럼, 그의 십자가도 지금 우리의 것이다(믿음으로).

세례와 아들 됨과 성령 사이의 연관을 보면, 요단강에서 세례 요한에게 예수 자신이 세례를 받은 복음서의 이야기가 생각나게 된다. 예수가 세례를 받은 일에 대해, 복음서는 "성령이 비둘기 같이 자기에게 내려오심을 보시더니, 하늘로서 소리가 나기를, '너는 내 사랑하는 아들'이라"고 기록한다

(막 1:9-11). 그리스도인의 세례에 대한 바울의 이해는 예수의 세례 이야기에서 어느 정도 그 유래를 찾을 수 있는 가능성이 있다.

학자들은 예수가 세례 요한에게서 세례 받은 이야기를 그리스도인들이 만들어낸 것 같지는 않다고 말한다. 왜냐하면, 그것은 그리스도인들이 주장하기에 약간은 당황스러운 이야기이기 때문이다. 자신들의 주님이 마치 그 사람이 제자라도 된 듯이 다른 누군가에 의해 세례를 받은 것은 아무래도 당황스러운 것이다. 그리고 자신들의 주님이 마치 그 일이 필요하기나 한 듯이, 죄 사함을 위한 세례를 경험하는 것은 아무래도 당황스럽다는 것이다 (마 3:14-15; 요 1:20, 3:27-30을 비교하라). 이와 같이 예수는 확실히 요한에게 세례를 받았으며 이것은 틀림없이 기독교 교회로 세례가 들어오게 되는 통로가 되었을 것이다.

그 후에, 예수의 세례 이야기가 그리스도인의 세례의 모델이 되었다는 것은 있음직해 보인다. 단 예수가 원형이고 믿는 자들은 그의 삶과 경험(죽음과 부활 뿐만 아니라, 성령과 아들 됨에 관한)을 함께 나누게 된다는 사실은 제외해야 한다. 바울이 예수의 세례 이야기들을 알고 있었다는 증거는 없으나, 이것은 타당성이 있는 추론이다 (고후 1:21-22은 그 방향에서 보다 많은 증거를 나타낸다).

3. 하나님의 나라

그 외에 바울은 갈라디아인들에게 예수에 대해 무엇을 가르쳤는가? 복음서는 예수의 가르침이 하나님의 나라가 오심에 집중되었음을 분명히 한다. 예수는 "때가 찼고 하나님 나라가 가까왔다"고 전파한다(막 1:15). 학자들은 그 정확한 의미에 대해 활발하게 논의를 해왔다. 가장 그럴듯한 의미는, 하나님이 그의 백성을 구원하기 위해 간섭하고자 하는 때와, 악이 제거되어지는 때, 그리고 세상에 대한 하나님의 통치(그런 의미에서 하나님의 나라)

가 이 세상에 다시 확립되는 때에 대해 구약이 약속한 그 시간을 예수가 공표해 주었다는 것이다.

바울은 갈라디아서에서 이런 종류의 다양한 사상들을 반영하는데 예를 들면, 예수는 "때가 차매"(4:4) 보내졌고 그리고 "이 악한 세대에서 우리를 건지시려고"(1:4) 오신 분으로 예수를 말하는 것과 같은 것들이다. 그러나 바울은 그의 서신에서 하나님의 나라를 자주 언급하지 않는다. 이것은 부분적으로 그것이 다소 유대적인 개념(바울은 헬라어를 말하는 그의 청중과 독자들에게 그와 같이 분명한 종소리를 내려고 하지 않았음)이었기 때문일 것이다.

어쨌든, 여러 가지 인간의 죄(성적인 부도덕에서부터 '술취함, 방탕, 그리고 그와 같은 것들')를 말하는 갈라디아서 5장 21절에서 그는 다음과 같이 말한다. "전에 너희에게 경계한 것같이 경계하노니, 이런 일을 하는 자들은 하나님의 나라를 유업으로 받지 못할 것이요". 이 점에 관하여 세 가지의 흥미 있는 것들이 있다.

(1) 바울은 독자들이 그가 의미하는 것을 이해할 것이라고 가정하면서, 별다른 설명도 없이 이 인용문에서 '하나님의 나라를 유업으로 받는 것'에 대해 무심결에 말한다.

(2) 그는 특별히 이전에 이러한 말로 그들에게 경고했다는 것을 말한다(이전의 사항을 확증한다).

(3) 하나님의 나라에 들어가거나 또는 유업으로 받는 것에 대한 문제는 복음서에 있는 예수의 가르침에서 보면 중요한 것이다. 예를 들어, 산상수훈은 마음이 가난한 자와 또한 의를 위하여 핍박을 받는 자에게 속해 있는 하늘(또는 하나님) 나라에 대해 말한다. 산상수훈은 온유한 자가 땅을 '유업으로 받을 것'이라고 말한다(마 5:3-10). 예를 들어, 하나님의 나라는 마태복음 5장 20절에서처럼, 의와 명백하게 관련이 있다. "너희 의가 서기관과 바리새인보다 더 낫지 못하면 결단코 천국에 들어

가지 못하리라." 마태복음 25장의 양과 염소에 관한 예수의 비유에서 '양'은 '의인'과 동일시되며(37절), 그리고 '너희를 위하여 예비된 나라를 상속하라'고 초청을 받는다(34절). 바울은 고린도전서 6장 9-10절에서 나라(kingdom)와 의(righteousness) 사이에서도 비슷한 연결을 가정한다. "불의한 자가 하나님의 나라를 유업으로 받지 못할 줄을 알지 못하느냐?" 그는 계속하여 예수 그리스도의 이름으로 씻김을 받고, 성화되고, '의롭게 된' 고린도의 그리스도인과 불의한 자를 대조시킨다. "너희가 알지못하느냐"는 그의 질문은, 내 생각으로는 그들이 특별히 하나님의 나라에 관해 가르침을 받았기 때문에 반드시 그것을 알고 있어야만 한다는 뜻을 내포한다.

우리는 고린도전서를 고려하면서 하나님의 나라의 문제로 다시 돌아갈 것이다. 그러나 이 지점에서도 바울은 하나님의 나라에 대한 예수의 가르침을 알았으며, 그것을 갈라디아인들에게 전해주었다는 결론을 내릴 수 있다(그가 고린도인들에게 말하곤 했던 것 같이).

4. 사도들

복음서에 따르면 예수는 열두 사도들과 함께 사역을 했다. 그리고 갈라디아서에 보면, 사도직이라는 것은 바울에게 있어 매우 중요한 어떤 것이었음이 분명하다. 바울은 사도들을 특별한 집단으로 간주했으며(1:19), 자신을 사도의 한 사람으로 보고 있다(1장 1절을 보라. "사람들에게서 난 것도 아니요 사람으로 말미암은 것도 아니요 오직 예수 그리스도와… 하나님 아버지로 말미암아 사도 된 바울은," 또한 1:17, 2:8을 보라).

갈라디아서 1장과 2장은 모든 사람들이 바울을 그런 식으로 본 것이 아님을 분명히 한다. 그의 비판자들은 그를 진짜 사도들보다 열등하고 원래의 사도들에게 의존하는 간접적인 기독교 지도자로 보았다. 진짜 사도들은 예수와 함께 있었고 예수가 보내신 그런 자들이었다('사도'라는 단어는 문자적으로 보내심을 받은 자를 의미함). 바울은 자신이 예수의 계시를 가졌고 예수가 자신을 이방인의 사도로 위임 했다는 두 가지의 주장을 하면서, 그들이 자신을 폄하하는 것을 단호하게 거절한다(1:13-17; 1:1을 비교하라). 그는 그 주제를 고린도전서로 가지고 간다. 그는 이렇게 묻는다. "내가 사도가 아니냐? 예수 우리 주를 보지 못하였느냐?"(고전 9:1)라고. 그리고 그는 여러 사람들에게 부활하신 예수가 나타난 것을 언급하면서, "맨 나중에 만삭되지 못하여 난 자 같은 내게도 보이셨느니라 나는 사도 중에 지극히 작은 자라"라고 한다(15:7-9).

바울은 사도들을 모두 안 것이 아니라 특별히 베드로만을 알았는데, 베드로는 사도들 가운데에서도 특별한 지위의 지도력을 가지고 있었다. 바울은 베드로가 이방인이 아닌 유대인에게로 가는 특별한 사명을 가지고 있음을 알았다(갈 2:6-9). 바울이 자신을 베드로와 비교하는 것은 흥미롭다(2:7, 8).

이러한 모든 것들로부터 바울은 예수가 베드로를 특별히 위임하신 사실에 대해 알았을 것이다. 하나의 현실적인 가능성으로는 바울이 마태복음 16장 16-20절에 기록된 이야기를 알았다는 것이다. 이 구절에서 베드로는 예수는 그리스도이시며 살아계신 하나님의 아들이라고 고백을 한다. 그리고 예수는 "바요나 시몬아 네가 복이 있도다 이를 네게 알게 한 이는 혈육이 아니요 하늘에 계신 내 아버지시니라 또 내가 네게 이르노니 너는 베드로라 내가 이 반석 위에 내 교회를 세우리니"라는 말로써 그에게 축복한다. 재미있는 것은, '혈육'이 아니라 하나님의 '아들'에 의해 계시된 것이라고 말하면서 여기서 사용하고 있는 표현법이 바울이 갈라디아서 1장 13-17절에서 자신의 회심을 말할 때 사용된 것과 아주 유사하다는 것이다. 바울이 자신의 회심 이야기를 그 자신과 베드로 사이의 유사성을 나타내는 방식으로 말하는 것은 어쨌든 가능하다. 그는 그 다음 이야기 속에서 자신과 베드로를 비교한다. 바울은 이와 비슷한 일을 고린도전서 15장 3-8절에서도 하고 있는데 그곳에서 그는 베드로를 부활하신 예수를 본 첫 번째 사람으로, 그리고 자신을 그 마지막 사람으로 언급한다. 바울이 마태복음 16장 16-20절의 말을 알았다면 상황은 더욱 흥미롭다. 왜냐하면, 그 말은 마가복음(첫 번째로 쓰여진 복음서라고 믿어짐)이 아니라, 마태복음에서만 눈에 띄기 때문이다. 어떤 학자들은 그 말은 원래 예수의 말이 아니라는 결론을 내린다. 그러나 바울은 마태의 이야기에 대해 일찍부터 증인이 될 수 있었다.

바울은 베드로와 다른 이들이 '할례자에게로' 보내심을 받은 것으로 언급함으로써 마태가 예수에 대해 이야기한 것을 역시 뒷받침한다. 왜냐하면, 마태복음에서만 예수는 제자들에게 이방인이나 사마리아인에게 가지 말고, '이스라엘의 잃어버린 양에게로' 가라고 말하기 때문이다(10:6). 마태는 또한 예수도 자신의 사명을 이와 비슷하게 제한적인 용어로 말했다고 말한다(15:24). 이러한 언급은 마가나 누가에는 없기 때문에 어떤 학자들은 예수에게로 거슬러 올라갈 필요가 없다고 생각한다. 그러나 왜 마가와 누가가 예수의 그러한 말씀을 제외하게 되었는가를 이해하는 것은 쉽다. 왜냐하면, 그들은 둘 다 이방인을 위하여 글을 쓰고 있는데, 이방인들은 예수가 외견상으로 그들에게 관심이 없는 것에 대해 당황할 것이기 때문이다. 바울은 갈라디아 2장(2:9, 베드로와 다른 사도들은 유대인을 위한 사도라고 말함)과 로마서 15장(15:8, 예수를 '할례받은 자의 종' 으로 말한다) 두 곳에서 마태복음을 뒷받침한다. 그리고 바울은 로마서에서 복음에 대해 "첫째는 유대인을 위한 것이고 또한 이방인을 위한 것"으로 말한다(1:16). 유대인에게 우선권을 주는 예수와 사도들의 생각을 다시 꾸며대는 것은 바울의 관심이 아니었을 것이다. 바울은 이것이 다루기 힘든 문제임을 확실히 알았다.

우리는 바울이 사도들에 대해 말하는 여러 복음서들을 알고 있었다는 결론을 내릴 수 있다. 이것은 이 책의 14장에서 고린도전서에 대해 토론을 할 때 다시 다루게 될 사항이다.

갈라디아서와 사도들에 대한 최종적인 사항은 이렇다. 바울은 베드로가 사도들 가운데서 탁월한 지위를 가지고 있음을 알았던 것 같다. 또한 야고보와 베드로 및 요한을 예루살렘 교회의 '기둥' 으로 보았으며 적어도 기둥으로 '보이는 것 같은' 사람들로 말한다(2:9). 우리는 바울의 반대자들은 바울을 자극할 정도까지 그를 폄하하면서 반대로 예루살렘 '기둥들' 을 치켜세웠을 것이라고 추측할 수 있다.

왜 그들이 '기둥들' 이라고 불렸을까? 충분히 그렇게 추측할 수 있는 것은 이 표현 뒤에는 성전으로서 교회의 그림이 놓여 있는데, 관련된 세 사도들을 그 안에 있는 '기둥' 으로 보기 때문이다(고전 3:16; 고후 5:16; 계 3:12을 비교하라). 그러면 왜 이 세명을 특별히 '기둥' 으로 보는가? 이에 대해 복음서는 말하는 가능성 있는 흥미로운 답변이 있다. 왜냐하면, 복음서는 예수가 특별히 가까이 한 베드로, 야고보 및 요한이라는 세 명의 사도들과 보다 친밀한 모임을 가진 것으로 묘사하기 때문이다. 마태복음 16장 18절에서 베드로가 예수에 의하여 반석이라는 별명을 얻었듯이, 그와 그의 동료들은 '기둥들' 이라는 별명이 붙여지게 되었는데 그 이유는 그들이 예수와 특별히 가까웠고 예수의 삶의 어떤 중대한 사건에 그들이 개입한 것 때문에 그렇게 되지 않았을까(변화산상의 체험과 겟세마네 동산에서의 영적인 투쟁을 포함하여서. 예를 들어 막 9:2, 14:33)?

이러한 착상은 변화산 체험 바로 직전에 예수가 말한 다음 말에 의해서 입증될 수 있다. 즉, "여기 섰는 사람 중에 죽기 전에 하나님의 나라가 권능으로 임하는 것을 볼 자들도 있느니라"(막 9:1). 이 말에 대해서는 두 가지가 의미심장하다. 첫 번째, 아람어 단어로 '기둥' 은 문자적으로 '서 있는 것' 을 의미한다. 두 번째, 마가와 마태 및 누가는 '서 있는 사람들' (기둥?)이 하나님의 나라를 볼 수 있을 것이라고 예수가 약속한 말의 성취로서 변화산의 체험을 보는 것 같은데, 그 나라는 예수가 놀라운 능력으로 이끌어 온 것이었다(이것은 그 말씀을 복음서 내의 방법에 의해 연대기적으로 엿새나 여드레 이후의 변화산 체험과 연결되는 것이 다른 것들 가운데 제시되어 있다).

그러므로 바울이 '기둥' 이라고 언급하는 것은 궁극적으로 변화산의 이야기로 되돌아가는 것인가? 바울은 자신의 글의 다른 곳에서(고린도후서 3장과 4장에서 두드러지게), 그 이야기를 그런대로 잘 되풀이하고 있는데, 그곳에서 바울은 그리스도에 앞서서 모세가 시내산에서 경험한 영광을 이야기한다. 바울은 그리스도와의 관계에 의해 "변화된" 그리스도인에 대해 말하며(고후 3:18), 우리의 마음에 하나님의 빛이 비추고 우리에게 "예수 그리스도의 얼굴에 있는 하나님의 영광을 아는 빛"(4:6)을 주신 것에 대해 말한다.

여기서 바울은 자신의 회개 체험을 언급한 것일 수도 있지만, 그러나 변화산의 사건을 암시한다. 바울은 혹시 자신의 회심을 제자들의 산상 체험과 동등한 것으로 본 것은 아닌가?

'기둥'과 변화산 체험에 관한 이러한 제안은 단연코 너무 독창적일 수 있다. 그래서 하나의 문제가 생긴다. 즉, 바울이 예루살렘에 도착해서 '기둥'을 만나기 전에, 예수의 제자들 중에 야고보가 헤롯 아그립바에 의해서 처형이 되었다는 것이 그것이다(행 12:2). 바울이 만났던 기둥들 중에 야고보는 예수의 친형제인 야고보인데, 그는 그리스도인에 대한 헤롯의 격렬한 박해의 시대에 예루살렘 교회의 지도력을 이양 받은 것 같다. 그렇다면 예수의 보다 친한 세 제자를 '기둥들'이라고 이해하는 것은 잘못 넘겨짚은 것인가? 아마도 그럴 수 있을 것이다. 그러나 야고보 사도가 처형당할 때, 예수의 형제 야고보는 사실상 교회의 세 지도자의 자리를 담당하게 되었다는 것이 가능하나, 그 경우에도 논쟁은 여전히 계속된다. 또는 어떤 경우이든 예수의 형제 야고보는 그 사도의 죽음 이전에도 특별히 친밀한 그룹에 포함되었을 것이다.

야고보와 요한이라는 제자에 대해 말할 것 같으면, 이들은 예수에게 다가가서 그의 나라에 두 자리를 달라고 요청했던 경우를 생각나게 한다(막 10:35-45). 예수는 이에 대해 답변을 하면서 이방인들을 그들 위에서 다스리는 위정자들 '처럼 보이거나', '평판을 받는' 그런 사람들에 대해 말한다. "너희 중에는 그렇지 아니하니"(10:43). 여기서 '처럼 보이는 / '평판을 받는'이라는 말에 사용된 헬라어 단어는 바울이 기둥들처럼 '보이거나' 또는 '기둥으로 평판을 받는' 사람들에 대해 말할 때 사용된 것과 같은 것이다(갈 2:6, 9). 바울은 자신을 폄하하면서 베드로와 야고보와 요한을 진짜 사도로 높이는 그의 반대자들에 대해 부정적으로 반응 하면서, 예수의 이야기(사람들을 주춧돌 위에 올려두는 인간적인 방식을 거부했던)에 다시금 주의하도록 요구하는 것은 아닌가? 이것도 기껏해야 가능성이 약한 실마리이나, 예수와 야고보 및 요한의 이야기에 대해 바울이 알고 있는 것에 대한 더 많은 증거는 적절한 과정을 통해 보게 될 것이다(14장에서).

5. 성전파괴 및 그리스도와 함께 십자가에 못 박힘

우리는 '기둥들'이라는 영상이 성전과 관련이 있을 수 있다고 생각하는데, 그 이유는 기독교 교회를 성령의 성전으로 보는 바울의 후기서신으로부터 그것이 분명해지기 때문이다(고전 3:16; 고후 6:16). 유대인의 사고방식 속에서 성전의 중요성을 가정한다면, 그리고 아직도 성전이 예루살렘에서 그 기능을 하고 있음을 가정한다면, 이런 교회에 대한 이해는 특기할만한 것이다(물론 사해사본에서 부분적으로 유사한 것이 있기는 하다). 과연 바울과 다른 사람들이 이런 견해에 어떻게 도달했을까?

두 가지의 일이 그렇게 된 원인이 될 것 같다. 첫 번째, 예수와 성전은 갈등상태에 들어갔다. 많은 학자들은 결국 예수가 예루살렘에 있는 유대인 지도자들을 격노하게 하여 죽음에 이르게 된 것은 그가 성전에 대해 반대했던 행동과 말 때문이었다고 생각한다. 예수가 성전으로 진입을 하여 탁자들을 뒤집은 것은 확실히 자극적인 행동이었다. 그리고 그것은 타락한 제도에 대해 하나님의 심판을 말했던 예언자적인 형태의 행동이었다(막 11:12-33). 복음서는 사람들이 예수를 고소하면서 특별히 주장했던 것은(그가 말한 의미를 오해했던 권력자들조차도), 성전 파괴에 대한 예수의 예언이었다고 말한다(막 14:58 등등).

그러나 그리스도인이 성전에 대해 거부하도록 이끈 첫 번째 이유는 예수가 그것에 대해 비판을 한 것이며, 또 다른 이유는 예수의 죽음인 것 같다. 메시아의 죽음에 대한 기독교인의 설명은 그것은 죄를 위하여 거룩하게 지정된 희생물이었다는 것이다. 만약에 그렇다면, 희생의 장소로서의 성전의 주요한 존재이유(raison d'être)는 논쟁의 목표가 되었다. 십자가상의 예수의 몸이 성전을 추방했다. 이것이 아마도 성전의 휘장이 찢어진 것에 대한 부분적인 의미일 것인데, 마태와 마가 및 누가는 예수의 죽음이후에 이 일이 즉시 일어난 것으로 기술한다(막 15:38 등). 성전은 더 이상 하나님이 주신 죄용서의 방법이나 하나님께로 가는 길이 아니다.

그러나 이것과 갈라디아서와는 어떤 관련이 있는가? 그 대답은 갈라디아서 2장 17-21절에 있는데, 그곳에서 바울은 베드로에게 이방인과의 교제를 피해 물러섬으로 '무너졌던 것'을 '다시 세우는' 위험에 빠진 것에 대해 경고한다. '무너짐' / '다시 세움'이라는 말은 예수의 고소(여기에서 예수는 '이 성전을 파괴하고' 그리고 '삼일 만에 다시 세울 것'을 약속한 것으로 고발된다)에서 인용되었듯이, 확실히 예수의 말속에서도 사용되었던 내용이다(마 26:61; 막 14:58). 베드로가 율법의 타당성을 다시 세움으로서(바울은 베드로가 '할례당'의 요구에 동의함으로 그 일을 하는 것으로 본다) 예수가 십자가에서 한 일을 취소한다고 바울이 말하는 것은 이유가 있을 법한 주장이다. 예수는 율법과 성전의 통치로부터 자유를 가져오기 위해 죽었지만, 베드로는 그것을 다시 세우는 위험 속에 있고, 그리고 그는 예수의 죽음을 헛된 것으로 만들려고 하고 있다(갈 2:21). 그것은 바울에게는 생각할 수도 없는 일인데, 왜냐하면 "나는 그리스도와 함께 십자가에 못박혔기 때문이다"(2:20).

그리스도와 함께 십자가에 달리심에 대해, 우리는 바울이 어떻게 이것을 예수의 죽음에 동참하는 것으로써 그리스도인의 세례와 관련시키는가를 보았다. 그가 예수의 죽음과 부활과 세례의 극적인 의식(내려가고 그리고 올라오는 것)을 관련시킴으로써 그러한 생각에 도달하게 되었는지, 아니면 죄인이 예수와 함께 십자가에 처형되었을 때에, 십자가 그 자체를 반성함으로써 그와 같은 생각을 가지게 되었는지에 대해 말하기는 어렵다. 또 다른 가능성으로는, 예수가 제자들에게 스스로 자신을 부인하고 '자기의 십자가를 지고' 그를 따라야만 한다고 도전한 것에 바울이 영향을 받았을 가능성이 있다. 이러한 예수의 말은 복음서에서 수차례나 증언되었다(막 8:34). 그것은 당시 십자가형의 실시를 가정한다면 충격적인 주장이다. 그러나 이것은 바울의 세례 견해에 있어서 아마도 족히 중요하리라. 만약 예수가 제자도란 자기 자신을 포기하고 예수와 함께 십자가를 지는 것과 관련이 있다고 말했다면, 바울이 예수에 대한 헌신의 계기로서의 세례를 '예수의 죽음으로 들어가는 것'(롬 6:3)으로 기술하는 것은 이치에 맞다. 바울이 '그리스도와 함께 십자가에 못 박힌 것'에 대해 말할 수 있고, '이제는 내가 산 것이 아니요'(갈 2:20)라고 말할 수 있는 것은 일리가 있다.

우리는 갈라디아서 2장 17-21절(여기에서 바울이 다시 세움과 헐음과 그리스도와 함께 십자가에 못 박힌 것에 대해 말함)이 성전에 대해, 그리고 십자가를 지고 감에 대해 바울이 알고 있는 지식을 아주 잘 반영한다고 결론을 내린다. 그 증거는 확실한 것은 아니나 분명히 암시하는 바가 많다.

6. 사랑과 율법

바울이 사랑을 성령의 첫 번째 열매로 강조하는 것과, 온(全) 율법을 합친 것으로서 사랑을 논하는 것(갈 5:14, 22)은 예수가 사랑을 가르치는 것과 공통된 점이 아주 많다. 복음서에 의하면 예수는 사랑의 계명으로 율법을 요약하고, 이웃 사랑과 원수에 대한 사랑을 강조한다(막 12:29-31; 마 5:43).

예수를 뒤돌아보도록 명확하게 지적하는 갈라디아서의 구절은 6장 2절인데, 바울은 여기서 갈라디아인들에게, "너희가 짐을 서로 지라 그리하여 그리스도의 법을 성취하라"고 촉구한다. 바울이 "그리스도의 법"에 대해 말할 때, 그가 마음에 두고 있는 것은 무엇일까? 바울은 사랑이 결국 십자가에서 나타난 사랑의 길이고(갈 2:20), 이것이 그리스도인의 길이라는 생각을 마음에 품었는가? 바울이 그런 생각을 했을 수도 있겠지만, 그렇다면 왜 '율법'이라는 단어를 사용하는가?

바울은 예수의 가르침을 마음에 두고 있는 것 같다. 예수가 특별히 "네 이웃을 네 몸과 같이 사랑하라(막 12:31; 마 22:39)"는 구약의 계명을 강조한 복음서에 있는 그 이야기를 바울이 다시 재언급하고 있음을 보아 알 수 있다. 바울이 이 구약의 구절을 갈라디아서 5장 14절과 그 이전의 단 몇 구절에서 인용하고 있음을 가정한다면, 바울이 모든 율법을 성취하는 것으로서 '사랑'의 계명을 기술하고 있음을 가정한다면(마태가 예수가 한 말['이 두 계명이 온 율법과 선지자의 강령이니라'/첫번째는 하나님을 사랑하라는 계명임]을 해석하고 있는 곳에서처럼), 이것은 더욱더 그러한 것 같다.

그러나 바울이 이러한 예수의 말씀을 알고 있고, 갈라디아 5장 14절에서 그것들을 그대로 되풀이 할지라도, 그것은 전체적으로 갈라디아 6장 2절(여기서 바울은 '다른 사람들의 짐을 져줌'으로서, '그리스도의 법'을 성취하는 것에 대해 말함)에 대한 적절한 설명은 아니다. 첫째로, 그것은 이웃을 사랑하라는 것에 대한 예수의 말씀이 정확하게 서로의 짐을 지라고 하는 것이 아니기 때문에 부적절하다. 둘째로, 예수가 단순히 승인한 구약의 율법을 바울이 '그리스도의 법'이라고 부른다는 것은 정말 이해가 되지 않는다. 만약 그것이 예수의 보다 독특한 어떤 생각이라면 사정은 달랐을 것이지만.

보다 더 사실에 가까운 설명은 갈라디아서 5장 14절을 더 면밀하게 살펴보면 더욱 분명하게 드러난다. 왜냐하면, '너의 이웃을 사랑하라'는 구절을 바울이 인용하면서 하는 말은 그가 앞서서 갈라디아인에게 한 명령을 따라 그것을 지지하고 있기 때문이다. 그 명령은 "사랑으로 서로 종노릇 하라"(5:13)는 것이다. 그리고 우리는 여기에서 예수의 중요하고 두드러진 어떤 면을 보게 되는데, 그것은 그리스도인의 교제 안에서 섬김을 강조하는 것이다. 오실 나라에서 높은 자리를 요구하는 야고보와 요한에 대해 이미 언급한 구절 속에서, 예수는 그것이 그의 길이 아니라고 제자들에게 말한다. 그들은 가장 낮은 자리를 받아들여야만 한다. "너희 중에는 그렇지 아니하니 너희 중에 누구든지 크고자 하는 자는 너희를 섬기는 자가 되고 너희 중에 누구든지 으뜸이 되고자 하는 자는 모든 사람의 종이 되어야 하리라"(막 10:43-44). 바울이 '그리스도의 율법'에 대해서 마음에 두고 있는 것은 확실히 예수의 이러한 가르침이다. 고린도전서 1장을 볼 때, 이러한 가르침의 중요성에 대한 더 많은 증거를 보게 될 것이다.

그러나 이러한 조각 그림에 들어맞을 조각이 하나 더 있다. 바울은 율법으로부터 그리스도인의 자유함을 강조하는 서신 속에서, 왜 이것을 '그리스도의 법(law)'이라고 부를까? 이에 대한 가능성 있는 답변은 요한복음에서 제시되는데, 그곳에서 예수는 제자들에게 "새로운 계명"을 주었는데, 이 새로운 계명은 "내가 너희를 사랑한 것 같이 너희도 서로 사랑하라는 것" 이다(요 13:34). 요한복음의 맥락 속에서 그러한 사랑이 무엇을 의미하는지는 예수가 제자들의 발을 씻겨줄 때에 제시되고, 그리고 나서는 그가 십자가로 갈 때에 최고조로 드러난다(요 13:1-17; 15:12-13). 제자들 사이에서 서로에 대한 사랑은 예수에 의해 예증되었듯이 겸손한 자기 희생적인 섬김 속에서 나타난다. 이런 가르침이 요한복음과 마가복음 10장 속에서도 서로 유사한 것은 의심의 여지가 없다. 왜냐하면, 거기에서도 역시 제자들에게 있어 섬김의 모델은 자신의 생명을 다른 사람을 위해 주신 인자(the Son of Man)이기 때문이다(막 10:45). 요한복음에서 사랑하라는 계명과 공관복음에서 섬김을 요구하는 계명은 사실상 아주 밀접하게 연관된 것으로 간주된다.

그러나 요한복음의 증거가 바울이 '그리스도의 법'에 대해 언급하는 것에 대해 어떻게 도움이 되는 그런 식견을 제공해주는가? 그 대답은 단순하다. 바울이 그리스도의 법에 대해 말할 때, 그는 예수의 자기 희생적인 섬김을 요구하는 것을 마음에 두고 있었다. 요한은 예수 자신이 그러한 자기 희생적인 사랑을 '그의' 독특하고 새로운 '계명'으로 말했다고 한다. 논리적인 결론은 바울이 '그리스도의 법'을 성취하는 방법으로 '서로의 짐을 지는 것'에 대해 말했을 때, 그는 예수의 새 계명에 대한 말씀을 마음속에 두고 있었다는 것이다. 요한과 바울이 그리스도인들에게 '서로 서로를' 돌보라고 격려하고 그리고 둘 다 이것을 그리스도의 독특한 '율법'(law)/'계명'(commandment)으로 동일하게 보았다는 것은 이론적으로는 우연일 수 있다. 그러나 바울의 그 색다른 용법은 사실상 그가 요한이 기록한 예수의 말씀에 대해 알고 있었다는 것을 반영하는 것 같다.

이러한 결론은 매력적인데, 왜냐하면 요한복음은 가장 마지막에 쓰인 것으로 보이고, 그것은 성실한 역사라기보다는 신학적으로 착색된 설명으로 흔히 간주되기 때문이다. 그러나 바울은 이 점에 대해 요한이 예수에 대해 설명한 것들을 증명하는 것 같다. 어떤 학자들은 빌립보서 2장의 유명한 찬송(바울이 여기에서, 종의 형상을 취하여서 스스로 죽기까지 낮아지신 그리스도에 대해 설명하는 것은 예수가 죽으러 가시기 바로 직전에 제자들의 발을 씻김으로 종의 역할을 행하신 요한복음 13장을 생각나게 한다)에서 이것에 대해 또한 의심을 했었다.

그동안 우리는 갈라디아서에 대해 조사하느라고 최대한 모든 종류의 흥미 있는 방면을 다 다루었다. 어떠한 단서나 논의들은 아주 불명확한데, 예를 들어 '기둥같이 여기는' 사람들에 대한 논의가 그러하다. 그러나 다른 단서와 논쟁들은 보다 덜 모호한데, 예를 들어 십자가와 아빠(Abba), 그리고 '그리스도의 율법'에 대한 논의가 그러하다. 전반적인 결론은 바울은 예수의 생애와 사역, 죽음과 부활에 대해 알았고, 그것들을 갈라디아인들에게 가르쳤음을 암시하는 많은 증거가 있다는 것이다. 이것은 사도행전에 있는 작은 증거들과도 일치되는데 사도행전을 보면, 바울은 예수의 생애(세례 요한으로 시작해서 죽음과 부활로 마친)에 대해 가르쳤다고 한다. 그러나 이 장에서 우리가 들여다 본 것은 단지 바울 서신 중의 하나에서부터 나온 증거로서, 이 문제가 완성되기 전에 다루어야 할 더 많은 입장들이 있다.

헬라지역 여행

8

1. 헬라로 가는 길
2. 사도행전에 나타난 헬라 사역
3. 바울서신에 나타난 헬라 사역

1. 헬라로 가는 길

바울의 여행으로부터 한숨을 돌려 갈라디아서를 회고하기 위해서는, 지금 다시 그 이야기를 다루어야 한다. 바울은 갈라디아서를 쓸 당시에 갈라디아에 있는 '그의' 교회에 일어난 일로 인하여 화가 났고, 또한 베드로와 바나바에 의해 배신당한 것으로 알고 화가 났었다. 그 후에 사도행전 15장에 기록된 대로 예루살렘 회의가 개최되었으며, 그 회의의 결정은 바울과 베드로와 바나바의 의견이 서로 달랐던 관심사들이 훌륭하게 조정되었다.

사도행전은 그 후에 바울과 바나바는 안디옥으로 돌아 왔다고 말하는데, 그들은 예루살렘 교회로부터 파송받은 두 사람, 즉 "여러 말로 형제를 권면하여 굳게 하였던"(15:32) 유다와 실라라는 두 사람과 함께 돌아 왔다. 그일 후에 그런 권면이 아마 필요했을 것이라고 상상하기는 어렵지 않다. 그리고 사도행전이 그 이후에 이들이 '평안히' (15:33) 예루살렘으로 돌아갔다고 말하는 것은 의미가 깊다. 그들은 평화를 가져다주기 위해 도와야만 했고, 평안하게 전송을 받으면서 돌아갔다.

그러나 만사는 여전히 조화롭지 않았다. 사도행전은 바울과 바나바 사이의 또 다른 논쟁을 기술하는데, 그 일은 바울이 갈라디아에 있는 교회들을 다시 방문하고자 했을 때 일어났다. 이번의 논쟁은 요한 마가에 대한 것이었다. 바나바는 그를 함께 데리고 가기를 원했으나, 바울은 마가가 지난번에

밤빌리아에서 선교를 포기했던 것을 상기하면서 그를 데리고 가려고 하지 않았다. 그 결과 '의견 차이로 인한 심한 다툼'으로 피차 갈라서게 되었는데 바나바는 마가를 데리고 구브로를 다시 방문하고, 바울은 실라를 데리고 육로로 수리아와 길리기아(다소 지역)및 갈라디아로 갔다(15:36-41).

　이러한 모든 것들은 역사적인 감각을 성실히 갖도록 만든다. 바나바와 바울 두 사람을 중심인물로 다루는 사도행전의 저자로서 이런 충돌을 꾸며냈을 이유는 거의 없다. 바울서신이 이런 의견 충돌에 대해 언급하고 있지는 않을지라도, 갈라디아서는 바울과 바나바 사이에 긴장이 있었음을 보여준다. 그리고 바울이 쓴 데살로니가서는 그의 다음 사역의 활동 범위가 실라(혹은 실바누스)와의 협력 속에 있었음을 확증한다(살전 1:1; 살후 1:1). 바나바는 그의 고향인 구브로로 방향을 되돌려야만 했고, 바울은 그의 고향인 다소(Tarsus) 방향으로 가야 했다는 것도 이치에 맞다.

　바울이 갈라디아 지역에 갔을 때 더베와 루스드라를 방문했는데, 그곳에서 그는 선교팀의 일원으로 디모데를 받아들였다(16:1-5). 재미있게도 사도행전은 바울이 "그 지경에 있는 유대인을 인하여 그를 데려다가 할례를 행하였다"고 말한다. 이것은 다음과 같아 보이지는 않는다. 갈라디아 전 지역에서 '유대인 때문에' 할례를 받지 않은 그리스도인에게 할례를 행하였을 것이다. 사도행전의 저자는 이 일은 놀라운 일일 수 있음을 알고 있으나, "그의 어머니는 유대인이며 신자였고 아버지는 헬라인"이었다는 설명을 한다. 그리고 디모데의 무할례가 그 지역의 유대인에게 장해나 방해거리가 되었다고 말한다. 그러므로 바울은 그가 할례를 받는 것이 선교를 위해 바람직한 것으로 보는데, 할례가 구원을 위해 중요하기 때문이 아니라, 그것이 선교사역에 도움이 될 수 있었기 때문이다.

　바울이 갈라디아서를 쓰고 있을 때, 이런 일을 하고 있었다고 상상하기는 사실 어렵다. 그러나 후에 그 문제는 예루살렘 회의에서 자세하게 토론되었다. 이방인에게 율법으로부터의 자유로움을 주는 바울의 원칙적인 사항이 그 회의에서 받아들여졌고, 유대인과의 충실한 관계를 요구하는 다른 사람들의 관심도 역시 받아들여졌다(15:21). 바울은 후자의 문제에 대해 전혀 관심이 없었으며, 그의 후기서신에서 비로소 유대인의 연약한 양심에 대해 융통성 있는 주장을 한다(고전 9:20; 롬 14장). 사도행전은 바울이 디모데에게 세례를 준 것은 도리에 맞는 일이라고 설명한다. 바울은 전체적인 문제에 대해 이전 보다는 많이 관대해졌다(심지어 그는 갈라디아서에서도 '할례나 무할례가 아무것도 아니다' 라고 말한다. 6:15). 그리고 바울은 디모데가 반은 유대인이라는 모호한 입장 때문에, 그는 특별한 경우로서 할례가 바람직하다고 느꼈을 것이다. 사도행전에서 그것을 신중하게 언급을 하는 것을 보면 그것이 특별한 경우라는 것이 확인된다.

갈라디아에서의 사역 이후에도 바울과 그의 선교 팀은 계속하여 움직였다. 사도행전은 그들이 아시아(수도인 에베소를 포함하고 있는 갈라디아의 서부)와 비두니아(흑해 연안에 있는 터어키의 북부지역)로 가고자 했으나, "예수의 영이 허락지 아니하셨다"(16:6-7)고 말한다. 그 당시 어떤 형태로 이와 같은 금지가 있었는지 우리로서는 전혀 알 수 없지만, 예언은 사도행전에서 주요한 역할을 수행했기에 그들의 의사결정의 안내를 도왔던 것은 예언적인 말이었을 것이다. 결국 그들은 터키 남서 해안에 있는 드로아로 갔는데, 사도행전에 따르면 그곳에서 바울은 북부 헬라에 있는 마게도냐로 오라고 그를 초청하는 '마게도냐 출신의 어떤 사람' 의 환상을 보고 그대로 행하였다(16:9).

사도행전은 바울의 사역이 대부분 '예언적' 이거나, '은사적인' 차원이 있다고 말한다. 예언이 자주 관련되는 것 같아 보이며 사도행전은 바울을 환상과 영적인 능력을 가지고 있고, 치유와 다른 능력 있는 표적을 드러내는 사람으로 기술한다(13:11, 14:3, 10). 갈라디아서는 이런 모습을 확증한다. 바울은 그곳에서 그 자신의 삶을 변화시킨 예수의 계시를 가지고 있을 뿐만 아니라, 계시에 의해 예루살렘으로 올라갔다고 말한다(2:2). 그는 또한 성령에 대한 갈라디아인들의 능력 있는 체험을 언급한다(3:5). 초대 교회의 삶의 이런 측면들은 그의 후기서신에서 더 두드러지게 나타나게 된다. 특별히 재미있는 구절 중에 고린도후서 12장이 있는데, 그곳에서 바울은 "주님으로부터의 환상과 계시"에 대해 언급한 후 계속해서 "십사 년 전에 셋째 하늘에 이끌려 간 자 (그가 몸 안에 있었는지 몸 밖에 있었는지 나는 모르거니와)"에 대해 기술한다(12:1-2). 그는 여기서 자기 자신에 대해 언급하는 것이지만, 자신의 영적인 체험을 '자랑하는 것'을 난처하게 여긴다. "십사년 전"이라는 것은 바울의 사역에 있어 초기 시대를 말하며, 그것은 바나바에 의해 그가 안디옥에서 사역을 하도록 선택되기 전에 다소에 있던 때일 것이다. 바울은 그 당시에 아주 특별하게 두드러진 신비체험을 했지만, 환상과 계시는 그의 사역에 있어서 일상적인 특징이었던 것처럼 보인다(12:7).

2. 사도행전에 나타난 헬라에서의 사역

1) 빌립보(Philippi)

드로아에서 마게도냐(오늘날의 유럽)를 향하여 바다를 건너는 일은 바울에게는 진정 기념비적인 발걸음이었다. 그것은 헬라의 심장부로의 이동을 뜻하였다. 사도행전은 "마게도냐 지경의 첫성"(16:12)인 빌립보에서 바울이 사역한 것을 기술한다. 그 도시는 그 지역의 수도는 아니었지만, 로마의 식민지로서 큰 간선도로인 에그나티아 대로(Via Egnatia)에 위치하고 있었으며, 여러 면에서 수도인 암비볼리(Amphipolis)보다 더 중요하였다. 빌립보에서는 회당이 없었던 것 같이 보이는데, 아마도 거기에는 유대인들이 많지 않았기 때문일 것이다. 그러나 사도행전은 바울과 실라가 그 도시의 바깥 강가에 있는 유대인들의 예배처소에서 그들을 만났다고 기술한다. 바울과 실라는 이 경우에는 유대인들과 충돌하지 않았지만, 운명을 말하는 점을 치면서 주인에게 돈을 벌게 해주었던 귀신에 사로잡힌 노예 소녀로부터 바울이 귀신을 쫓아내자, 그들은 분란에 휘말리게 되었다. 바울과 실라는 이번 경우에는 유대인이라고 하는 고발을 당했다. "이 사람들이 유대인인데 우리 성을 심히 요란케 하여 로마 사람인 우리가 받지도 못하고 행치도 못할 풍속을 전한다"(16:20). 결과적으로 그들은 당국자들에 의해 매를 맞고 감옥에 갇힌다. 그러나 그들은 큰 지진이 일어나 나중에 풀려나게 되었다(이 지역은 지진이 일어나기 쉬움). 이 일로 인하여 간수가 회개하는 일이 일어났으며, 당국자들은 바울과 실라가 로마시민이라는 것을 듣자 자신들의 잘못을 인정했다.

2) 데살로니가

바울과 실라는 빌립보에서 데살로니가(Thessalonica)라고 하는 해안 도시로 갔는데, 그곳에는 유대인 회당이 있었다(17:1). 사도행전은 이들이 세 번의 안식일 동안에 그 회당에서 예수가 그리스도라고 주장하면서 그들에게 말씀을 전했다고 기술한다(17:3). 그 반응은 갈라디아 지역에서 흔히 그랬듯이 복합적이었다. 어떤 유대인들과 '경건한 헬라인의 큰 무리와 적지 않은 귀부인' 들이 바울과 실라와 함께 했으나 다른 사람들은 '시기하여' 바울을 반대하는 소요를 선동했다. 그러한 '시기심' 은 이해할 만하다. 왜냐하면, 회당의 지도자들의 경우에, 자신들의 회원과 영향력 있는 후원자들이 새로운 기독교 운동 조직에 가담하도록 부추기는 것을 보는 것은 자신들을 교란시키는 일임에는 틀림없었다. 바울을 영접한 집주인인 야손과 다른 이들은 체포를 당해서 당국자들(사도행전은 정확하게 도시관리[politarchs, 읍장]라고 함)에게 끌려갔다. 그리스도인들은 국제적으로 문제를 만들고 있으며, 가이사와 경쟁적인 황제(예를 들어, 예수)를 선포하고 있다는 고발을 당했다. 바울과 실라는 아마도 그들 자신의 안전을 위해 체포당함을 피했던 것 같다. 그러나 데살로니가에 있는 그리스도인들에 의해 밤에 '밖으로 보내져서' 그 다음 도시인 베뢰아로 이동했다(17:1-9).

3) 베뢰아

베뢰아(Berea)에서 바울과 실라는 회당으로 갔다. 사도행전은 그들이 데살로니가 보다 더 호의적인 영접을 받았다고 말한다. 그러나 데살로나가의 유대인들이 결국 베뢰아로 와서 바울의 선교사역을 방해하였다. 그래서 바울은 베뢰아에서 그리스도인의 호위를 받아 아덴으로 길을 떠났다. 실라와 디모데는 베뢰아에 남겨 두었다. 하지만 바울은 가능하면 빨리 그들이 자신에게로 오도록 부탁하였다(행 17:10-15).

4) 아덴

바울이 아덴(Athens)이라는 역사적이고 아름다운 도시에 도착 한 것이 정말 얼마나 멋진 경험이었는지를 상상하기는 어렵지 않다. 그러나 동역자들을 베뢰아에 남겨두고 온 것이 마음에 걸렸을 것이다. 사도행전은 바울이 회당과 시장에서 날마다 변론을 했다고 기술하나, 그 반응은 다소 냉냉한 편이었다는 인상을 준다. 누가는 두 사람, 즉 디오누시오와 다마리와 또 긍정적으로 반응한 '다른 사람들'을 언급한다(행 17:34).

흥미로운 것은 사도행전에서 바울이 아덴의 철학자들과 토론하는 것을 기술하고 있다. 그들은 바울이 선전하는 '이방신들'에 대한 관심을 가졌다. 사도행전은 바울이 '예수와 부활'을 전하였다고 설명한다. 그들은 사실상 예수는 하나의 신의 이름이고 '부활'(헬라어로는 아나스타시스, anastasis)은 또 다른 이름이라고 생각했을 것이다. 어떤 경우든지, 그들은 바울을 고대의 아레오바고 법정 앞에 세우고 그 법정을 형성하고 있는 아덴의 지도급 시민들에게 그의 사상을 설명하도록 허락했다. 바울의 연설은 사도행전에 기록된 두 번째의 '복음전도' 연설이며, 그것은 이고니온 회당에서 행한 연설(행 13장)과는 전적으로 다르다. 바울은 헬라인들에게 그들의 제단과 우상에 대해 말하면서, '모르는 신'을 위한 제단을 언급하고 그들에게 살아계신 하나님에 대해 말하는데, 그분은 세상을 만드신 분으로 그 안에서 '우리들이 살고 기동하고 생명을 가진다'. 마지막의 인용구는 주전 6세기의 시인인 에피메니데스(Epimenides)로부터 인용한 것처럼 보인다. 바울은 계속해서 아덴사람들에게 회개할 것을 말하는데, 왜냐하면 하나님은 '정하신 사람'을 통해 세상을 심판할 예정이기 때문이라는 것이다. 물론 바울은 예수에 대해 말을 하려고 했으며 그 증거로서 부활에 대해 언급하였다(행 17:16-31).

5) 고린도

그 후 바울은 아덴을 떠나 보다 더 남쪽에 있는 고린도(Corinth)로 가는데, 그 도시는 에게해와 아드리아해 사이의 사오마일 정도되는 지협에 서

있는 유명한 도시였다. 고린도는 로마의 식민지였으며 주요한 무역중심지였다. 지금은 그 지협을 통과하는 운하가 있다. 거기에는 겨우 조선대(배를 싣는 다리)만이 가로질러 있는데, 그것은 작은 배만 견인할 수 있거나, 아니면 물건은 내려서 육로로 운송할 수 있을 뿐이다(그 도시의 동쪽 항구인 겐그레아에서부터 서쪽 항구인 레기움까지). 고린도는 스포츠(지협 경기)와 종교로 유명하였는데, 그 도시의 바로 옆에 있는 산 정상에는 아프로디테(사랑의 여신) 대신전과 다른 많은 신전이 우뚝 솟아 있었다.

사도행전은 바울이 그곳에서 유대인 부부인 아굴라와 브리스길라와 함께 거했으며, 그들과 함께 장막을 만드는 일을 했다고 한다. 사도행전은 그들이 최근에 이달리야에서 왔는데, 그 이유는 "글라우디오가 모든 유대인을 명하여 로마에서 떠나라고 명"(18:1-3)했기 때문이라고 한다. 로마 황제에 의한 이러한 유대인 추방은 로마의 역사가인 수에토니우스(Suetonius)에 의해서도 역시 언급되고 있는데, 그는 "유대인들이 크레스투스(Chrestus)의 선동에 의해 폭동을 일으켰기"(「클라우디스의 생애」[Life of Claudius], 25:4) 때문이라고 설명한다. 수에토니우스는 더 이상 말하지는 않으나, '크레스투스'가 그리스도를 의미한다는 것은 그럴 듯한 설명이다. 그리고 그 추방은 성장세에 있는 기독교 운동 때문에 유대인 공동체내에 일어난 많은 분규에 대처하기 위한 것으로 보인다. 우리는 갈라디아와 기타 다른 지역에서 기독교의 움직임이 얼마나 많은 고통을 일으켰는지를 살펴보았는데, 이것은 로마에서도 되풀이 되었던 것 같다. 그 당시 로마에는 커다란 유대인 공동체가 있었으며, 어떤 이들은 전체 인구 백만 명 중에 이들이 4만에서 5만명 가량 된다고 추정했다. 로마의 당국자들은, 제국의 여러 지역에 있는 다른 유대인 공동체에서 기독교 운동이 일으키고 있는 고통에 대해 아마 알고 있었을 것이다(행 17:6를 비교하라). 이런 고통이 수도에까지 도달했을 때, 황제는 단호한 결단을 내려 유대인들을 그 도시에서 쫓아내었다. 아굴라와 브리스길라는 유대 그리스도인이고 아마도 갑자기 성장한 로마교회의 지도자였을 것 같으며, 그들도 그 추방에 말려든 것이었다. 어떤 경우든지, 사도행전은 바울이 고린도에서 그들과 함께 협력한 것으로 말한다.

고린도에서의 바울의 전략은 다른 곳에서와 같은 것이었다. 즉, 그는 회당에서 복음을 전하기 시작했고 그 반응도 아주 냉냉했다. 회당의 주요한 회원(그리스보)을 포함하여 어떤 유대인들은 회개했으나, 다른 이들은 적대적이 되어서 바울이 하던 사역의 중심지를 하나님을 공경하는 호의적인 사람인 '디도 유스도의 집'으로 옮기도록 그에게 완력을 행사하였다. 사도행전은 바울에 대한 유대인의 적대감이 격심해져서 그 지역의 총독(통치자)인 갈리오에게 데리고 갔던 어떤 특별한 시기에 대해 기술한다. 갈리오는 유대인 내부의 논쟁에 대해 관심이 없었다. 그래서 그는 그 사건을 기각하고 그 회당의 지도자인 소스데네를 방치하면서 적대적인 군중들(이들은 그 도시에서 유대적인 '문제를 만드는 것'에 대해 아마 분노했을 것이다)이 그를 때리도록 허락했다. 갈리오가 바울에 대해 관심이 없음에도 불구하고, 우리들의 관점에서 보면 그는 흥미롭다. 왜냐하면, 고고학적인 증거를 보면 그는 주후 50-52년에 아가야의 총독이었기 때문이다. 로마로부터 유대인이 추방된 것은 주후 49년에 발생했을 것이다. 여기서 아주 중요한 연대기적인 단서를 얻게 된다. 사도행전은 바울이 고린도에서 최소한 일년 반(18:11)이나 아마도 그 이상(18:18)을 머물렀다고 말한다. 그는 그곳에 있는 동안 실라와 디모데와 다시 함께 있게 되었다.

3. 바울 서신에 나타난 헬라에서의 사역

이상은 사도행전에서 말하는 바 헬라에서의 바울의 이야기이다. 바울서신이 어느 정도까지 그 이야기를 확증하는가? 신약성경 중에서 바울이 빌립보와 데살로니가 및 고린도에 있는 교회들에게 보낸 서신들이 포함되어 있다는 사실은, 바울이 그들 지역에서 귀중한 사역을 했다는 것을 확증한다. 데살로니가에 보낸 두 편지는 "바울과 실라와 디모데"(살전 1:1; 살후 1:1), 그리고 빌립보서와 고린도후서는 "바울과 디모데"(빌 1:1; 고후 1:1), 고린도전서는 "바울과 소스데네"(고전 1:1)가 발신자라는 것이 흥미있다. 이것은 바울의 동역자들이 그런 장소에 있었다고 하는 사도행전의 증거와 모두 일치한다. 소스데네는 예외이다. 그러나 그는 흥미롭게도 사도행전에서 기술한 바울의 고린도 사역에서 언급된 두 번째의 회당장일 가능성이 있다(행 17:16; 8). 사실은 고린도 회당의 두 지도자들은 기독교로 개종을 하였고, 소스데네는 결과적으로 바울의 선교여행에 동행하였다.

1) 고린도에서 쓴 데살로니가전서

사도행전이 지니고 있는 가장 재미있는 이야기는 데살로니가전서에 있다. 그 이유는 바울이 데살로니가를 방문한 바로 직후, 그가 고린도에 있을 때 이 서신을 썼기 때문이다. 다음의 것들이 이에 대한 증거가 된다.

- 바울은 데살로니가전서 1장에서 그들을 방문한 것과 그들의 회심에 대해 마치 최근의 일인 듯이 설명한다.
- 바울은 2장 17절에서 어떻게 그가 잠시 동안 그들과 떨어져 있었는지를 기술하고, 그들의 영적인 복지에 대해 얼마나 염려했는지에 대해 설명한다.
- 3장에서는 자신이 아덴에 혼자 있었던 것과 그들에게 디모데를 보낸 것에 대해 언급한다.
- 바울은 디모데가 전해준 기쁜 소식과 그가 다시 돌아옴에 대해 기뻐하고 감사한다.

그러나 데살로니가전서를 사도행전과 비교할 때 몇 가지의 의문점이 생긴다. 데살로니가전서는 바울이 아덴에 있을 때, 디모데를 그곳에서 데살로니가로 보낸 것에 대해 언급한다(3:2). 그러나 사도행전은 바울이 아덴 지역을 방문했을 때 실라와 디모데는 데살로니가에 머물러 있었고 바울이 아덴에서 얼마를 보낸 후 고린도에서 그들 둘을 다시 만난 것으로 말한다(17:14, 18:5). 어쨌든, 이것은 일반적으로 잘 일치하고 있는 두 가지의 기사에 있어서의 조그만 한 불일치점이다. 사도행전에서 말하듯이 실라와 디모데는 처음에는 베뢰아에 머물고 있었으나, 그 후에 디모데는 아덴에 있는 바울을 방문한 것 같다. 이것은 사도행전에 기록되어 있지 않다. 그렇지 않으면, 실라만 베뢰아에 머물러 있었고 디모데는 아덴까지 바울과 동행했던 것 같다. 그러나 디모데는 바울의 명령으로 돌아갔고 다시 실라와 만났다. 이 경우에 대해 사도행전의 저자는 그들이 계속하여 어디로 가고 어디를 향해서 출발하는지에 대해 언급하지 않은 채, 너무 단순하게 말하는 것 같다. 그러나 실라와 디모데는 바울이 데살로니가 지역을 떠난 후에도 그곳에 머물렀으며 그리고 나서 고린도에서 그 둘이 다시 바울을 만났다는 점에서 사도행전의 저자는 아주 정확하게 기술한다(데살로니가전서는 그 둘이 다 바울과 함께 있을 때 쓰여진 것이다).

데살로니가전서는 사도행전에 기술된 헬라 여행 중간에 고린도에서(또는 아덴도 가능함) 쓰인 것이라고 어느 정도 확실한 결론을 내릴 수 있다.

2) 데살로니가전서의 증거

데살로니가전서의 증거는 사도행전에서 본 것들과 얼마나 일치되는가?

- 데살로니가와 아덴 그리고 고린도 사이에서 바울과 실라와 디모데의 다양한 움직임에 대한 일반적인 상황은 확증이 된 것으로 기록하고 있다.

- 바울은 빌립보에서 그 이전의 사역을 언급하고(2:1), 그들이 "빌립보에서 어떻게 고통을 당하고 모욕을 당했는지"에 대한 바울의 설명은 바울과 실라가 감옥에 갇히고 나서 당국자들을 마주 대했던 것에 대한 사도행전의 이야기와 일치한다. 바울과 실라가 매를 맞고 감옥에 갇힌 것에 대해서는 바울의 후기서신인 고린도후서에서 그런 체험을 언급하는데, 물론 바울은 그것들을 명확하게 빌립보와 연관 짓지는 않는다 (11:23).

- 데살로니가전서는 데살로니가에 있을 때 큰 고통이 있었음을 증거 하는

데, 그것은 바울과 그의 동역자들이 관계된 것이 아니라 데살로니가의 그리스도인과 관련된 것이었다(1:6). 바울은 그들의 고통을 유대인에 의해 유대에 있는 교회가 당한 고통과 유사한 것으로 말한다. 그리고 바울은 유대인에 대하여 괴로움을 가지고 말하는데, 그것은 사도행전에서 지적하는 대로 만약에 그들이 데살로니가에서 바울의 대적자들이었다면 어떤 점에서는 이해가 된다(행 17:5 이하; 살전 2:15: "하나님을 기쁘시게 아니하고 모든 사람에게 대적이 되어 우리가 이방인에게 말하여 구원 얻게 함을 저희가 금하여…").

- 사도행전은 바울이 회당에서 세 번의 안식일 동안에 복음을 전파했다고 기술하는데, 그 사실만으로 우리는 그가 3주 또는 4주 동안만 데살로니가에 머물러 있었다고 추정할 수 있다. 데살로니가전서는 더 오랫동안 사역을 한 것으로 말한다. 그러나 여기에 어떤 심각한 불일치가 있는 것은 아니다. 사도행전은 바울이 단지 4주 동안만 데살로니가에 머물러 있었음을 암시하지 않을 수도 있으며, 데살로니가전서는 바울이 어리고 연약한 상태에 있는 데살로니가 교회를 떠났다고 말한다.

- 바울은 데살로니가인들 가운데에서 유순하게 사역을 한 것과 "아무에게도 누를 끼치지 아니하려고 밤과 낮으로 일하면서 하나님의 복음을 전파한 것"(2:6-9)에 대해 말한다. 여기서 그가 한 어려운 일과 그리고 4장 11절에서 손으로 일을 하는 것을 언급하는 것은 흥미있다. 사도행전은 고린도에서 바울이 천막을 만드는 일을 했던 것을 언급하면서(아굴라와 브리스길라와 협력하여), 이것은 바울이 선교 여행을 할 때 행한 관례이었음을 증거한다.

3) 데살로니가인을 위한 바울의 설교

특별히 흥미로운 것은 바울이 헬라인들에게 무엇을 어떻게 전파했는가에 대한 증거이다. 데살로니가전서 1장 9-10절에서 바울은 데살로니가인들이 어떻게 회개를 했는지를 말한다. "너희가 어떻게 우상을 버리고 하나님께로 돌아와서 사시고 참되신 하나님을 섬기며 또 죽은 자들 가운데서 다시 살리신 그의 아들이 하늘로부터 강림하심을 기다린다고 말하니 이는 장래 노하심에서 우리를 건지시는 예수시니라." 재미있는 것은 이런 짧은 요약문은 바울이 사도행전 17장의 아레오바고에서 행한 설교와 비슷하다는 것이다. 이 양자에서 다음의 사항들을 소개한다.

● 살아계신 참된 하나님과 우상을 대조함
--데살로니가전서 1:9: "너희가 우상을 버리고 하나님께로 돌아와서 사시고 참되신 하나님을 섬기며"
--사도행전 17:22-29: "우리가 그를 힘입어 살며 기동하며 있느니라… 신을 금이나 은이나 돌에다 사람의 기술과 고안으로 새긴것들과 같이 여길 것이 아니니라"

● 우상으로부터 회개하라는 주제
--데살로니가전서 1:9: "너희가 우상을 버리고 하나님께로 돌아와서"
--사도행전 17:30: "이제는 어디든지 사람을 다 명하사 회개하라 하셨으니"

● 다가오는 심판에 관한 언급
--데살로니가전서 1:10: "그의 아들이 하늘로부터 강림하심을 기다린다고 말하니 이는 장래 노하심에서 우리를 건지시는 예수시니라"
--사도행전 17:31: "이는 정하신 사람으로 하여금 천하를 공의로 심판할 날을 작정하시고"

● 이러한 다가오는 심판과 예수의 부활을 연관시킴
--데살로니가전서 1:10: "또 죽은 자들 가운데서 다시 살리신 그의 아들이 하늘로부터 강림하심을 기다린다고"
--사도행전 17:31: "이는 정하신 사람으로 하여금 천하를 공의로 심판할 날

을 작정하시고 이에 저를 죽은 자 가운데서 다시 살리신 것으로 모든 사람에게 믿을 만한 증거를 주셨음이니라"

이와 같은 비교를 통해 바울이 헬라에서 선교여행 동안에 어떻게 말씀을 전파했는지에 대해 사도행전이 정확하게 기술하고 있음을 알 수 있다. 데살로니가전서에서 바울은 데살로니가인들에 대한 사역에 관해 말하는데, 그것은 그가 아덴에 가기 직전에 일어난 일이었다. 그리고 그는 고린도에서부터 서신을 쓰고 있는데, 이것은 그가 아덴에 갔던 바로 그 이후의 일이었다. 사도행전이 말하고 있듯이 바울은 아덴에서도 데살로니가전서 1장 9-10절에 기록된 방식으로 말씀을 전하고 섬겼을 것으로 생각할 수 있다.

필자가 이 점을 강하게 지적하고자 하는 것은 일부 학자들 가운데 사도행전 17장이 과연 바울의 설교인가에 대해 자주 의심했기 때문이다. 학자들은 이것을 강조하고 연구하는 것이 우리가 다른 곳에서 알고 있는 바울과 모순된다고 주장한다. 사도행전 17장에서 바울은 예수나 십자가에 대해 직접적으로 설교하지 않고, 보다 완곡한 표현으로 창조와 우상과 그리고 헬라의 시를 가져와 인용하면서 말씀을 전한다. 어떤 사람들에 의하면 이런 모습은 진짜 바울의 모습이 아니라는 것이다. 그러나 데살로니가전서(바울이 아덴에서 머물렀던 직후에 쓴 것으로, 그가 아덴에 도착하기 직전의 그의 사역에 대해 말함)는 이러한 주장을 결정적으로 논박하고 있고, 바울이 헬라인과 이방인들에게 말씀을 전파할 때에는 그들이 있는 곳에서부터 시작했음을 기억나게 한다(사실상 바울은 회당에서 말씀을 전파할 때는 구약성경을 가지고 시작했다. 유대인에게는 유대인처럼 이방인에게는 이방인처럼 되어 사람들을 구원하고자 했음을 말하는 고린도전서 9장 20-21절의 바울의 말과 비교하라).

어떤 학자들은 사도행전 17장과 데살로니가전서 1장을 비교하는 것이 얼마나 중요한가를 염두에 두지도 않으면서 말하기를, 이것은 다만 이방인에 대한 전형적인 유대적 또는 기독교적인 접근방식이었고, 결과적으로 이 둘이 유사한 것은 우연의 일치라고 말한다. 그러나 그러한 관점은 이것이 바울의 접근방식이라는 것을 허용하는 것이다. 그리고 사도행전의 저자가 바울이 아덴을 방문한 것을 알고 있고 또한 다른 증거들을 볼 때, 그리고 바울이 이러한 방식으로 말씀을 전하고 있음을 안다면, 사도행전이 전형적인 하나의 설교형태를 기술하고 있음을 주장하는 것은 지나친 왜곡이다.

4) '진노하심'이란 무엇인가?

데살로니가전서와 사도행전을 연결하는 하나의 증거는 어려운 구절인 데살로니가전서 2장 16절과 관계가 있는데, 거기에서 바울은 "노하심이 끝까지 저희에게 임한" 유대인에 대해 말한다. 학자들은 바울의 이러한 진술에 대해 매우 당황해 한다. 그래서 어떤 사람들은 주후 70년 로마에 의해 예루살렘이 멸망당한 후, 어떤 필사자에 의해 쓰여진 것이라고 주장한다.

그러나 사도행전은 어떤 대안적인 가능성을 제시한다. 사도행전은 바울이 아굴라와 브리스길라와 함께 고린도에 머물렀음을 말하고 있으며, 이들 부부는 주후 49년에 글라디우스(Claudius) 황제가 유대인들에게 대추방령을 내렸을 때에 로마에서 왔다. 만약에 바울이 이때에 데살로니가서를 썼다면, 유대인들에게 찾아온 '진노'에 대해 바울이 말한 것은 황제의 행동을 언급하는 것이 아닐까? 다음의 내용들은 이러한 입장을 지지한다.

(1) 시기적으로 부합된다.
(2) 바울은 아굴라와 브리스길라와 함께 있었기 때문에 그는 추방사실에 대해 분명히 알고 있었다.
(3) 바울은 유대인에게 임박한 '진노'에 대해 설명할 때, '유대인'들이 기독교인들을 반대하는 것에 대해 아주 강한 표현을 덧붙인다. 즉, 유대인은 "하나님을 기쁘시게 아니하고 모든 사람에게 대적이 되어 우리가 이방인에게 말하여 구원 얻게 함을 저희가 금하였다"(2:15-16). 앞에서 언급했듯이 만약에 로마에 있었던 문제가 유대인과 기독교인 사이의 문제라면 그것은 유대인 공동체에 그리스도인의 전도활동이 유발시킨 어떤 충격 때문에 일어났을 것이다. 어떤 유대인들(아굴라와 브리스길라

와 같이)은 그리스도인이 되어서 기독교의 메시지를 전파하기 시작했는데, 그들은 아마 '부정한' 이방인에게까지 말씀을 전했을 것이다. 다른 이들은 이 같은 참신한 판단에 반대하는 노선을 견지하려고 했다. 만약에 이것이 역사적인 정황이었다면, 복음에 반대하는 유대인의 입장에 대해 바울이 심하게 말한 것은 이해가 된다(바울이 로마에서 일어났던 일뿐만 아니라, 유대지역에서 일어났던 일도 마음에 두었다면). 바울이 로마에서의 추방에 대한 언급으로 유대인에게 다가온 '진노'에 대해 설명하는 것을 보는 것 또한 이해할만하다.

'진노'가 우리에게 유대인의 로마 추방으로 언급되는 것은 이상한 방법인 것처럼 보일 수 있다. 이곳에서 언급한 것은 하나님의 진노를 말하는 것이지, 황제의 진노를 말한 것이 아니다(1:10). 그러나 구약성경을 알고 있는 사람들에게 있어 무엇보다 하나님의 진노는 자연적이고, 정치적 혹은 군사적인 종류의 재난(흔히 강력한 이방 적들의 손에 넘어가는)을 의미하는 것이었다(대하 24:18; 렘 32:37; 겔 7:19; 슥 7:12). 유대인에게 유랑의 길을 걷게 한 것은 구약성경에 있어 하나님의 진노의 첫 번째의 예였다. 로마로부터 유대인을 추방한 것은 그러한 범주에 보다 잘 부합되었을 것이다. 만약에 아직도 그 말이 우리에게 다소 강한 어조로 들린다면, 아래의 세 가지를 더 추가할 가치가 있다.

(1) 바울은 로마서 13장 4-5절에서 로마 정부에 의해 결정되어진 형벌에 대해 '진노'라는 동일한 말을 사용한다.
(2) 추방에 의해 좋지 않은 영향을 받은 유대인에게 그것은 잊지 못할 체험이 되었을 것이다. 우리가 보았듯이 로마에는 거대한 유대인 공동체가 있었다. 그들에게서 황제가 뒤돌아서는 것은 아마도 로마에 있는 많은 유대인 개인과 가족들에게 재난이 되었을 뿐만 아니라, 로마 세계 내에 반-셈족주의가 넘칠 것을 가정할 때, 온 세계에 있는 유대인들에게도 걱정거리였을 것이다.

(3) 그리고 이것은 그 당시의 유대인에게 닥친 단순한 재난이 아니었다. 불행한 사건들이 전체적으로 꼬리를 물고 일어났다. 유대인 역사가인 요세푸스는 주후 49년에 예루살렘에서 죽임을 당한 유대인이 이만에서 삼만 명이라고 말한다. 그 상황은 로마군이 성전 구역 내에서 많은 대중들이 보는 가운데 고의적으로 등을 내보이고서 방귀를 뀜으로 유대인을 격노하게 해 폭동이 일어나 군중들이 쇄도하였다(「Antiquities」, 제2권 223-7). 요세푸스가 제시한 숫자가 과장 되었다 하더라도 그것은 분명히 대규모의 재난이었다.

이러한 대재난과 로마에서의 추방(유대인과 로마인이 관련된 양 사건으로 하나는 로마에서, 하나는 예루살렘에서 일어남)을 유대인에 대한 하나님의 이중적인 충격으로 보는 것이 자연스러울 것이다.

'진노'와 로마로부터의 유대인의 추방에 대해 제안한 말이 정확하다면, 그것은 데살로니가전서 1장에 있는 난해한 구절에 빛을 던져줄 뿐만 아니라, 사도행전과 바울의 서신 사이를 한층 더 가깝게 한다. 만약에 그 제안이 정확하지 않다고 할지라도, 바울서신에서 보았던 또 다른 증거(특히 데살로니가전서)로 인해 사도행전에 있는 바울의 사역에 대한 설명을 확증하기는 쉬울 것이다.

– 로마에서의 추방에 대해서 –

데살로니가전서 2장의 '진노'가 클라우디우스의 칙령을 언급한다는 생각을 지지한다면, 그 칙령과 그것의 영향이 바울이 쓴 로마서의 배경이 말하는 것도 일리가 있을 것이다.

로마서는 무엇보다도 유대 그리스도인과 이방 그리스도인이 함께 조화롭게 살도록 논의하며 호소하는 것이다. 이것은 14장과 15장에서 분명하게 나타나는데, 예를 들어 15장 7-9절에서 바울은, "이러므로 그리스도께서 우리를 받아 하나님께 영광을 돌리심과 같이 너희도 서로 받으라 내가 말하노니 그리스도께서 하나님의 진실하심을 위하여 할례의 수종자가 되셨으니 이는 조상들에게 주신 약속들을 견고케 하시고 이방인으로 그 긍휼하심을 인하여 하나님께 영광을 돌리게 하려 하심이라"고 말한다. 로마서에서 이것을 강조하는 역사적인 배경은 유대인이 로마에서 추방된 것과 관련이 있다고 여러 학자들은 말한다.

로마에 있는 기독교 교회가 아굴라나 브리스길라와 같은 사람들이 이끌었던 첫 번째 유대인 기독교회였다면, 유대 그리스도인들(특히, 지도자들)이 로마에서 추방되었을 때, 이 교회의 내부에 큰 변화가 있었을 것이다. 아마도 이방 그리스도인들이 전면에 나섰을 것이며, 이방 그리스도인 사이에는 유대인을 하나님의 '진노'를 당하는 사람으로 심지어는 그 진노 아래에 있는 사람으로 보는 경향이 있었을 것이다. 그러나 바울은 그 반대로 이방 그리스도인들에게 유대인이 당하는 일에 대해 만족하게 여기지 말라고 경고한다(롬 11:22-24).

그러나 주후 54년에 글라우디우스가 사망한 후에 유대인들은 로마로 다시 돌아올 수 있었다. 그래서 아굴라와 브리스굴라와 같은 유대 그리스도인들도 돌아왔다. 로마서가 기록될 당시 그들은 로마로 돌아왔고(16:3), 다른 유대 그리스도인들도 그렇게 했다(7절과 13절을 보라. 즉, 루포와 그의 어머니가 구레네 시몬과 연관이 되도록 간주하는 것이 옳은가를 보라: 막 15:21을 보라). 유대 그리스도인 지도자들과 교인들이 다시 돌아왔을 때 생길 수 있었던 긴장감을 어렵지 않게 상상할 수 있을 것이다. 그래서 로마서는 특별히 이 점을 염두에 두고 썼을 가능성이 있다. 로마서는 한편으로는 구약성경과 유대인, 다른 한편으로는 그리스도의 새로운 말씀과 이방인 사이의 관계를 지속적으로 훌륭하게 설명한다.

이렇게 로마서를 설명하는 것은 사도행전을 직접 지지하는 것은 아니다. 그러나 이것은 사도행전이 추방과 아굴라와 브리스길라에 대해 말한 것과, 우리가 데살로니가전서와 '진노'에 대해 제안한 것과는 일치한다. 이것은 바울서신과 사도행전을 서로 조명해 주는 또 다른 별개의 경우이다.

데살로니가전서에서 진행된 일

9

1. 안도의 한숨
2. 디모데가 제기한 문제

1. 안도의 한숨

"지금은 디모데가 너희에게로부터 와서 너희 믿음과 사랑의 기쁜 소식을 우리에게 전하고 또 너희가 항상 우리를 잘 생각하여 우리가 너희를 간절히 보고자 함과 같이 너희도 우리를 간절히 보고자 한다 하니"(살전 3:6). 이 구절을 보면, 데살로니가인들에게 보낸 바울의 첫 번째 편지가 어떤 상황 속에 있는지 알게 된다. 그 편지는 안도의 커다란 한숨과 같은 것이다.

그는 데살로니가에 있는 그리스도인에 대해 매우 걱정을 했다. 그 이유는 자신에 대한 맹렬하고 심한 반대로 인해, 그 교회를 세워놓은 상태에서 연약한 그리스도인들을 두고 떠나야만 했기 때문이다. 당연히 바울은 그의 영적인 자녀들의 믿음에 대해 걱정을 하면서, 그들이 잘 인내하고 믿음이 흔들리지 않기를 바랐다. 바울은 그들에게로 되돌아가기를 원했지만, "그러나 사단이 막았다"(2:18). 아마도 그가 되돌아가는 것이 사실 안전하지 않았을 것이다. 그래서 그가 더 이상 불안한 마음을 참을 수 없어, 그들이 어떻게 지내는지를 디모데를 보내어 알아보게 했다. 그래서 디모데가 지금 그들에 대한 기쁜 소식을 가지고 돌아왔다.

데살로니가전서의 첫 세장(이 서신의 반이 넘음)은 바울의 감사에 찬 안도의 한숨과 같다. 갈라디아서에서는 감사의 인사말이 아예 빠져있고 오직 갈라디아인들의 믿음의 타락에 대한 고통스러운 외침만이 있을 뿐이다. 반면에, 데살로니가전서는 다음과 같은 즐거운 말로 시작한다. "우리가 너희 무리를 인하여 항상 하나님께 감사하고"(1:2). 그는 계속해서 그들의 믿음, 사랑, 소망을 말하고(1:3), 그 후에는 그들의 회심(1:4-10)과 그들 가운데에서 자신이 한 사역(2:1-13)과 그들의 고난(2:14-16), 그가 어쩔 수 없이 그들과 떨어져 있게 된 것과 그 후에 그들의 평안에 대해 계속하여 염려한 것(2:17-3:5) 등을 돌이켜 본다. 그러나 이제 디모데가 왔기에 바울은 아주 기뻐한다. "그러므로 너희가 주 안에 굳게 선즉 우리가 이제는 살리라 우리가 우리 하나님 앞에서 너희를 인하여 모든 기쁨으로 기뻐하니 너희를 위하여 능히 어떠한 감사함으로 하나님께 보답 할꼬"(3:8-9).

회심한 사람들에 대한 바울의 깊은 애정은 갈라디아서에서 분명하게 보이지만, 갈라디아서에서의 애정은 어떻게 그들이 꾀임을 받았는가에 대한 분노와 고통이 섞여있다. 데살로니가전서는 동일한 감정적인 편지이나, 이번 애정의 경우는 처음의 염려와 그 후의 안도와 큰 행복이 혼합된 것이다. 이곳에서는 목회자 바울에 대하여 강하게 묘사하는데, 그는 성실하게 행동하기를 원하며(2:3-4), 온유함으로 사람들을 돌보고 사랑이 많은 어머니나 아버지처럼 그들에게 자신을 주는(2:7, 11) 목회자였다. 바울은 90%나 또는 반 정도만 전문가처럼 헌신한 것이 아니라, 그가 사역하고 일하는 사람들 가운데에 처해 있는 사람들에게 전적으로 헌신한 사람이었다. 그는 "너희는 우리의 영광이요 기쁨이니라"고 말한다(2:20).

2. 디모데가 제기한 문제

디모데는 데살로니가 교회에서 일어난 모든 일에 대해 바울과 함께 상의했을 것이다. 바울의 조력자 디모데가 고린도로 가지고 온 소식을 바울이 속히 듣고 싶었을 것이다. 가장 중요한 항목은 그들이 믿음에 견고하게 서 있다는 기쁜 소식이었지만, 데살로니가인들은 그 외의 다른 종류의 문제들에 직면해 있었다. 그래서 이러한 문제가 바울 서신의 나머지 부분에 영향을 주었을 것이라고 추정된다. 바울은 성적인 자제와 형제애를 촉구하는데, 이것은 대부분의 교회들도 여전히 필요한 조언이다.

1) 힘든 일과 그리스도인의 나눔

바울은 데살로니가인들에게, "자기 일을 하고 너희 손으로 일하기를 힘쓰라 이는 외인을 대하여 단정히 행하고 또한 아무 궁핍함이 없게 하려 함이라"(4:11, 12)고 촉구한다. 이 말은 데살로니가인들 중에 어떤 이들은 마치 다른 사람들의 관대함을 의지하여 그들에게 폐를 끼치면서 기식하는 것처럼 들린다. 사도행전은 초기의 기독교인들이 아주 강력한 공동체생활을 했는데, 부자들(바나바와 같은)은 자신의 부를 가난한 자들과 함께 나누었다고 묘사한다(행 4:32-37). 바나바와 그의 동료 바울은 그들이 세운 교회에서 이런 일을 장려했을까? 그들은 교회 간의 그러한 나눔을 장려했다. 그리고 바울은 고린도후서 8-10장에서 이방인의 교회들 가운데 대규모 기금을 준비할 때에, 관대한 구제와 평등에 관한 그의 신념을 표현한다. 그러한 관대함은 항상 남용되기가 쉽다(복지 계획을 가지고 있는 정부가 잘 알고 있듯이). 그리고 데살로니가에 있는 어떤 이들도 바울이 주장하였던 바로 그 '형제애'를 남용하고 있었을 것이다.

2) 주님의 재림과 죽은 자들

그러나 데살로니가에 있었던 큰 문제는 예수의 재림에 대한 그들의 이해와 관계있는 것처럼 보인다. 분명한 것은 예수의 임박한 재림에 대한 기대가 그들의 신앙에 있어서 핵심적 요소였다. 그러므로 바울은 그들의 회심을 말하면서 어떻게 그들이 살아계시고 참되신 하나님을 섬기기 위해 회개하고, "그리고 또 죽은 자들 가운데서 다시 살리신 그의 아들이 하늘로부터 강림하심을 기다리고 있는지(..이는 장래 노하심에서 우리를 건지시는 예수시니라"에 대해 말한다(1:9, 10). 바울은 이러한 기대를 비판하지 않는다. 사실 편지의 결론부분에서 바울은 데살로니가인들이 "우리 주 예수 그리스도 강림하실 때에"(5:23) 흠 없이 보존되도록 기도한다.

바울이 그의 후기 편지인 고린도전서의 말미에서 '마라나타' (고전 16:22) 라는 아람어 단어를 쓰고 있는 것은 의미가 있다. 왜 이 아람어 단어를 그곳에서 사용했는지 의심스럽지만, 헬라어로 쓴 편지 말미에 어떤 설명도 없이 불쑥 나타난다. 이것에 대한 답변은 그 단어의 의미가 "우리의 주가 오신다"는 것이고, 그것은 사실상 초기 그리스도인의 기도의 중요한 부분이었다는 것이다. 그러므로 헬라어를 말하는 교회 안에서 조차 그것은 아람어로 남아 있었다. 초대 그리스도인들은 주님의 재림을 열심히 기다렸는데, 어쨌든 주님은 20년 전에 가신 분으로 다시 돌아올 것을 약속하셨던 것이다.

만약에 고린도인들이 '마라나타' 라고 기도를 했다면, 고린도 교회에 바로 앞서 바울이 세웠던 데살로니가 교회도 그렇게 했을 것이라고 추측된다. 그러나 그들이 그렇게 했든지 아니했든지 간에, 분명한 것은 그들에게는 주님의 재림에 대한 충만한 기대감이 있었다. 그들이 핍박 하에 있던 교회라는 것은 아마 우연의 일치가 아니었을 것이다. 박해의 시기에 주님이 그의 백성을 구원하시기 위해 다시 오실 것이라는 약속은 특히 중요하다. 갈라디아서에서 주님의 재림이 전혀 문제 거리가 되지 않는 듯이 보이는 것은 흥미롭다. 문제가 된 것은 유대인의 율법에 대한 질문이었는데, 그 이유는 이방 그리스도인에게 할례를 주어서 유대교로 개종시키려는 유대 그리스도인의 행동 때문이었다. 데살로니가전서에서는 유대 기독교인이 전면에 나섰다는 암시는 없다. 바울은 최근에 데살로니가를 떠났다. 데살로니가의 문제는 교회에 유대 그리스도인이 침투한 것이 아니고, 그 보다는 그리스도인에 대한 유대인의 박해였다. 그러한 상황 속에서 주님의 재림에 대한 복음은 특별히 중요하였다.

그러나 데살로니가인의 신앙에 있어 문제는 무엇이었는가? 그 답변은 그들이 그리스도인 형제와 자매들의 죽음에 대해 걱정을 하고 있었다는 것이다(4:13). 분명히 그들은 죽은 자들이 어떤 식으로든 주님의 재림과, 이것이 가져다줄 모든 축복에서 제외될 것이라고 하면서 두려워했다.

이천년의 기독교 역사가 지나간 것을 돌이켜보는 우리에게는, 그들의 염려가 이상하게 보일 수 있다. 그러나 아래의 것들을 가정한다면, 그들은 전혀 이상한 것이 아니다.

- 예수는 단지 약 20년 이전에 존재하였다.
- 그들은 그가 어느 때라도 다시 돌아올 것을 기대하고 있었다.
- 그들은 그의 '나라와 영광' (2:12)속에서 그와 함께 하는 것과 현재의 고난에서 구원받기를 기다리고 있었다.
- 상대적으로 그때까지는, 특히 방금 교회가 세워진 데살로니가에서는 죽은 그리스도인들은 별로 없었다.

주님이 재림하기 이전에 죽은 자들은 주님이 가지고 올 모든 축복에서 분명 제외될 것이라고 그들이 슬픈 결론을 내렸다는 것은 이해될만하다.

데살로니가의 문제는 초대 기독교인이 재림을 중요시했음(현대의 기독교와 많은 차이가 있음)과 먼 장래가 아니라 곧 주님이 오시기를 기대하고 있었다는 두 가지 사실을 밝혀준다.

그들이 사랑하는 자들의 죽음을 슬퍼함에 대답하여 바울은 예수가 죽음에서 부활하신 것을 상기시키면서, 그리스도인으로서 예수 '안에서,' '잠자는' 자들은 그의 부활에 함께 참여할 것을 확신시킨다. 그리고 주님이 다시 오실 때 그들은 결코 제외되지 않고, 두 번째 자리로 밀려나는 신세가 되지 않고, 죽은 그리도인이 먼저 일어날 것이고, 그 후에 지금 살아있는 그리스도인들은 그들과 함께 재림하는 주님을 만나게 될 것이라는 확신을 심어 주었다(4:13-18).

분명히 이런 모든 것으로 인해 생기게 된 문제 중의 하나는 주님의 재림 시기이다. 그래서 바울은 주님이 밤중에 도둑같이 오실 것에 대해 그들이 '아주 잘' 알고 있는 것을 상기시키면서, 그들이 빛 가운데 살면서 믿음, 소망 그리고 사랑으로 영적 무장을 하면서 준비할 필요에 대해 계속하여 말한다(5:1-8).

3) 지도력에 관한 문제

바울서신은 여러 가지의 간단한 권고로 끝을 맺는다. 그가 데살로니가인들에게 "너희 가운데서 수고하고 주 안에서 너희를 다스리며 권하는 자들을 너희가 알고 저의 역사로 말미암아 사랑 안에서 가장 귀히 여기며 너희끼리 화목하라"(살전 5:12-13)고 촉구하는 것은 흥미롭다. 이것은 이 교회 안에서 인정받는 지도자들이 있었다는 것을 말해주는데, 물론 편지의 앞부분에는 이들이 언급되어 있지는 않다. 사도행전은 바울과 바나바가 갈라디아에 세운 교회 내에 '장로'들을 세운 것에 대해 기술한다(14:23). 어떤 학자들은 사도행전에 대해, 나중에 바울의 사건의 순서에 열중하다보니 교회 순서를 거꾸로 이해했다고 하면서 의심을 한다. 그러나 데살로니가 전서는 물론 바울의 다음 선교여행을 기술하기는 하지만 사도행전의 기술과 일치한다. 바울과 그의 선교팀이 자신들이 세웠던 교회에서 지도자들을 세우지도 않은 채로 떠났다는 것은 어떤 경우이든 전혀 있을 수 없는 일이다. 역사상 아주 흔한 기독교회의 모습이었던 과도한 성직 존중주의와 같은 것을 표시하는 기색이 바울서신 속에 없었다는 것이 사실이고, 그래서 그것은 더욱 의미가 깊다. 그러나 데살로니가와 갈라디아에서 인정받는 지도자들도 있었는데, 바울은 교회의 성도들을 잘 가르치는 이런 사람들에게 재정적으로 지원할 것을 그리스도인들에게 강조한다(갈 6:6).

4) 성령

데살로니가전서에서 마지막으로 주목할 사항은 5장 19절에 있다. "성령을 소멸치 말며 예언을 멸시치 말고 범사에 헤아려.. 물론 우리는 그러한 간단한 권면을 너무 많이 살펴볼 필요는 없겠지만, 어느 정도 데살로니가 교회는 은사적인 교회이고, 예언이 교회의 삶에 한 부분을 담당했다는 합리적 결론을 내릴 수 있다. 이것은 사실 이제까지 바울의 사역에 대해 보아왔던 것으로부터 예상되었던 것이다. 그러나 그 권면의 형태를 볼 때, 예언적인 사역에 대해 어떤 논쟁과 그리고 아마도 그것에 대한 어떤 적대감이 있었던 것 같다. 우리는 고린도에 있는 데살로니가의 자매교회에서 이 문제가 얼마나 중요한 것이었는지를 이 책에서 다시 보게 될 것이다.

데살로니가전서가 말하는 바울과 예수

10

1. 주님의 재림
2. 유대인의 심판
3. 주님의 재림의 긴박성
4. 고난
5. 하나님의 나라와 윤리
6. 결론

우리는 그동안 데살로니가전서에서 진행된 일들을 보았다. 우리가 이전에 갈라디아서를 가지고 했던 것처럼 지금은 이 편지를 가지고 바울의 가르침 배후에 놓여있는 것이 무엇인가에 대해 다시 조사하면서 문제를 해결할 시간이다. 그가 이 편지에서 표현하는 생각들은 어디에서 온 것일까? 그가 말하는 많은 것들은 분명히 최근의 사건에 대해 즉각적으로 반응한 것이다. 바울은 염려와 그리고 나서는 기쁨의 감정을 표하고 있다. 그러나 그가 이전에 데살로니가인들에게 가르쳤던 것에 대한 단서들은 있는가? 특별히 예수와 그의 가르침에 관한 지식을 찾을 수 있는가?

1. 주의 재림

데살로니가전서에서 가장 집중적인 가르침은 미래와 예수의 재림과 관련되어 있다. 이미 우리는 성도들이 그들의 사랑하는 죽은 이들에 대해 걱정을 하고 있음을 보았다. 이러한 염려는 아마도 그들이 죽은 이후 천국에서의 삶에 대해 기대하지를 않고, 죽기 전에 예수가 돌아와서 하나님의 나라를 세우기를 원하고 있음을 반영하는 것이다. 그들은 어디에서 이러한 생각을 가지게 되었을까?

이에 답하자면, 분명히 그들은 바울과 그의 선교팀으로부터 그러한 생각을 받아들였을 것이다(그들이 바울이 한 말의 의미를 전적으로 받아들인 것은 아닐지라도). 바울은 그들에게 다시 오실 주님에 대해 가르쳤다. 그것은 바울이 전파한 복음의 한 부분이었다(1:10, 5:1-11).

그러면 바울은 어디에서 예수의 재림에 대한 신앙을 받았는가? 그가 다메섹 도상의 체험을 통해 '계시'에 의해 이러한 신앙의 측면을 배운 것은 아니었다. 그 보다는 '마라나타'라고 보통 기도했던 교회에서 그것을 배운 것 같다. 특히 이 점에 대해 바울이 예수의 가르침을 알았다고 생각할만한 이유가 있다.

복음서에는 미래의 주제에 관한 많은 분량의 예수의 가르침이 있다. 예를 들어, 긴 '종말론적 담화'가 있는데 그곳에서 예수는 예루살렘 성전의 파괴와 성전의 '황폐화'를 포함하여 장래에 있을 고난에 대해 말한다. 그리고 나서 예수는 인자가 구름을 타고 올 것과 그 날을 위해 깨어있어야만 할 것을 말한다(막 13; 마 24; 눅 21; 눅 17장과 또한 비교하라). 또한 부재하신 주님이 나중에 오심에 대해 준비할 것을 말하는 수많은 비유들이 있다(예를 들어, 도둑, 문지기, 종, 지혜로운 처녀와 어리석은 처녀, 달란트의 비유, 마 24:42-25, 30; 눅 12:35-48).

바울이 이러한 비유에 대해 익숙하게 알고 있었다는 증거가 도처에 있다.

1) 밤중에 오는 도둑

하나의 좋은 출발점은 주님의 날이 밤중에 도둑처럼 온다고, 바울이 데살로니가전서에서 언급한 말이다(5:2). 왜냐하면, 이것은 예수가 말씀하신 도둑의 비유를 생각나게 하기 때문이다. 이론상으로 생각하면, 바울이 혼자 주님의 오심에 대한 강력한 모습을 생각해낼 수도 있을 것이다. 이론상으로는 복음서들이 예수의 가르침이 아니라 바울의 그러한 생각을 취할 수 있었을 것이라고 생각할 수도 있다. 그러나 이러한 이론적인 가능성을 불가능하게 만드는 온갖 종류의 사항들이 있다.

(1) 그 비유를 기록한 마태와 누가는 그것이 예수에게서 온 것 이었다고 말한다.

(2) 어떤 그리스도인도 그들의 주님인 예수를 도둑과 비교하지는 않을 것이다. 유대인의 전통은 주님이 오실 날에 대해 말하지 않았다. 마치 예수의 오심을 도둑이 오는 것과 비교하여 말한 유일한 사람은 예수님 자신이다.

(3) 바울은 데살로니가인들이 주님의 날이 도둑과 같이 임할 것이라는 것을 '잘 알고 있다'고 말한다. 바울은 이것이 예수로부터 온 잘 알려진 전승이었다는 암시를 준다.

(4) 우리가 앞으로 보게 되겠지만, 바울은 데살로니가전서와 동일한 상황에서 예수의 다른 비유들을 반복하고 있다는 증거가 있다.

2) 주님의 말씀

예수의 가르침에 대해 바울이 잘 알고 있었다는 그 이상의 증거는, 주의 재림 이전에 '잠자던' 그리스도인에 대한 데살로니가인들의 염려를 잠재우기 위해 바울이 "주의 말씀"을 적절히 인용하고 있는 것이다(살전 4:15). 바울은 살아있는 자들이 죽은 자들보다 앞서지 않을 것이라는 것을 그들에게 납득시킨다. 그리고 바울은 계속하여 다음과 같이 기술한다. "주께서 호령과 천사장의 소리와 하나님의 나팔로 친히 하늘로 좇아 강림하시리니 그리스도 안에서 죽은 자들이 먼저 일어나고 그 후에 우리 살아남은 자도 저희와 함께 구름 속으로 끌어올려 공중에서 주를 영접하게 하시리니 그리하여 우리가 항상 주와 함께 있으리라"(4:15-17).

바울이 '데살로니가인들에게 적절한 주님의 말씀'을 가지고 있다고 말할 때, 그것이 의미하는 바는 무엇일까? 그가 할 이야기가 어떤 것인지를 말하기 위하여 주님에 의해 인도함을 받고 있음을 스스로 느낀다고 단순히 말한 것일까? 그것보다는 상당히 다른 것처럼 들린다. 그러면 그가 가진 또는 들은 어떤 예언을 언급하는 것인가? 우리는 예언이 그에게 중요했다고 알고 있다. 그렇지 않으면 예수의 가르침을 언급하는 것인가?

마지막 가능성이 선호되는데, 그 이유는 바울이 한 말과 예수의 가르침이 유사하기 때문이다. 마태와 마가 및 누가복음에서 예수는 그의 백성을 구원하기 위해, 인자가 구름을 타고 오실 것을 말한다(마 24:30-31; 막 13:26-27; 눅 21:27-28). 마태와 마가복음에서 예수는 천사와 함께 오실 것과, '땅 끝에서 하늘 끝까지' 하나님이 택하신 자를 모으기 위해 천사를 보낼 것을 말한다. 마태복음에는 큰 나팔 소리에 대하여 언급한다(24:31). 이러한 증거를 볼 때, 확실한 결론은 바울이 예수의 가르침에 이끌리고 있다는 것이다. 이것이 그가 말한 '주님으로 온 말씀'이다.

물론 '확실한' 결론은 항상 정확한 것은 아니다. 예를 들어, 마태복음의 나팔은 마가복음에는 없기 때문에, 그것은 원래 예수의 말씀이 아니라, 마태가 마가복음에다 추가한 것일 수 있다는 가능성이 주장된다. 심지어는 마태가 바울에게 영향을 받을 수도 있다고 말하는가 하면, 혹은 그들 둘이 주의 날에 대한 구약의 서술에서부터 나팔의 관념을 취했다고 한다(예, 사 27:13). 어쨌든, 이러한 것들도 물론 가능하지만, 보다 더 단순한 설명은 마가보다는 예수에 대해 다른 정보의 출처를 확실히 가지고 있었던 마태와 바울이 둘 다 동일한 '주의 말씀'을 알고 있었다는 것이다.

그러나 또 다른 문제가 일어날 수 있다. '주의 말씀'은 어느 정도는 '잠자는 자'의 상태에 있는 그리스도인의 문제를 말하는 것이다. 반면에 바울은 구름타고 오시는 인자에 대한 예수의 가르침은 죽은 자들에 대해서는 아무것도 말하지 않는다는 것을 암시하기 때문이다. 바울은 천사가 택하신 자를 모을 때에 죽은 자도 거기에 포함될 것이라고 추론하는 것 같으나, 그것을 뚜렷하게 말하지 않는다. 그렇다면 '주의 말씀'은 일종의 예언에 보다 더 가까운 것일까?

또 다른 가능성으로는, 바울이 예수의 지혜로운 처녀와 어리석은 처녀의 비유를 알았다는 것이다(마 25:1-13). 이것은 열 명의 처녀가 각자 등불을 들고 결혼식을 위해 신랑이 도착하기를 기다리고 있는 모습을 기술한다. 신랑의 도착이 상당히 지체되자, 처녀들은 기다리다가 잠이 들게 된다. 마침내 신랑이 한 밤중에 도착하자, 처녀들은 그들의 등에 기름이 부족한 것을 알게 된다. 그러나 다섯 처녀는 기름을 준비해 두었기에 결혼식장에 들어간다. 그러나 다른 다섯은 밖에 가서 기름을 사와야 했기 때문에, 그 결혼식에 참석할 수 없게 된다. 마태복음에 있는 상황 속에서 이 비유는 분명히 예수의 재림과 그의 오심을 준비할 필요성에 관한 것이다. 그러나 바울의 관점에서 흥미 있는 것은, 이 비유가 결혼식 잔치에 갈 자들이 잠에 빠져 있음을 말한다는 것이다. 바울이 데살로가인들에게 그들의 사랑하는 죽은 자들은 잃어버린 것이 아니라고 안심시키고 있는 근거에서 보면, 이것이 과연 바울이 말했던 '주의 말씀'인가?

우리에게 그것은 가능하지 않은 논리처럼 들린다. 그것을 문자적으로 보면, 잠에 빠져 든 처녀의 비유에서부터 죽은 그리스도인에 대한 결론으로 나아가는 대단한 비약이 아니겠는가? 그러므로 우리는 다음과 같은 세 가지의 의견이 적절하다고 생각할 수 있을 것이다:

- 죽음을 '잠자는 것'으로 보는 것은 초대 그리스도인들의 특징인 것처럼 보이며, 복음서는 이것이 예수에게서 기인한 것이라고 말한다(예, 막 5:39; 요 11:11). 이것은 처녀의 비유가 필연적으로 죽음과 관계가 있음을 뜻하는 것이 아니라, 왜 바울이 그런 연결을 할 수 있었는지에 대해 볼 수 있게 도와준다.

- 물론, 그 비유가 죽음과 어떤 관계가 있는 것으로 보아서는 안되겠지만, 데살로니가의 상황에 적절한 것으로 보일수도 있다. 왜냐하면, 그것은 예상보다 늦게 오시는 주님을 기다리는 상황과, 그가 오실 때까지 깨어 있는 것이 불가능한 사람들의 상황을 기술하기 때문이다. 어떤 학자들은 주의 재림의 지체에 대해 말하는 이와 같은 비유들은 예수 자신에게서 나온 것이 아니고 주의 재림이 문제가 된 것보다 후기에 나온 것이

틀림없다고 주장한다. 그러나 이 견해는 줄잡아 말하여도 논쟁의 여지가 있고 복음서의 증거를 보면, 예수는 그의 재림 시기는 알 수 없는 것으로 가르쳤다. 재림은 동료 종들을 때리다가 그날을 당한 준비되지 못한 악한 종의 비유에서처럼 (마 24:45-51) 예상한 것보다 이를 수도 있고 또는 처녀의 비유에서처럼 늦을 수도 있는 것이다.

● 바울이 '주의 말씀'과 비유들을 동일시하는 것을 선호하는 결정적인 증거는 언어학적이다. 왜냐하면 바울이 주님의 재림에 대해 기술한 것은 예수의 비유와 상당히 유사하기 때문이다.

(a) 바울은 '주'의 오심에 대해 말한다. 어리석은 처녀는 '주여, 주여'라고 신랑에게 말을 건다.

(b) 바울은 주님이 큰 소리로 명령하면서 오신다고 말한다. 신랑은 '맞으러 나오라는 외침'의 큰 소리로 나타난다.

(c) 바울은 공중에서 주님을 '영접하기 위해' 잠이 든(죽은) 사람들에게 임할 일을 말한다. 처녀들은 그를 '영접하기 위해' 호출된다. 헬라어로 '영접한다'(*eis apantesin*)라는 단어가 신약성경에서 약간은 생소한 어구이지만, 데살로니가전서와 마태복음의 비유에서는 동일하게 사용된다.

(d) 바울은 주님이 오시기 전에 잠이 든 사람들이 주님을 영접하기 위해 '일어날 것'을 말한다. 처녀는 비록 일부만이 준비가 되었을지라도, '일어나서' 등불을 준비한다.

(e) 바울은 그리스도인들이 마침내 '주님과 함께 영원히 있을 것'을 말한다. 지혜로운 처녀는 '그와 함께' 결혼식에 들어간다.

이러한 모든 것은 결국 바울이 예수의 비유에 대해 알고 있다는 강한 증거가 된다. 특히, '주의 말씀' 과 동일한 구절 내에서 예수의 가르침(인자의 오심에 관한)에 대한 다른 비유들을 언급할 때에 보면 더욱 그러하다. 그리고 바울이 도둑의 비유를 알고 있음에 대해 우리가 조금 전에 조사한 바를 또한 추가해야만 하는데, 그 비유는 마태복음에서 처녀의 비유에 거의 인접해 있다.

만약에 바울이 예수의 이런 두 가지의 종말론적인 비유를 알고 있다면, 그 외의 다른 것도 알았을까? 마가와 누가는 밤중에 집의 문을 지키기 위해 집주인이 남겨둔 한 명 또는 그 이상의 문지기에 대한 예수의 비유를 기록한다. 그 비유의 메시지, 즉 "깨어 있어, 잠이 들지 않도록 하라"는 것은 처녀의 비유와는 다소 다르다(막 13:33-34; 눅 12:36-37). 바울은 데살로니가전서 4장과 5장에서, 특히 5장 6절에서 그것을 능숙하게 반복할 수 있었다. "그러므로 우리는 다른 이들과 같이 자지 말고 오직 깨어 근신할지라." 종에 대한 예수의 비유에 대해, 바울은 그것을 고린도전서 4장 1-5절에서 완전하게 반복한다. 그곳에서 바울은 그와 아볼로가 주께서 오실 때에 책임을 져야만 할, 그리스도의 종으로 신임 받고 있음을 말한다.

이러한 비교를 고려할 때, 우리는 '평행절-매니아'(어떤 사람이 이렇게 불렀는데, 이것은 학자들이 유사한 사물과 생각을 찾아내서 거기에 틀림없이 어떤 의미심장한 연관이 있다고 생각하는 것을 말한다)에 대해 주의를 해야만 한다. 성경을 조사하는 자들은 어떤 특별한 이론에 의해 너무 흥분하여 모든 것을 그런 방식으로 읽지 않도록 주의해야만 한다. 현재 조사 중인 증거와 관련하여서, 우리가 모든 종류의 연결고리들을 발견 중이라는 것은 반박 받을 수 있으나, 어떤 것은 마태복음에 있고, 어떤 것은 마가복음에 있고, 그리고 어떤 것은 누가복음에 있다고 할 수 있다. 이것은 일종의 '비과학적으로 모아서-합한 것(pick-and-mix)' 처럼 들린다. 결국 열 처녀의 비유는 마태복음에만 있고 마가복음과 누가복음에는 없다. 그렇다면 바울이 그것을 알게 된 것은 가능한 일인가? 도둑의 비유는 마태복음과 누가복음에는 있는데 마가복음에는 없다. 바울이 그것을 가지고 있는데 마가복음이 그렇지 않았다는 것은 어떤 이유에서인가? 문지기의 비유는 마태복음에는 없으나 마가복음과 누가복음에는 있다.

　이러한 관찰과 주의는 유익한 것이지 그 상황을 손상시키는 것은 아니다. 결국, 바울서신은 복음서들 이전에 기록되었으며, 그러므로 그가 복음서들로부터 '모아서-합한 것' 은 아니다. 그는 예수의 가르침을 기술했는데 그것은 복음서 기자가 또한 기술한 것이다. 사실상 복음서 기자와 바울은 예수의 가르침으로부터 무엇인가를 '모아서-합치는 일' 을 모두 하고 있었다. 바울의 증거와는 별도로 마태, 마가, 누가는 모두 스스로 선택한 어떤 것으로부터 예수의 재림에 대한 예수의 다양한 비유를 알고 있었다는 것이 이러한 견해에 대한 비중 있는 증거이다. 누가는 열 처녀의 비유를 알고 있었지만 그것에 대해서는 구절만을 기록한다(눅 12:35). 마태는 문지기의 비유를 알고 있으나 유사하게 그것으로부터 한 구절만을 취한다(마 24:42). 마가는 여러 개의 비유를 알고 있었으나 그것을 단지 간략하게 언급한다(막 13:33-37). 어쨌든, 우리는 이 책에서는 이런 증거들을 조사할 수는 없다(이에 대한 자세한 토론을 위해서는 필자의 책을 보라.「*Paul: Follower of Jesus or Founder of Christianity?*」). 그 시점에 우리가 보는 관점에서 중요한 것은 바울이 주의 재림에 대한 예수의 가르침에 대해 알고 있다는 증거와 예수의 가르침이 데살로니가인들에게 전해졌다고 하는 강력한 증거이다. 그러므로 주의 재림에 대한 데살로니가인들의 간절한 기대는 그들 자신의 사고에 있어 어떤 이상한 탈선이나 '주의 날' 에 대한 바울의 일반적인 가르침으로부터 유래한 것이 아니라, 예수가 영광 가운데 있을 자신의 재림에 대해 말하여 준 것과, 재림하실 주에 관하여 생생하게 비유한 것에서부터 유래한 것으로 보인다.

2. 유대인의 심판

　마태복음 24장과 마가복음 13장 및 누가복음 21장에 있는 예수의 미래의 오심에 대한 가르침은 '이 세대 안에서' 예루살렘이 당하게 될 파멸에 대한 끔찍한 경고에 앞서서 나온다. 바울은 이 가르침을 알았을까? 그러한 경향을 지적하는 데살로니가전서의 증거는 유대인에게 닥치는 '진노'에 대한 2장 16절의 언급이다.

우리는 이 구절로 인하여 학자들이 얼마나 당황했는지를 지적했다. 학자들은 그것을 납득하는 것이 어려웠으며, 그래서 어떤 이들은 바울이 유대인에게 보통 때와는 다르게 격렬하게 말하는 구절(유대인들이 하나님을 기쁘시게 아니하고 모든 사람들에게 대적이 됨)은 실제 바울에게서 온 것이 아니라 주후 70년 예루살렘 멸망 이후에 아마도 서기관의 저술로부터 온 것이라고 주장하였다. 어쨌든, 우리는 주후 49년의 사건(즉, 로마로부터 유대인이 추방된 것과 예루살렘에서 유대인이 살해된 일)은 바울이 유대인에게 다가온 '진노'를 언급한 것과 잘 통하며, 편지의 역사적인 상황과 정확하게 부합된다고 주장했다.

그러나 여전히 풀리지 않은 질문이 남아있다. 왜 바울은 그 사건에 대해 '진노'('마침내 그들에게 임한')라고 간접적으로 간략하게 말하는가? 그것이 데살로니가인들에게 부과한 의미는 과연 무엇인가? 혹은 바울은 그저 혼자서 신학적으로 중얼거리고 있었던 것일까? 그 가능한 대답은 복음서가 예수의 가르침에 대해 설명하는 것에 의해 제시된다. 만약에 바울이 미래에 대한 예수의 가르침을 알아서 그것을 데살로니가인들에게 전해주고 그 가르침이 예루살렘과 유대인들에게 임한 심판에 대한 예수의 경고를 포함하고 있었다면, 유대인에게 임하는 진노에 대해 바울의 언급은 일리가 있었을 것이다. 그들은 가까운 장래에 유대국가에 일어날 어떤 끔찍한 일을 예상하고 있었고 글라디우스와 다른 사람들로 인해 그런 일이 일어나고 있다고 확신하였다.

이 답변은 다양한 방법으로 지지될 수 있다.

첫째, 복음서에서 예수가 설명한 예루살렘에 임할 미래의 재앙은 로마인들과도 밀접한 관련이 있었을 것이다. 예수가 예루살렘이 장차 파괴되어질 것을 말했을 때, 로마인들이 사실상 위협이 되었다. 예수가 성전이 더렵혀질 것에 대해 말했을 때, 대부분의 사람들은 로마인들을 생각한 듯하다.

마태복음과 마가복음에서 예수가 사용한 말은 '멸망의 가증한 것' (또는 '멸망적인 신성모독')이라는 말이다. 이 말은 예수와 그당시의 유대인들에게는, 당시 강력한 수리아의 통치자인 안티오쿠스 4세에피파네스가 성전을 침략하고 강압적으로 유대의 종교행위를 금지하려고 했을 때인 주전 167년의 끔찍한 일을 회상하던 말이었다. 다행히 유명한 마카비 가문의 용기 있는 저항 덕분에 그 가증스러운 일은 단지 삼년 동안만 지속되었으나, 유대인들에게 끔찍한 일로 다시는 일어나지 말아야만 하는 잔혹한 일이었다. 본디오 빌라도가 주후 26년에 유대의 통치자로 임명된 후 그들의 군대를 앞세우고 예루살렘에 입성하도록 그의 군대에게 명하였을 때, 거룩한 도시에 대한 이와 같은 신성모독에 대해 수많은 대중의 항거가 있었다. 결국 빌라도는 강제적으로 퇴위를 당했다.

그러므로 예수가 예루살렘의 장래 멸망에 대해 말했을 때, 이것은 사람들에게 로마인과 그들이 보여주었던 위협을 연상하게 했을 것이다. 그리고 주후 49년에 로마의 총독이 로마에 있는 유대인들을 반대하여 아주 격렬하게 행동하고 어떤 로마 군인이 성전 구역에서 행한 예절 없는 짓으로 인하여 비참한 폭동이 일어났을 때, 사람들은 이것을 보고 예수가 말씀하신 약속의 시작으로 간주할 수 있었을 것이다. 그것은 잘못된 해석이라고 생각할 수 있다. 예루살렘의 멸망은 주후 70년이 되어서야 일어났다. 그렇다고 해도 때가 지난 지혜[hindsight]에도 이점은 있다. 사실상 주후 49년의 사건을 주후 66-70년의 유대인 전쟁으로 인도되는 중요한 순간으로 보는 것도 그리 공상적인 것은 아니다.

두 번째, 누가는 다가오는 재앙을 마태와 마가와는 어느 정도 다르게 기술하지만, 흥미롭게도 그는 '이 백성에게 (임할) 진노' (눅 21:23)라고 말한다. 달리 말해 데살로니가 2장 16절에서 발견되는 바로 이 말과 사상은 예수의 종말론적인 가르침에 대한 누가의 설명 속에 존재한다. 그러므로 바울이 '진노'라는 용어를 사용한 것을 그 자체적으로 제시하는 설명은 예수의 가르침으로부터 왔다는 것이다.

이런 견해가 가지는 어려움은 그 단어가 누가복음에는 있으나 마태복음과 마가복음에는 없다는 것이다. 그래서 많은 학자들은 누가복음의 설명은 마가의 것을 다시 쓴 것이라고 생각한다. 그래서 그 단어는 예수에게로 기원될 수는 없을 것이라고 한다. 그런 견해가 정확할 수도 있다. 누가는 그의 이방인 독자들에게 그것을 보다 납득시킬 수 있게 하기 위해 그 가르침을 다시 썼을 수도 있다. 그리고 '멸망의 가증스런 것'이라는 신비한 말 대신에 이방인 군대에 의해 공격을 당한 예루살렘이라는 보다 구체적인 말로 대치할 수도 있었을 것이다. 이곳에서 누가복음이 마가복음을 전적으로 혹은 우선적으로 의지한다는 사실은 전혀 증명되지 않은 것이다. 그리고 누가복음도 다른 식의 해석(설명)을 가질 수 있는데, 그렇다면 그것이 바울에게도 알려졌을 것이다. 누가의 설명이 심지어 마가의 것을 다시 쓴 것이라고 할지라도, 누가복음은 여전히 흥미롭다. 왜냐하면, 누가-행전의 저자가 그렇게 보듯이 바울의 선교팀에 있는 사람들도 예루살렘에 임한 대재난에 대한 예수의 가르침을 유대인에 대한 '진노'로 해석하고 있음을 보여주기 때문이다. 달리 말해서 바울이 유대인에게 반대하여 행하는 로마인의 행동을 예수에 의해 약속된 심판으로 보았다는 우리의 제안이 매우 일리가 있음을 누가는 보여준다.

셋째, 바울이 데살로니가전서 2장 13-16절에서 예수의 가르침을 반복하고 있다는 다른 증거가 있다. 16절 그 자체에서 바울은 '마침내'(at last) 유대인에게 임한 '진노'에 대해 말하는데, 헬라어로 '마침내'는 *eis telos* 로서 아마도 더 자연스럽게 번역하면, "끝까지"(to the end)라는 말일 것이다. 그러나 이런 상황 속에서 '끝까지'라는 것은 무엇을 의미할까? 흥미있는 것은 그 말('끝까지')이 '멸망의 가증한 것'이라고 기술하기 바로 직전에 마태복음과 마가복음의 형태 속에서도 예수의 가르침을 위해 사용되었다는 것이다(마 24:13; 막 13:13). 예수는 그곳에서 제자들에게 '이방인을 위한' 선교사역에 관계할 것과 그들이 큰 박해와 고난을 당하게 될 것을 말한다. 그러한 상황에서 주어진 약속은 "끝까지 견디는 자"는 구원을 얻으리라는 것이다. 바울은 데살로니가전서 2장 14-16절에서 고난과 이방인에게 말씀을 전파하는 것과 '구원을 받는' 사람에 대해 말한다. 그리고 "끝까지"라는 말이 예수의 가르침으로부터 온 것은 결코 불가능하지 않다.

다음과 같은 바울의 언급에 대해서도 유사하게 말할 수 있을 것이다. "유대인은 주 예수와 선지자들을 죽이고 우리를 쫓아내고 […] 자기 죄를 항상 채우매 노하심이 끝까지 저희에게 임하였느니라"(2:15, 16). 이 경우와 비교되는 것은 마태복음 23장 29-36절인데(누가복음 11장 47-51절과 부분적으로 유사함), 그곳에서 예수는 서기관과 바리새인을 적대시하여 말하면서, 그들이 조상들의 발자취를 따라서 예언자들을 죽인다고 고발한다. 예수는 "너희 조상의 양을 채우라"(23:32)고 말한다. 그는 계속하여 그들에게 보낸 자들을 그들이 어떻게 '죽이고', '십자가에 죽이고,' 그리고 '이 동네에서 저 동네로 구박했는지[또는, 쫓아냈는지]'를 말한다. 그리고 하나님의 사자들의 의로운 피를 그들에게 어떻게 요구할런지에 대해 이렇게 말한다. "내가 진실로 너희에게 이르노니 이것이 다 이 세대에게 돌아가리라"(23:36). 바울과 마태복음에 나타난 유사한 견해의 조합은 어쨌든 흥미롭다. 둘 다 예언자와 하나님의 사자를 내쫓고 죽이면서, 자기의 죄의 양을 이럭저럭 '채우는' 것과 하나님의 심판의 약속이 가까운 것에 대한 견해들을 나타낸다.

어떤 학자들은 데살로니가전서 2장 14-16절의 말은 전형적인 바울의 언어가 아니라고 주장했다. 그런 종류의 학자적인 판단은 통상 근거가 없는 것이나 만약에 이 경우에 있어 그 속에 무엇인가가 있다면, 그것은 바울이 이 구절에서 그와 데살로니가인들이 당하고 있는 특별한 고난에 대해 스스로 이야기할 뿐만 아니라, 미래의 고난과 구원에 관련된 예수의 다양한 가르침을 의식적으로든 혹은 무의식적으로든 바울이 반복하는 것일 수 있다는 것이다.

넷째, 바울은 미래에 대한 예수의 가르침에 관해 누가복음에서 입증된 설명에 대해 이미 잘 알고 있다는(그의 서신의 다른 어느 부분을 보면) 다소

간의 증거가 있다. 그런 까닭에, 고린도전서 7장 26절에서 바울은 결혼하지 않은 사람이 계속 혼자 사는 이유로서 '임박한 위기/환난'을 말한다. 여기서 '위기/환난'에 대한 헬라어는 anangke로서 누가복음 21장 23절에 사용된 것과 정확하게 같은 단어인데, 여기서 예수는 "지구상(또는 땅)에 큰 환난이 있겠다"고 말한다. 이것은 예수가 유대인에게 임박한 '진노'에 관하여 말하기 직전에 한 말이다. 즉, "땅에 큰 환난과 이 백성에게 진노가 있겠음이로다." 만약에 데살로니가전서 2장 16절에서 바울이 '진노'에 대해 말을 할 때 주후 49년에 유대인을 휩쓴 재난을 마음에 두고 있었다면, 고린도전서에서 바울은 그 편지를 쓰고 있을 당시에 로마세계를 강타한 끔찍한 기근(주님이 재림하기 전에 "때가 단축함"의 표시로서 이것을 보면서)을 언급한 것일 수 있다(몇 구절 뒤의 7장 29절에서 그가 말하듯이).

그 다음으로는 로마서 11장이 있는데, 여기서 바울은 교회에 들어온 유대인의 불신앙과 실패에 대한 긴 토론을 마무리한다. 바울은 유대인을 현재 하나님의 진노 아래에 있는 것으로 보고, 그래서 그들의 마음이 강퍅해진 것으로 본다(9:22을 비교하라). 그러나 그는 다음과 같이 말한다. "이방인의 충만한 수가 들어오기까지 이스라엘의 더러는 완악하게 된 것이라 그리하여 온 이스라엘이 구원을 얻으리라"(11:25). 이것은 흥미롭게도 누가복음 21장과 유사한데 여기서 바울은 "이방인의 때가 차기까지 이방인들에게 밟히게"(24절)되는 유대국가와 예루살렘에 관한 진노에 대해 말한다. 그 의미는 동일한 것은 아니지만(로마서에서는 예루살렘이 침략을 당하거나 짓밟힌다는 언급은 없음), 이 구절 사이에는 넓은 의미에서 유사한 점이 있으며, 그것은 예수의 관련된 가르침에 대해 바울이 정통해있음을 지적하는 것이다.

다섯째, 데살로니가후서로 가보면, 바울이 '멸망의 가증한 것'에 대해 가르친 강력한 증거가 거기에 있음을 보게 될 것이다. 그러나 이 문제와 데살로니가후서가 바울이 쓴 진정한 서신인가 하는 문제는 다음 장에서 다루게 될 것이다.

3. 주님의 재림의 긴박성

우리는 데살로니가전서에서 마태복음 24장과 마가복음 13장 및 누가복음 21장이 다양하게 반복되는 것을 보았다. 그러나 하나 다른 것은 데살로니가전서 5장 2-3절인데 여기서 바울은 주님의 날이 도둑과 같이 온다고 하면서 (우리가 보았듯이), 계속하여 "저희가 '평안하다, 안전하다' 할 그 때에 잉태된 여자에게 해산의 고통이 이름과 같이 멸망이 홀연히 저희에게 이르리니 결단코 피하지 못하리라"고 말한다. 바울은 이어지는 구절에서 계속하여 술취함에 반대되는 것으로 깨어있음과 근신할 것을 강조한다.

어떤 학자들은 데살로니가전서 5장 3절에 있는 어법은 바울에게 있어 전형적인 것이 아니지만, 그것은 누가복음 21장 34-36절과 흥미롭게도 유사하다고 재차 주장한다. 이 구절에서 예수는 다음과 같은 말로 미래에 대한 가르침을 마무리한다. "너희는 스스로 조심하라 그렇지 않으면 방탕함과 술취함과 생활의 염려로 마음이 둔하여지고 뜻밖에 그 날이 덫과 같이 너희에게 임하리라 이 날은 온 지구상에 거하는 모든 사람에게 임하리라 이러므로 너희는 장차 올 이 모든 일을 능히 피하고 인자 앞에 서도록 항상 기도하며 깨어 있으라 하시니라."

두 본문 속의 견해가 일반적으로 유사하다는 것은 분명하지만, 특별히 놀랄만한 어구적인 연결이 다음과 같이 완전하고 두드러지게 나타난다.

- '뜻밖에'(suddenly)라는 말과 같은 단어. 이 단어는 신약성경의 다른 곳에서는 전혀 사용된 적이 없다.
- '임한다'(come on)라는 말과 같은 단어(바울서신에서는 일상적인 단어가 아니다).
- 심판의 상황에서 '피함'(escaping)에 대한 언급.
- 다가오는 날에 무슨 일이 일어나는 것으로 비유함.

누가복음에서는 '덫(trap/곤궁한 처지)과 같이' 이고, 데살로니가전서에서는 '해산고통이 이름과 같이' 로 되어 있다. 이 둘은 약간 다른 것이지만(물론 부모들은 자주 출산 이후에도 [덫/곤궁한 처지]에 잡힌 듯한 고통을 느끼지만), 예수가 사용하였던 히브리-아람어로는 한 단어인데 두 가지의 방향으로 해석이 될 수 있었다.

마지막 사항이 의미가 있든지 없든지 간에 다른 유사성도 압도적이기 때문에, 누가와 바울이 서로 연결되어 있지 않나 하는 의심이 생길 정도이다. 우리는 앞서 예루살렘에 임한 '진노'에 대한 누가적인 특이한 설명과 바울이 어떻게 연관될 수 있는지를 보았다. 우리는 지금 누가적인 종말론적 자료가 바울에게 알려진 또 다른 경우를 보고 있는 것 같다. 이러한 특별한 경우는 에베소서와 같은 다른 바울서신의 증거에 의해서 뒷받침될 수 있다. 에베소서에는 세상의 유혹과 압력에 맞서서 '기도할 것' 과 '굳게 설 것'에 대한 견해를 포함하여 유사한 견해들이 있다(엡 6:13, 18).

4. 고난

우리는 데살로니가전서에서 바울에게 고난이라는 주제가 얼마나 중요한가를 보았다. 바울은 3장 3-4절에서 그들이 당하고 있는 환란 때문에 요동하지 말 것을 강조한다. "우리로 이것을 당하게 세우신 줄을 너희가 친히 알리라 우리가 너희와 함께 있을 때에 장차 받을 환난을 너희에게 미리 말하였더니 과연 그렇게 된 것을 너희가 아느니라." 이러한 주제에 대한 바울의 가르침은 예수의 가르침으로부터가 아닌, 그 자신의 고난의 경험에서부터 단순히 일어날 수도 있었을 것이다. 다른 한편으로, 바울이 그리스도인들이 시련을 '받도록 예정된' 바 되었다고 설명하는 것을 보면, 확실한 신학적인 근거를 가지고 있는 것처럼 보인다. 우리는 데살로니가전서 2장 14-16절에서 바울이 마가복음 13장 10-13절을 그대로 반복하는 것은 아닌지, 그리고 갈라디아서를 볼 때에는 바울이 십자가를 지라고 한 예수의 가르침에 영향을 받았는지에 대해 알고 싶어 했다. 복음서에는 "의를 위하여 핍박을 받은 자는 복이 있나니 천국이 저희 것임이라"(마 5:10; 마 5:11과 눅 6:22을 비교하라)는 팔복교훈을 포함하여 고난에 대한 예수의 다른 가르침이 많이 있다. 이러한 가르침이 바울에 의해 데살로니가인들에게 전하여졌다는 것은 전적으로 가능하다.

5. 하나님의 나라와 윤리

갈라디아서와 같이 데살로니가전서에서도 하나님의 나라에 대한 언급은 거의 없다. 그러나 2장 12절에 언급하고 있는데, 그곳에서 바울은 데살로니가인들에게 "자기 나라와 영광에 이르게 하시는 하나님께 합당히 행하면서" 살도록 강조한다. 그가 헬라어를 말하는 독자들에게 편지를 쓸 때, 하나님의 '나라'(kingdom)에 대해 말한다는 것은 흥미 있다. 그리고 우리는 바울이 그것에 대해 그들을 가르쳤다고 합당하게 결론을 내릴 수 있다. 갈라디아서와 고린도전서에서처럼, 여기서도 하나님의 나라가 고도의 윤리적인 요구를 요청하는 것으로 언급된다는 것은 또한 흥미가 있는 것이다.

바울은 4장에서 윤리적인 주제를 다루면서 "우리가 주 예수로 말미암아 너희에게 무슨 명령으로 준 것을 너희가 아느니라"고 말을 한다. 그리고 나서 바울은 계속하여 성적인 부도덕에 대해 경고하면서 거룩함과 순결을 주장한다(4:2, 3-8). 여기서 "주 예수로 말미암아"라는 구절은 바울이 예수의 가르침을 특별히 회상하고 있다는 단서가 될 수 있다. 예수는 성적인 순결을 거리낌 없이 요구하였고 결혼에 대한 그의 가르침은 고린도전서 7장 10-11절을 보면 바울에 의해 확실하게 인용되어 있다.

바울은 데살로니가전서 4장 3-4절에서 데살로니가인들에게 부도덕에서 자신을 지킬 것을 강조하면서, "각각 거룩함과 존귀함으로 자기의 그릇 [vessel. 아내]을 취할 줄을 알고 색욕을 좇지 말라"고 말한다. 학자들은 '그릇(vessel)'이라는 단어에 대해 당황스럽게 생각한다. 여기서 바울이 사실상 사람의 신체를 가리켜 말한다고 보는 것은 가능하지만, 예수의 거룩함과 순결에 대한 가르침을 바울이 생각하고 있기 때문에 '그릇'이라는 단어를 사용한 것이라고 볼 수 있다. 예수는 내적인 순결함이 중요하다고 말하면서 안과 밖이 깨끗한 잔과 그릇을 예로 들어서 설명했다(예, 눅 11:37-41; 막 7:18-23을 비교하라). 이것은 다소 사변적인 가능성이 있는 것이지만, 예수의 순결에 대한 가르침에 대해 바울이 보다 확고한 지식을 가지고 있다는 증거를 나중에 보게 될 것이다.

바울은 성적인 순결에 대한 명령에서부터 형제애의 주제로 넘어가면서, 이것에 대해서는 글을 쓸 필요를 느끼지 않는다고 설명한다. 왜냐하면, 그들이 "친히 하나님의 가르치심을 받아 서로 사랑하기" 때문이다(4:9). "서로 사랑하라"는 말은 정확히 요한복음에서 예수의 새 계명을 말할 때 사용된 말인데, 우리는 갈라디아서 6장 2절에 있는 "그리스도의 법"과 관련하여 이것에 대해 토론했다. 바울은 데살로니가인들이 일찍이 이런 사랑의 원리를 아주 잘 알고 있었다고 언급하는데, 이 말은 예수의 전승(tradition)이 그들에게 전해졌다는 결론과도 부합된다. 그러나 바울이 실제로 한 말은 그들이 "하나님의 가르치심을 받아 서로 사랑하고 있다"는 것으로, 이것은 대개 사랑의 열매를 맺게 하는 성령에 대한 언급인 듯하다(갈 5:22; 사 54:13; 렘 31:33-34과 비교하라). 바울은 5장 13절에서 동일한 주제로 되돌아가고 있는데, 거기에서 그는 데살로니가인들에게 "너희끼리 화목하라"고 강조한다. 마가복음 9장 50절에 따르면, 예수는 제자들에게 "서로 화목하라"는 격려의 말을 하였는데, 바울은 이같은 예수의 명령을 따라서 말하고 있는지도 모른다.

6. 결론

우리는 갈라디아서와 데살로니가전서에서 바울이 어떻게 예수의 가르침과 말씀을 사용했는가를 조사했다. 우리는 양 편지에서 그러한 사용을 제시하는 많은 증거들을 보았다. 흥미있게도, 어떤 증거들은 중첩된다. 예를 들어, 갈라디아서와 데살로니가전서는 둘 다 "서로 사랑하라"는 주제를 제시하나, 데살로니가전서에서 인용된 예수의 전승(tradition)의 대부분은 갈라디아서에서 사용된 것들과는 다르다. 이 문제는 간단하게 설명된다. 갈라디아서에서 바울이 다루는 의제는 유대주의화의 위기와 바울의 사도권에 대한 의심으로 한정된다. 그러므로 예수의 십자가에 대한 아주 강한 강조와 사도와 사도직의 문제에 대한 예리한 관심을 보지만, 예수의 재림에 대한 관심은 사실 거의 없는 편이다. 그 반면에 데살로니가전서에서는 재림과 박해의 체험이라는 문제가 대두되고 예수의 종말론적인 가르침이 재차 등장하고 있는 것을 보게 된다. 한편으로는, 데살로니가전서에서는 반-바울적인 유대적 기독교가 그리 중요한 문제가 아닌 것 같고, 십자가와 부활도 아주 간략하게 언급된다(1:10, 2:15, 4:14, 5:10). 사도직에 대한 의문은 강조되지 않지만 바울은 2장 6절에서 사도들을 말하면서, 그들의 권리를 뒷받침할 것을 말한다(고린도전서에서 이 주제를 다루게 될 것이다).

이런 증거에 대해 신학적으로 조사하고 고찰하는 행위가 너무 신비화 되어서는 안 될 것이다. 분명한 것은 이러한 양 편지에서 바울은 이전의 가르침을 포괄적으로 재생하고 있지는 않다. 다만 그는 지엽적인 문제에 열을 내면서 반응한다. 그렇기에 바울이 갈라디아인들에게 재림에 관하여 많은 말을 하지 않았다고 생각하는 것은 전적으로 그릇된 생각이 될 것이다. 왜냐하면, 갈라디아서에서는 그 주제는 두드러진 것이 아니기 때문이다. 마찬가지로 데살로니가인들에 대한 바울의 가르침에서 예수의 십자가와 부활은 중요하지 않았다고 생각하는 것은 전적으로 잘못된 것이다. 왜냐하면 그것은 바울이 그들에게 보낸 서신에서는 그렇게 두드러진 점이 아니었기 때문이다. 바울이 자신의 서신에서 예수의 이야기와 말씀을 언급하지 않은 점에 대해 그가 그것을 몰랐다고 결론을 내리는 것 역시 아주 지혜롭지 못한 것이다. 결국 바울이 갈라디아서에서 예수의 종말론적인 가르침을 많이 알고 있었다는 견해를 가질 수는 없겠지만, 이 점에 대해서는 데살로니가전서가 우리를 적절하게 가르친다. 양 서신에서 예수의 이야기와 말씀이 바울의 가르침의 배후에 놓여져 있는 것 같이 보인다는 것이야말로 의미가 있는 것이다. 예수의 전승이 거의 모든 전후관계에서 중요한 것 같이 보이기 시작한다.

데살로니가후서 연구

11

1. 데살로니가후서에 대한 의문점
2. 데살로니가후서에서의 바울과 예수

데살로니가인들에게 보낸 바울의 두 번째 편지는 많은 면에서 데살로니가전서와 매우 유사하다.

- 그것은 바울과 실라 그리고 디모데가 다시 보낸 것이다(1:1)
- 그것은 데살로니가인들이 적의 수중에서 당하는 고난을 언급한다(1:1-10)
- 그것은 재림에 강력하게 초점을 맞춘다(1:7-10, 2:1-12)
- 그것은 데살로니가인들에게 열심히 일을 하면서 남의 일에 참견하는 자가 되지 않도록 권한다(3:6-12)

자연스럽게 가정해보고 전통적인 견해로 보면, 이 편지는 데살로니가전서가 기록된 후 곧 바로 동일한 역사적인 상황 속에서 쓰여졌다. 데살로니가전서가 전달되고 난 후에 바울에게로 어떤 소식이 왔으며, 그래서 다시 바울은 편지를 쓰게 된 것이다. 데살로니가후서는 사실 문자적으로 전서의 제2부에 속한다.

바울은 이러한 것을 보면서 무엇에 대해 들었을까? 첫 번째, 데살로니가인들이 여전히 어려운 시기를 맞이하고 있다는 소식을 들었다. 아마도 박해가 한층 더 심했을 것인데, 그 이유는 바울이 "너희로 환난 받게 하는 자들에게"(1:6) 임할 것이라고 하는 심판에 대한 말을 머뭇거리지 않기 때문이다. 데살로니가전서에서 바울은 믿는 자들에게 주의 재림이 얼마나 큰 위로와 부활을 가져다 주실지에 대해 말하지만, 지금 바울은 주님이 "불꽃" 중에 나타나서, "하나님을 모르는 자들과 우리 주 예수의 복음을 복종치 않는 자들에게 형벌을 주시리니 이런 자들이 주의 얼굴과 그의 힘의 영광을 떠나 영원한 멸망의 형벌을 받으리로다 그 날에 강림하사 그의 성도들에게서 영광을 얻으시고 모든 믿는 자에게서 기이히 여김을 얻으시리라" (1:7-10)고 말한다.

두 번째, 바울은 데살로니가인들이 "주의 날이 이미 이르렀다"는 생각에 마음이 동요되고 두려워하게 되었다는 소식을 들었다. 바울은 이런 생각이 어디에서 비롯되었는지 확신하지 못하는 것 같으나, "혹 영으로나 혹 말로나 혹 우리에게서 받았다 하는 편지"에 대해 언급한다(2:2). 그런 생각의 출처가 무엇이든지 간에, 바울은 '그날'에 대한 초기의 가르침을 기억하도록 답장을 보낸다. 바울은 그들에게 그날에 앞서 '배도하는 일'과 '불법의 사람'이 나타나는 일이 먼저 있을 것을 가르쳤는데, 그 사람에 대해 "대적하는 자라 범사에 일컫는 하나님이나 숭배함을 받는 자 위에 뛰어나 자존하여 하나님 성전에 앉아 자기를 보여 하나님이라 하느니라"(2:3-4)고 말한다. 바울은 이 일이 아직 일어나지 않았으며, 이 미궁의 불법의 사람은 현재 "지금 막는 자"에 의해 나타나지 못한다고 계속해서 말한다. 그러나 때가 되면 이 불법의 사람이 나타나게 될 것이고 그의 능력으로 사람들을 속이는데, 예수가 오실 때에 그는 자신을 따르는 자들과 함께 일찍 멸망을 당한다(2:5-12).

이곳에서 바울의 가르침은 그의 다른 서신 만큼이나 신비하다. 그래서 학자들은 이 '불법의 아들'이 어떤 종류의 모습인지에 대해 자기의 의견을 드러내면서 실컷 말을 한다. 그가 인간적인 모습을 띈다면, 혹시 로마의 황제인가? 영적인 어떤 종류의 적그리스도의 형상을 가진 자 또는 정확히 마귀 그 자신일까? 그리고 "지금 그를 막고 있는 자"는 누구일까? 이 사람이 인간의 형상을 가진다면, 그 위에서 법과 질서를 유지하고 있는 로마황제일까? 또는 아주 다른 접근을 취한다면, 그는 주님의 재림 전에 자신의 특별한 능력 속에서 이방인의 사도로서의 일을 완성해야만 하는 바울인가? 또는 그는 천사의 모습인가 아니면 악마의 모습인가? 아니면, 그는 상징적인 인물인가? 악을 제어하는 법과 질서의 통치인가 또는 그리스도의 복음을 전파하는 것에 대한 상징인가? 많은 가능성들이 있다. 그 답변이 무엇이든지 간에, 바울의 답변에 대한 일반적인 기조는 분명하다. 그는 데살로니가인들에게 진정하라는 말을 하는데, 그 이유는 주님의 재림은 아직 시작되지 않았기 때문이다.

바울이 들었던 세 번째의 소식은 교인 중에 어떤 사람들은 게을러져서 문제를 일으킨다는 것이다(3:8). 데살로니가전서를 연구할 때, 그들은 그리스도인의 교제의 관대함을 남용한다고 볼 수 있었다. 그들이 자신들의 게으름에 대한 변명으로서 주님의 재림이 가깝다는 것에다 역시 호소하지 않았는가에 대해서는 말하기 어렵다. 어쨌든, 바울은 무례한 자들에게 일을 하라고 명령하는 일에 있어서 첫 번째의 편지에서보다 데살로니가후서에서 더욱 강력하게 말하면서, 일을 하기 싫어하거든 먹지도 말게 하라고 경고한다(3:10). 그리고 불순종하는 이들은 교회 공동체에서 일시적으로 제외시켜야만 한다고 말한다(3:14).

1. 데살로니가후서에 대한 의문점

어떤 학자들은 데살로니가후서의 가르침은 데살로니가전서와는 상당하게 다르기 때문에, 그것이 주장을 하는 바에도 불구하고 바울이 쓴 것이 아니라고 느낀다. 다른 무엇보다도 그 어조가 데살로니가전서보다 거칠고 하나님의 심판을 강하게 강조하고 있다는 것이다. 주님의 재림 이전에 일어날 일에 대해 가르친 것(예, 불법한 자의 출현)도 데살로니가전서에서 재림의 급박성을 강조하는 것과 잘 조화되지 않는다고 주장한다. 그러므로 그들은 이 편지는 익명의 저자가 쓴 것으로 보인다고 주장한다. 어떤 그리스도인 교사가 이 편지를 데살로니가전서를 모델로 삼아 만든 것으로써(그러므로 두 편지간에 유사성이 있음), 자신의 생각을 강조하면서도 '바울과 실라 그리고 디모데'의 최종 작품으로 생각하도록 만들었다는 것이다. 학자들은 이런 일은 그 당시에 종종 있었던 일로써, 그리 악한 일도 아니고 고의적으로 속이는 것도 아니며, 어떤 사람이 그들의 가르침을 새로운 상황에 적응시키고자 할 때에 위대한 교사와 그의 권위에 경의를 표하는 일종의 인정된 방식이었다고 주장한다.

어떤 다른 학자들이 주장하는 아주 색다른 제안은 데살로니가후서가 데살로니가전서보다 오히려 앞서 쓰여졌다는 것이다. 데살로니가후서는 그 당시의 데살로니가 그리스도인의 고난에 대하여 언급하는데, 그것은 바울의 출발 직후의 상황과 부합되나, 그 반면에 데살로가전서에서의 고난은 과거보다는 다소간 덜 심한 것으로 보인다는 것이다(1:6 등등). 그리고 데살로니가후서에서 바울은 주님의 재림에 대한 데살로니가인의 절박한 기대를 교정해야만 하였으나(2:1-3), 반면에 데살로니가전서에서는 그 오해가 올바르게 시정되어서 시기에 관하여는 "너희에게 쓸 것이 없게" 되었다는 것이다(5:1).

그러나 이러한 견해 중의 어떠한 것들도 그렇게 설득력이 있지는 않다. 오히려 많은 점에 있어 지적될 사항이 있다.

첫 번째, 익명의 방식(pseudonymity)이 신약시대의 그리스도인의 모임에서 서신 작성시에 잘 받아들여진 방식이었다는 증거는 그리 유력하지 않다(이것은 필자의 옥스퍼드 동료인 제레미 더프[Jeremy Duff]가 쓴 최근의 논문에 나타남). 데살로니가후서에서 저자 자신이 '자신들이 보낸 것으로 그릇되게 가정된 편지'를 구상할 수도 있으나, 그는 그러한 거짓된 편지를 거절하면서 자신의 편지가 친필이라는 뜻을 비춘다(2:2). 그는 편지의 말미에서도 동일한 주장을 하는데, 거기에서 "나 바울은 친필로 문안하노니 이는 편지마다 표적이기로 이렇게 쓰노라"(3:17)고 말한다. 어떤 사람들은 이 구절에서 필자가 익명으로 편지를 쓰면서, 결국 그 자신의 나쁜 양심을 드러낸 것으로 볼 수도 있지 않느냐고 주장한다. 그렇다면 이런 방식은 존경받지 못할 서신 작성법임이 확실하다. 사실상 저자는 우리를 속이지 않기 위해 나름대로 최선을 다하고 있는 것 같다. 그러므로 그 편지는 보기 흉한 위조품이든지, 아니면 그것이 주장하는 바대로 저자의 친필이다.

두 번째, 두 편지 사이의 어조의 차이는 전통적으로 추측된 역사적인 상황 속에서 보면 이치에 잘 맞는다. 데살로니가전서에서의 바울의 어조는 엄청나게 긍정적인데, 그 이유는 그가 사랑한 교회로부터 받은 기쁜 소식과 교회가 근본적으로 자리를 잡고 있었기 때문이다(물론 기독교 복음을 방해하는 것들에 대해 거친 말을 할지언정, 2:14-16). 데살로니가후서에서의 바울의 어조는 이해할만하게도 그리 행복하지는 않다. 바울은 이번에는 심하게 염려하지 않았고, 심하게 안도하지도 않았다. 또한 문제는 데살로니가전서에서 자신이 권면을 했음에도 불구하고 어떤 면에서는 더욱더 악화된 것처럼 보인다.

세 번째, 바울이 데살로니가전서에서 종말에 앞서 일어날 일에 대해 초점을 맞추지 않았다는 사실은 그것이 문제가 되지 않았기 때문이다. 문제가 되는 것은 다음의 것이다. 주의 재림 이전에 죽은 자들에게는 어떤 일이 일어나는가? 그 문제에 답변하기 위해 바울은 주의 재림을 설명한다. 그는 주의 재림 이전에 무슨 일이 일어날 것인지에 대해 말할 필요가 없다. 사실 바울은 시기와 날짜에 대해서는 그들이 모든 것을 알고 있다고 생각한다. 그리고 그는 단지 주님의 재림의 급박성과 술취하지 말고 깨어 있는 것이 중요함을 그들에게 깨닫게 한다(5:1-10). 그러나 데살로니가후서에서 바울은 시기와 날짜에 대한 문제를 직접적으로 말해야만 하는데, 그 이유는 그들 중의 어떤 사람들이 주의 날이 이미 이르렀다고 말하는 것을 그 자신이 들었기 때문이다. 바울은 이러한 상황 속에서 그들을 진정시키고 소동하지 않도록 해야만 했다.

네 번째, 데살로니가후서를 쓰게 만든 편지를 데살로니가전서로 보는 것은 사실상 이치에 맞다. 바울이 데살로니가전서에서 강하게 강조했듯이

'시기와 날짜'에 대해 중요한 사항은 그들이 깨어있어야만 한다는 것인데, 그 이유는 주의 날이 도적 같이 올 것이기 때문이다(5:1-3). 데살로니가후서는 부분적으로 바울의 명령에 대한 반응을 다룬 것으로 보일 수 있다. 어떤 데살로니가인들은 너무 깨어 있고 흥분하고 있었다. 그 반대의 순서도 그리 자연스럽지 않다. 만약에 데살로니가인들이 주님의 재림이 임박했다고 하면서 너무 흥분해 있어서 데살로니가후서에서 바울이 그들을 진정시켜야만 할 정도였다면, 그가 후속 편지[이 이론에 의하면 데살로니가전서임]에서 왜 주님의 오심의 긴박성과 성도들의 깨어 있을 필요를 강조하려고 했을까?

데살로니가인들을 특별히 흥분케 했을 그 무엇은(데살로니가전서에서), 끝까지 유대인에게 '임할 진노'에 대해서 데살로니가전서 2장 16절에 언급된 말이다. 우리에게 그 구절은 불분명하게 들릴지몰라도 데살로니가인들은 그 난해한 언급을 잘 이해했을 것이다. 바울은 유대인을 강타한 최근의 재앙(로마와 예루살렘에서의)을 언급 하면서 이러한 것들은 인자가 오시기 전에 유대나라에 임하리라고 예수가 약속한 하나님의 '진노'로 보인다고 말했다. 만약에 데살로니가인들이 그것을 이런 식으로 이해했다면, 그들 중의 어떤 이들이 예수가 기대하는 종말이 시작되었다고 추론했다고 할지라도 전혀 놀라운 일이 아니다. 우리는 그것이 예언자들을 흥분하게 했을 그런 류의 생각이었고(게다가 당시로서는), 또한 그들도 주님의 긴박한 재림에 대한 극적인 예언을 가지고서 데살로니가인들을 선동할 수 있었다고 상상할 수 있다. 이러한 것들은 고난과 박해를 받는 상황 속에서 특히 호소력이 있었을 것이고, 데살로니가전서의 저술 이후에 악화된 상황에 대한 방향전환이 될 수도 있었을 것이다(이 사실에서 데살로니가후서 1장 6-10절에 있는 하나님의 심판에 대한 강한 진술이 유래하였음).

그러한 상황에서 보면, 바울이 데살로니가인들에게 "혹 영으로나 혹 말로나 혹 우리에게서 받았다 하는 편지로나 주의 날이 이르렀다고 쉬 동심하거나 두려워하거나 하지 아니할 것이라"(살후 2:2)고 말한 것을 이해하게 된다. 바울은 그 생각이 어디에서 나온 것인지를 정확하게 모르는 것처럼 들리지만, 그 자신의 첫 번째 편지가 하나의 요인이 되었다는 것도 틀린 말은 아니다.

2. 데살로니가후서에서의 바울과 예수

1) 미래

우리는 바울이 데살로니가전서에서 데살로니가인들의 근심에 답변하기 위해 예수의 가르침을 얼마나 광범위하게 사용하는 지를 보았다. 바울은 데살로니가후서에서도 같은 일을 하는가? 만약에 그렇다면, 이것은 우리가 데살로니가후서의 신빙성에 대하여 숙고하는 것을 도와줄 수 있다.

이런 관심사에 있어서 가장 흥미 있는 증거는 2장에서 바울이 '불법의 사람'에 대해 가르친 것이다. 바울은 데살로니가인에게 다음과 같이 질문한다. "내가 너희와 함께 있을 때에 이 일을 너희에게 말한 것을 기억하지 못하느냐"(5절). 바울이 그들에게 말한 이러한 것들은 정확히 무엇인가?

바울은 "우리 주 예수 그리스도의 강림하심과 우리가 그 앞에 모임에 관한" 구절을 가지고 토론을 시작한다(2:1). 여기서 '강림'(coming)이라는 말은 파루시아(parousia)로서, 어떤 장소로 정치적이거나 외교적으로 가는 것에 사용된 세속적인 헬라어 단어이다. '함께 모임'이라는 단어는 마가복음 13장에 사용된 단어의 명사형인데, 거기에서 예수는 천사를 보내어 사방에서 택하신 자들을 '모으시는' 인자의 오심을 언급한다(13:26; 또한 마 24:31을 보라). 이 두 표현은 동시에 예수의 종말론 담화를 필연적으로 생각나게 한다. 마태가 그 담화를 설명하는 것을 보면 실제로 예수는 파루시아라는 단어를 사용한다(24:27, 37).

바울은 계속하여 데살로니가후서 2장에서 "불법의 사람 곧 멸망의 아들"의 '거역'과 '나타남'에 초점을 맞추면서, 주님의 재림 이전에 어떤 일이 일어날 것인지를 기술한다. "저는 대적하는 자라 범사에 일컫는 하나님이나 숭배함을 받는 자 위에 뛰어나 자존하여 하나님 성전에 앉아 자기를 보여

하나님이라 하느니라"(2:3-4). 물론 바울이 말한 의미는 학자들에 의해 활발하게 논의가 되고 있지만, 아마도 바울의 생각의 배경은 우리가 전 장에서 설명한 바대로 안티오쿠스(Antiochus)의 손 안에서 유대인에게 임한 주전 167년의 대재난이었을 것이다. 유대교를 없애려고 했던 사람으로서 안티오쿠스는 '불법의 사람' 의 전형이다. 그는 예루살렘 성전에 이교의 제단을 세우도록 했고 스스로를 '에피파네스' (Epiphanes) 즉 '신의 현현' 이라고 부르면서 신적인 지위를 요구했다. 바울은 안티오쿠스를 닮은 인물이 주님의 강림 전에 반드시 올 것이라고 말한다.

주전 167년의 사건은 첫 세기의 유대인의 머리에서 결코 멀리 사라지지 않았다. 그들은 그 일뿐만 아니라, 특히 주전 164년의 마카비(Maccabees)의 승리와 성전의 재봉헌인 하누카(Hanukkah) 축제(또는 봉헌)를 매년 기억했다. 그리고 그들은 이방인의 최고 권력자가 예루살렘 영내에 로마인들을 있게 함으로써 위협을 조성한 일에 대해 회상하였다. 주후 39년 불행하게도 안티오쿠스의 신성모독이 재차 반복되는 듯이 보였다. 앞에서 언급했듯이 크게 미친 로마 황제인 가이우스 갈리굴라(Gaius Caligula)사람들에게 자신을 신으로 보도록 부추겼음)는 예루살렘 성전에 자신의 동상을 세우도록 명령했다. 거칠은 항의가 있었으나 갈리굴라의 마음을 바꾸게 하지는 못한 것 같았다. 다행히도 그는 그 명령이 이행되기 전에 암살을 당했다.

만약에 주후 39년에 대략 반복된 주전 167년의 사건을 바울이 데살로니가후서 2장에서 불법한 자에 대해 가르친 내용의 배경인 것처럼 생각된다 할지라도, 여전히 의문은 생긴다. 이러한 류의 어떤 사건이 주님의 재림에 앞서 일어난다는 생각을 어디에서 바울이 취하였을까? 그것은 바울 자신의 원래의 생각이었을까?

흥미있고 의미심장한 것은 복음서를 보면, 예수가 예루살렘 성전에 대한 그런 재앙을 정확하게 예언했다는 것이다. 마태와 마가는 예수가 재앙의 날이 오는 것에 대해 말했다고 기술한다. 그때에 '멸망의 가증한 것' 또는 '가증스런 신성모독' 이 예루살렘 성전에 일어날 것이기에, 그때에는 예루살렘에 있는 모든 이들은 산으로 도망하는 것이 지혜로울 것이라고 말했는데,

그 일은 주전 167년에 마카비가 한 일이었다(마카비전서 2:28, 막 13:14, 마 24:15). '멸망의 가증한 일'이라는 말은 구약성경의 다니엘서와 외경인 마카비전서로부터 직접 취한 것인데, 이 둘은 안티오쿠스가 성전에 세운 이교제단(아마도 동상)에 대해 명백하게 언급한다(단 9:27, 11:31; 마카비전서 1:54).

미래에 대해 가르친 예수와 데살로니가후서에서의 바울은 둘 다 인자가 오시기 전에 안티오쿠스를 닮은 새로운 참사에 대해 말한다. 그들은 둘 다 이러한 끔찍한 일은 사람을 속이는 '기사와 표적'을 동반한다고 말한다(마 24:24; 막 13:22; 살후 2:9-11).

그 유사성은 매우 강력한 것이다. 사실 마태복음 24장과 마가복음 13장에 있는 예수의 가르침을 거의 간략하게 요약한 것으로 데살로니가후서 2장을 보는 경우도 있다(**도표 11.1**을 보라).

그 유사함은 도저히 우연적인 것이라고 할 수 없다. 다른 증거들도 역시 관련이 있는 것 같다. 예를 들어, 바울은 '불법의 사람, 즉 멸망의 아들'에 대해 말하는데, 그것은 "멸망(파멸을 가져다주는 것)의 가증(법에 반대되는 극악무도한 것)한 것"에 해당되는 것으로 말할 수 있다. 마태복음은 가증한 것을 말하기 직전의 구절에서, '불법이 성함'에 대해 말한다(24:12). 마태가 예수의 가르침을 설명할 때에 가증한 것을 불법함의 실례로 보는 것은 그런대로 괜찮다. 어쨌든, 우리는 복음서에 있는 예수의 가르침과 데살로니가후서에 있는 가르침 사이에 명백하게 주제가 연결되는 것을 본다.

표 11.1 예수와 바울의 가르침의 유사점

마태 24장, 마가 13장	데살로니가후서 2장
미혹되거나 동심하지 말라는 경고로 시작함	동심하지 말 것과 '미혹되지 말라'는 경고.
가증한 것이 성전에 있음	불법한 자가 성전에 있음
표적과 기사로 꾐	표적과 기사로 꾐
인자의 강림과 택한 자의 모임	주님의 강림(그리고 택한 자의 모임)

바울은 데살로니가인들에게 자신이 가르친 것을 기억하라고 말한다. "내가 너희와 함께 있을 때에 이 일을 너희에게 말한 것을 기억하지 못하느냐" (2:5). 이러한 관점과 우리가 보아온 관점에서 보면, 바울은 전적으로 예수의 미래에 대한 가르침을 그들에게 전하여 준 것 같다. 이것은 예수의 미래의 재림에 관한 가르침을 바울이 익히 잘 알고 있었음에 대해 데살로니가전서에서 우리가 주목한 증거를 가정한다면, 더욱더 그런 것 같다. 데살로니가전서를 기초로 해서 다음과 같이 추측할 수 있을 것이다. 즉, 바울은 그에게 알려준 데살로니가후서의 내용을 안다는 것을!

이 논의는 바울이 때로는 마가와, 때로는 마태와, 그리고 때로는 누가와 공통된 부분을 가지고 있음을 지적하는 사실 때문에 복잡하게 보일 수 있다. 그러나 우리가 전에 보았듯이 이것은 마태와 누가는 예수의 종말론 담화와 같은 구절에서 전적으로 마가를 의존한다는 있을 법하지도 않은 복음서간의 완고한 관계를 가정할 때에만 문제가 될 수 있다. 사실 종말론 담화에서 마태와 누가는 적어도 마가의 출처가 아닌 예수의 말씀들을 기록했음을 믿게 하는 충분한 근거가 있다(예. 마 24:10-12; 눅 21:20-24, 34-36). 바울의 증거는 이것을 지지하고자 하는 경향이 있다. 그러므로 다음의 견해가 상식적이다. 예수의 즉각적인 재림의 소망을 확실히 부여잡았던 교회는 마가복음에 단순히 보존된 것들보다 더 많은 예수의 말씀과 예수의 말씀에 대한 설명을 가졌을 가능성이 있다. 마태와 누가 그리고 바울이 그러한 자료를 알고 있었을 것이라는 것은 충분히 가능성이 있다.

그러므로 우리가 제시하는 결론은 바울이 데살로니가인들에게 주의 재림을 말할 때, 재림 이전에 어떻게 유대인의 심판 즉, 예루살렘의 재앙과 지구상에 환난이 먼저 일어나는지를 말했다는 것이다. 바울이 데살로니가전서에서 유대인에게 임할 '진노'에 대해 썼을 때, 데살로니가인들은 이것을 약속된 심판의 시작을 의미하는 것으로 올바르게 이해했다. 아마도 그들은 특별히 성전에서 로마 군인들이 추한 행동을 한 것에 대해 들었으며, 그것을 약속된 '가증한 일'과 관련된 일로 보았을 것이다. 아마도 마지막 날에 일어나리라고 예상한 기근과 다른 불행한 사건들도 있었을 것이다. 그러므로 그들은 지나치게 자극을 받아 이미 주의 날이 왔다고 추론을 했다. 그래서 바울은 불법한 자가 이미 자신을 드러내고 있지만, 주님의 날이 이르기 전에 더 많은 일들이 있을 것임을 그들에게 회상시켜야만 했던 것이다. 성전이 더럽혀 지고 '불법한 자'의 행동으로 황무하게 될 것이다. 그런 류의 대재앙은 주후 66-70년의 유대인 전쟁과 로마인에 의한 연이은 성전의 파괴에서 비로소 일어났다.

예수의 가르침이 바울의 견해(불법한 자를 '지금 막고 있는 자'가 있다는 견해)에 대해 어떤 조명을 비추어 주는지는 확실하지 않다. 마태와 마가 두 복음서에서 예수는 인자가 오시기 전에 복음이 온 나라에 전파되어야할 필요성에 대해 말한다(마 24:14; 막 13:10; 누가는 이런 말을 하지 않지만, 예수는 21장 24절에서 '이방인의 때'에 대해 말한다). 그리고 이것은, 불법한 자의 도래를 연기하는 것이 복음의 전파라는 견해를 찬성하도록 한다. 우리는 이미 바울이 로마서 11장 25절에서 '이방인의 충만한 수가 들어오기'라고 한 언급이 누가복음 21장 24절의 '이방인의 때가 차는' 것에 대한 말씀과 연결될 수 있음을 주목해 보았다. 확실히 바울의 언급 속에는 이방인을 위한 전도사역이 종말론적인 의미가 있다는 깨달음이 있다. 바울은 이방인이 하나님의 백성으로 들어온다는 구약의 약속을 성취하고 있으며 이방인에게 그리스도의 복음을 전파하는 임무를 완성하기를 원하고, 결과적으로 전 세계(유대인과 이방인)를 위한 하나님의 구속의 목적이 이루어지기를 기원한다(특히 롬 11:11-32, 15:9-29을 보라).

2) 예수에 관한 또 다른 연결점
데살로니가후서에 있는 다른 어떤 점들도 예수의 가르침과 연결될 수 있다.

- 1장 3절에는 '서로 사랑하라'는 말이 있다.
- 1장 5절은 데살로니가인의 '고난으로 인해, 그들이 하나님 나라에 합당한 자로 여기심을 받고 있다'고 말한다. 나라(kingdom)라는 언어의

사용은 흥미 있고, 그리고 그 말은 하늘 나라가 의를 위하여 핍박을 받는 자들에게 속한 것으로 설명하는 황금률을 생각나게 한다(마 5:10).
● 1장 5-9절은 복음을 복종치 않는 자들과 주의 면전에서 떠나게 될 자들에게 임할 불꽃 심판을 말한다. 미래에 대한 예수의 여러 비유들은 하나님의 면전에서의 추방과 하나님의 심판의 불이라는 엄숙한 경고를 한다(예. 마 25:10-13, 13:30, 42).

이러한 마지막 연결점들은 거의 증명이 되지는 않지만, 어쨌든 데살로니가후서 2장에 대한 이전의 탐구들은 매우 의미가 있다. 그것들은 데살로니가후서가 바울이 직접 써서 보낸 것이며, 절대로 가짜로 날조한 것이나 위조 또는 익명의 서신이 아니라는 견해를 확인하는 데 공헌한다. 그리고 만약에 그것이 분명하다면 그것들은 예수의 종말론 담화에 포함된 미래에 대한 예수의 가르침을 바울이 잘 알고 있으며 그래서 그가 데살로니가인들에게 그것을 전했을 것이라는 점을 확실하게 한다.

에베소 여행

12

1. 사도행전에 있는 그 이후의 일들
2. 바울 서신에 있는 그 이후의 일들

1. 사도행전에 있는 그 이후의 일들

지난 몇 장에서 우리는 고린도에 있는 바울과 함께 긴 시간을 보내었다. 그 이유는 사도행전 18장 11절에 의하면, 바울은 고린도에서 일년 반 또는 아마도 그 이상(18절)의 상당히 오랜 시간을 보냈기 때문이다. 그러나 사도행전에 의하면 그는 브리스길라와 아굴라와 함께 배를 타고 에게해를 지나 에베소로 들어갔다. 그는 그곳에서 잠시동안 머물러 있었던 것 같은데, 그 이유는 예루살렘과 안디옥으로 방향을 정했기 때문이다. 사도행전은 바울이 "일찍 서원이 있으므로" 머리를 깎았다고 말한다(18:18). 유대인들은 과거의 축복에 대한 감사를 포함하여 여러 가지 목적으로 서원을 했다. 그러한 서원은 일반적으로는 머리를 깎는 것과 술을 금하는 것이 포함됐는데, 그 마지막 순서로 예루살렘에서 희생의 제물을 드리는 것이 있었다. 사도행전은 아주 간략하게 바울이 예루살렘으로 가서 그곳에 있는 교회에 안부를 전하였다고 기술한다(18:22). 그것은 잠시 동안의 방문으로 바울의 이야기를 가정하여 볼 때, 이해가 될 수 있을 것이라는 느낌을 갖게 된다. 그 후에 바울은 안디옥으로 내려갔다. 얼마나 오랫동안 그곳에 머물러 있었는지 분명하지는 않으나 사도행전은 그가 길을 되돌려서 갈라디아와 브루기아 지역을 다시 찾아가 자신과 바나바가 세운 교회를 방문했다고 한다.

사도행전은 이 시점에서 그 기사에서 중요한 주인공이 될 사람인 아볼로(Apollos)를 언급한다(18:24-28). 아볼로는 이집트의 알렉산드리아 출신이었다. 알렉산드리아는 로마제국의 큰 도시 중의 하나로서 대규모 유대인 공동체를 포함하여 백만 명 정도의 큰 인구를 가지고 있었다. 그 도시는 지식의 중심지로서, 거대하고 유명한 도서관과 박물관이라고 불리는 연구소를 자랑하였다. 그곳은 구약성경의 유명한 헬라어 번역인 70인경(Septuagint)을 주전 3세기에 만들어 낸 곳이다. 그리고 그곳은 필로(Philo)의 고향이였는데, 그는 유명한 유대인 철학자이고 주후 1세기의 작가로 헬라의 장점과 유대적인 지식을 결합하려고 노력한 사람이었다.

사도행전은 아볼로를 '학문이 많고'(logios) '성경에 능한 자'라고 말한다(18:24). 그는 '주의 도'와 예수에 대해 배웠으며, 영적인 열심(문자적으로 '끓는'[boiling])이 있었다(18:25). 그는 에베소로 와서 그곳에 있는 회당에서 예수에 관하여 가르쳤다. 사도행전에 의하면 브리스굴라와 아굴라가 그의 말을 들었는데, 그의 기독교의 도에 대한 이해는 "요한의 세례만을 알고 있었기에"(18:25) 부족한 면이 있었다고 말한다. 분명히 이 말이 의미하는 것이 무엇인지에 대해서 논란이 많다. 사도행전은 계속 19장 1-6절에서 열두 명의 '제자'들에 대하여 말하는데, 그들은 아볼로와 함께한 어떤 흔적을 가지고 있는 듯하다. 그들은 세례 요한과 그의 세례에 대해 알고 있었으나, 예수의 이름으로의 세례와 성령과 관련된 은사에 대해서는 몰랐다. 그러한 반쯤 배운 기독교라는 것은 우리에게는 이상하게 보일 수 있다(만약에 이 열두 사람이 사도행전에서 그리스도인인 것으로 보인다면). 그러나 알렉산더와 에베소와 같은 도시에 있는 사람들이 세례 요한과 심지어 예수에 대해 들을 수 없었다는 것과 기독교 교회의 그 이후의 발전을 뒤쫓지 못했다는 것은 변명의 여지가 없다. 어쨌든, 사도행전은 브리스길라와 아굴라가 아볼로를 가르쳤으며, 그 후에 바울은 배움이 부족했던 제자들을 가르쳤다고 말한다. 결국 그들은 정식으로 예수의 이름으로 세례를 받고 성령을 받게 되었다.

사도행전에 의하면, 아볼로는 에베소에서 아가야 지방으로, 특히 고린도로 가서, 그곳에서 고린도의 유대인들과 눈에 띨 정도로 힘 있는 논쟁을 하여서, "은혜에 의해서 믿은 자들에게 많은 유익을 주었다"(18:27-28).

그 사이에 바울은 에베소에 도착을 했으며 그곳에서 장기간의 사역을 시작하게 된다. 사도행전은 바울이 현재 수행하고 있는 전통적인 사역의 형태를 그곳에서도 그대로 행하였다고 한다. 그는 회당에 들어가 석달동안을 담대히 하나님 나라에 대하여 설득력 있게 강론하며 권하였다. 그리고 나서 보통 때와 같이 기회가 무르익자 바울은 두란노라고 불리는 '서원'으로 가서 그곳에서 이년 동안을 사람들과 매일 강론을 하여, "아시아에 사는 자는 유대인이나 헬라인이나 다 주의 말씀을 듣게 되었다"(19:9-10). 여기에서 '아시아'는 에베소가 그 주요 도시로 속하여 있는 지역을 의미한다.

사도행전은 아시아에서의 바울의 사역이 매우 강력하고 힘이 있으며, 그의 말에는 특별히 놀랄만한 기적이 뒤따랐다고 말한다(19:11-16). 그 같은 사역으로 인하여 다른 이방 종교들은 심각한 영향을 받았다. 사도행전은 사람들이 그 도시에서 유명했던 마술들을 포기하고 그 책자를 불태웠다고 말한다. 그 합계는 5만 드라크마에 상당하는 것이었는데, 한 드라크마가 한 사람의 노동자의 하루 임금이었던 것을 생각할 때, 이 일은 상당히 인상적이다. 그 외에도 더 대단한 일은 에베소가 크게 자랑하는 아데미(Artemis)라는 여신전에 준 영향이었다. 아데미는 헬라의 사냥의 여신이었으나 에베소에서 숭배되었는데, 헬라의 여신과 그 지방의 다산의 여신 사이의 혼혈아 같이 생각된다. 그곳에 있는 여신전은 거대하고 세계 7대 불가사의 중에 하나로 중요한 순례여행의 중심지이어서, 이 도시의 중요한 재정 수입의 근원이었다. 사도행전은 바울의 사역으로 인하여 최초로 망하게 된 사람들은 은감실을 만들어서 사람들에게 기념품과 종교적인 용도로 팔았던 직공들이었다고 한다(왜냐하면, 결국 바울이 손님들을 내쫓았기 때문이다). 그 결과로 대규모 폭동이 일어나서 바울의 동료 중의 어떤 사람이 붙잡혀 그 도시의 유명한 야외극장으로 끌려갔다. 결국 그 분노한 관중들은('에베소 사람의 아데미는 위대하도다' 하고 두시간이나 반복하여 소리를 질렀다) 그 도시의 서기장에 의하여 안정되었다. 그러나 이러한 잊지 못할 일로 인하여, 바울은 에베소를 떠나서 마게도냐로 가는 길로 들어서게 된다(20:1). 사도행전에 의하면 이미 바울은 동역자인 디모데와 에라스도를 그곳으로 보냈으며, 그의 계획은 마게도냐와 아가야를 방문하고 난 후에 예루살렘으로 가고, 그 후에는 다시 로마로 가는 것이라고 말한다(19:21).

이런 내용들은 사도행전에서 설명하고 있는 것이다. 이 이야기는 지난 수년 동안 지속된 바울의 사역을 아주 선별적으로 간추려서 설명한 것이지만, 역사적인 근거와 고고학으로부터 에베소에 대해 이해하고 있는 것을 비추어 볼 때도 완전히 합당한 것이다. 마술의식, 아데미 신전, 그리고 '하늘에서 내려온 우상'(아마도 운석), 야외극장(아직까지도 잔존하는 폐허물)과 다양한 지역 관리들(도시의 서기, 아시아 관원과 총독)에 대한 언급은 모두 아주 잘 이해될 수 있을 정도로 합리적이다.

2. 바울서신에 있는 그 이후의 일들

그러면 바울서신은 무엇에 대한 것인가? 그것들은 사도행전의 설명을 확인하여 주는가? 고린도전서는 이런 면에서 아주 흥미로운 서신 중의 하나이다. 그것은 분명히 아시아에서 보낸 것이다. 왜냐하면, 바울이 고린도전서 16장 19절에서, "아시아의 교회들이 너희에게 문안하고 아굴라와 브리스가와 및 그 집에 있는 교회가 주 안에서 너희에게 간절히 문안하고"라고 말하기 때문이다. 이러한 문안은 흥미롭게도, 아굴라와 브리스길라가 에베소로 가서 아시아에서 교회를 세운 것에 대해 사도행전이 하는 말을 확인시켜 준다. 아시아 일대에 교회를 세운 것은 또한 골로새서에서도 간접적으로 확인될 수 있다. 왜냐하면, 골로새(에베소보다 내륙에 있는 리쿠스[Lycus]계곡 위에 있는 도시)에 있는 교회와 이웃하여 있는 라오디아게아(Laodicea)와 히에라폴리스(Hierapolis)의 교회는 모두 이 시기에 세워졌으며, 모두 바울 개인에 의하여 세워진 것이 아니라, 골로새의 경우는 사실 바울의 동료 중의 하나인 에바브라(Epaphras)에 의해 세워졌다고 말하기 때문이다(1:7, 4:13).

고린도전서의 시작은 역시 흥미 있는데, 왜냐하면 그 편지는 '바울과 및 형제 소스데네(Sosthenes)' 라는 이름으로 쓰여졌기 때문이다. 소스데네라고 하는 사람은, 앞에서 보았듯이 사도행전 18장 17절에서는 고린도의 '회당 지도자' 로 언급된다. 그리고 사도행전이 그의 이름을 그곳에서 언급한다는 사실은 그가 그리스도인이 되어서 바울과 함께 에베소에 갔음을 짐작할 수 있게 한다. 사도행전은 에베소에서 바울과 함께 한 헬라 출신 동료들이 여러 명 있었다고 말한다. 아굴라와 브리스길라와 가이오와 아리스다고가 사도행전에서 불리는 이름들이다(19:29).

고린도전서는 또한 바울이 그 교회의 기초를 쌓은 사역을 한 이후에, 아볼로가 고린도에서 강력한 사역을 하였음을 확인시켜준다. 그래서 결과적으로, 그 교회에서 아볼로의 지지자와 바울의 지지자 사이에 분열이 생길 정도가 되었다(1:12, 3장 4장). 아볼로를 따르는 자들은 그의 언변과 지혜를 좋아했던 것처럼 보이며, 그들은 바울의 지혜보다 아볼로의 지혜를 더 높이 평가했다(2:1, 등). 우리는 이 상황을 갈라디아에서 일어났던 것과 유사한 것(사람들이 들어와서 바울의 사역을 흔들어 놓았음)으로 생각할 수 있다. 그러나 사도행전은 아볼로가 브리스길라와 아굴라의 격려와 도움을 받았다고 말한다. 그리고 고린도전서에서 바울은 아볼로의 사역에 대해 긍정적으로 언급하면서(16:12), 아볼로 자신도 그를 반대한 것이 아니라 서로 교제하고 있었다고 굳게 말한다.

우리가 알고 있듯이 사도행전은 아볼로 뿐만 아니라, 에베소의 열 두 명의 '제자들' 에 대해서도 언급하는데, 이들은 예수의 이름의 세례나 성령에 대해서는 알지 못했다고 한다. 바울은 그들을 만나 가르치고 예수의 이름으로 세례를 주고 그리고 안수를 했다. 그 결과 그들은 성령을 받아 '방언을 하고' 예언을 하기 시작했다(19:1-7). '방언' 이나 '언어들' (헬라어 *glossa*는 이 중 하나나 둘 다를 의미함)을 말하는 것은 사도행전에 여러 번 언급된다(2:4, 10:45-46 그리고 19:6; 8:17을 비교하라). 성령이 사람들에게로 오면 그들은 영적인 '방언' 이나 언어로 말을 한다. 가장 유명한 것은 오순절 날이었는데 그때에 예루살렘에 있는 제자들이 여러 방언을 사용하는 다중 국적의 군중 가운데에서 말을 할 때, '모든 이들은 제자들이 자기 나라의 언어로 말을 하는 것을 들었다' (2:6). 사도행전에 있는 다른 경우들을 보아도 그 방언이 알려진 언어였다는 증거는 없다. 사람들이 방언을 말하도록 이끄는 영적인 사역에 바울이 개입하였음을 이렇게 묘사하는 것은, 바울서신에 의해(특히, 고린도전서에 의해/고린도전서는 정확히 사도행전 19장에 의하여 기술된 그 시기에 에베소에서 쓴 것임) 확인된다. 그것에 대해서는 다음 장에서 보다 더 많이 다루게 될 것이다.

고린도전서는 에베소의 소동을 결정적으로 언급하지 않기에, 적어도 그 일이 일어나기 전에 사실 쓰여진 것 같다. 그러나 바울은 '많은 대적들'(16:9)에 대해 언급하는데, 그중에서 "나는 에베소에서 맹수와 함께 싸웠다"(15:32)는 말은 에베소의 소동과 관련된 잊을 수 없었던 사건들에 대한 상징적인 언급임이 분명하다. 그러나 다른 한편으로는 그것은 고린도인들에게 알려진 바울의 다른 어떤 끔찍한 경험을 말하는 것일 수도 있다. 고린도전서는 사도행전에 의해 묘사된 바울의 순회전도를 더욱 굳게 하여 준다. 바울은 갈라디아에서 에베소로 왔으며(16:1), 그리고 그의 계획은 에베소로부터 마게도냐와 아가야, 그 후에는 예루살렘으로 가는 것이다(16:3-5). 고린도전서는 디모데가 바울에 앞서서 간 사실을 확인시켜 준다(16:10).

고린도후서는 바울이 에베소를 떠난 후에 쓴 것으로 그가 에베소에서 드로아와 마게도냐로 간 사실을 확인시켜 준다(2:12-13). 바울은 고린도후서에서 "아시아에서 당한 환난을" 다시 말하는데, "힘에 지나도록 심한 고생을 받아 살 소망까지 끊어졌다"(1:8)고 말한다. 이 말은 그 극장에서 있었던 소동과 그 일을 일으켰던 사건들을 언급하는 것일 수 있다. 왜냐하면, 그러한 일련의 사건은 바울과 그를 따르는 이들에게 틀림없이 대단히 위협적이고 무서운 것이었기 때문이다. 그리고 사도행전에 의하면, 그 소동으로 인하여 바울은 결국 에베소를 떠나게 된 것 같다. (사도행전 19장 29절에서의 그 소동에서 바울의 두 동료(가이오와 아리스다고)가 사로 잡혔다고 말한 것을 주목하라. 우리는 고린도전서 1장14절, 로마서 16장23절, 골로새서 4장10절, 그리고 빌레몬서24절에서 이 이름들을 다시 만나게 된다. 그러나 그들이 똑같은 사람들인지는 확신할 수 없다). 어쨌든, 고린도후서 1장8절에서 언급된 극도의 고통은 사도행전이 기술하지 않는 다른 위기일 수 있다. 로마서 16장 4절에서, 바울은 브리스길라와 아굴라가 그를 위하여 자신들의 생명을 걸었다고 말하는데, 그것은 에베소에 있었던 일이었을 것이다. 어떤 학자들은 바울이 그 도시에서 잠시 동안 아마 수감되었을 것이라고 추정한다(고린도후서 11장 23절을 비교하라).

고린도전서, 고린도후서 그리고 또한 로마서는 이 시기에서 바울의 주요한 계획은 예루살렘에 있는 교회를 위한 재정을 모금하는 것이었음을 분명히 말한다(고전 16:1-3; 고후 8-9; 롬 16:23-29). 로마서는 또한 바울의 의도가 예루살렘에서 로마로 가고, 사실상은 로마에서 스페인으로 가는 것이었음을 확인시켜 준다. 흥미롭게도 사도행전은 그 모금에 대해 다만 지나가는 투로 말을 하지만, 바울은 헌금을 한 교회의 여러 명의 대표자들과 동행하였음을 분명히 말한다(에베소를 포함, 21:29).

결론적으로, 바울서신에는 에베소의 안팎에서 그들이 사역한 것에 대해 사도행전이 설명한 것을, 간접적으로나마 모호하게 확인시켜 주는 여러 가지 사항들이 있다. 사도행전과 바울서신은 서로 한 지점에 모을 수 있는 여러 가지의 다양한 사항이 있으나, 우리들로서 이것을 증명할 수는 없다. 그러나 사도행전이 바울 사역의 이러한 부분을 설명하고 있음에 대해, 그 신빙성을 의심나게 하는 것은 전혀 없다.

고린도전서에서 진행된 일

13

1. 영적인 교회
2. 고린도교회의 남녀 문제
3. 음식 문제
4. 지도력 문제
5. 마지막 부활
6. 고린도 교회의 혼란

바울이 설립한 모든 교회들 중에서 고린도 교회가 가장 잘 알려져 있다. 바울은 고린도 교회에 많은 편지를 썼는데, 그 중에 두 개가 남아 있다. 이 중에 첫 번째 편지는 특별히 교육적인 것으로서, 바울적인 교회의 특징이 무엇인지에 대해, 또한 바울의 사역에 대해 각종의 통찰력을 보여준다.

그러면 무슨 일이 진행되는가? 그들이 당면한 문제거리가 무엇이며, 바울은 그것에 대해 어떻게 반응하는가? 우리는 처음부터 고린도전서 전체를 체계적으로 연구함으로써 이러한 질문들에 대해 답변을 할 수 있다. 그러나 필자는 그 대신에 서신의 말미에서부터 시작하여, 고린도 교회의 예배와 영성에 대해 바울이 논하는 것을 먼저 보기를 제안한다. 왜냐하면, 이렇게 하는 것이 그 서신의 다른 부분을 밝히 볼 수 있는 단서를 제공하기 때문이다.

만약에 이것이 거꾸로 가는 접근법인 것 같이 생각하면, 다소 거꾸로 된 교회로서는 그 방법이 아마 적절할 수 있을 것이다. 그러나 우리의 출발점은 역시 바울이 1장 4-7절에서 말하는 감사문구에서도 검증될 수 있는데, 거기서 바울은 고린도인들에 대해 하나님께 감사하고, 그리고 그들이 "모든 은사에 부족함이 없이 우리 주 예수 그리스도의 나타나심을 기다린다"는 사실에 감사한다. 우리는 이것에서부터 그들의 이웃인 데살로니가 교인들과 같이, 고린도 교인들도 주님의 재림을 고대하는 것을 알게 된다. 우리는 이미 '마라나타'(주님의 오심에 대한 아람어의 외침)가 그들에게 중요한 요소임을 보았다(16:22). 그러나 또한 바울이 얼마나 자주 서두의 감사문(그 서신 속에서 예수가 다시 오실 것임을 말함)에서 중요한 문제들을 상기시키는지를 보았다. 고린도인들에게 아주 중요한 문제 거리 중의 하나는 성령의 문제였다.

1. 영적인 교회

만약에 어느 주일날(이 날은 예배를 드리기 위하여 그들이 나타나는 날임, 16:2), 비디오 카메라를 가지고 고린도 교회 앞으로 갈 수 있다면, 거기서 우리는 무엇을 보고 듣게 될까? 그 교회는 영적인 은사가 있는 교회, 또는 현대적인 전문 용어를 사용한다면 '캐리스매틱'(charismatic)한 교회이기에, 그 증거가 매우 많은 영적인 은사를 가지고 비공식적인 방법으로 예배를 드리는 것을 발견하게 될 것이다. 특별히 방언과 예언을 많이 말하는 것을 볼 수 있을 것이다(14:26-32). 예배는 여기 저기에서 방언을 말하는 사람들 때문에, 즉 그 방언이 무엇을 말하는지와 동시에 다른 사람들이 말한 것이 무엇인지에 대하여 그 의미를 설명하지 않기 때문에 다소 혼란스럽게 보일 수 있을 것이다.

이런 일로 인하여 분열이 생겨도 즉, 어떤 이들이 방언을 말하고 그리고 아주 열정적으로 말할지라도, 다른 이들이 그렇게 하지 못함은 그리 놀랄만한 일은 아닌 것 같은 생각이 든다. 방언을 말하는 자들은 방언을 하지 못하는 자들을 영적이지 못한 사람으로 생각했을 것이다. 왜냐하면, 방언을 말하는 자들에게 있어 방언의 은사는, 그들의 세례에서 사실상 가능한 것으로 가정한다면, 보통 있는 일이기 때문이다. 그리고 그들은 아마 그것을 천상의 언어로 보았을 것이다. 그 외 달리 무엇이겠는가?(13:1, 천사의 말). 그들은 성령의 새로운 시대에 살면서 하나님의 나라의 권능을 체험하는 것을 기뻐했다. 방언을 말하지 않는 자들은 아마도 그런 혼란을 싫어하였고 영적으로 열등하게 취급되는 것을 거부하고, 그리고 사실상 전체적으로 방언을 말하는 일을 족히 거절하였을 것이다.

그런 상황에 대한 바울의 설명은 사실 대가다운 면이 있다. 바울은(보다 더 은사적인 고린도인들을 좋아함) 교회의 삶속에 있는 성령의 사역에 의해 기뻐하지만, 세례 받은 그리스도인들(방언을 말하는 사람만이 아니라)이라면 모두 다 성령을 가지고 있는 것이라고 주장한다(12:12-13). "예수는 주시다"는 말은 사람들이 세례를 받을 때에 하던 믿음의 고백이었던 것 같다(롬 10:9). 그래서 바울은 "성령으로 아니하고는 누구든지 '예수를 주시라' 할 수 없느니라"고 말한다(고전 12:3).

바울은 계속 방언만 아니라 다른 은사들도 있는데, 그것들은 성령의 원하심에 따라서 모두 동일한 성령에 의하여 주어진 것이라고 말한다. 그는 이것을 다양한 지체를 가진 몸의 모습을 통하여 설명한다(12:14-26). 그는 우리의 몸은 다양한 지체를 필요로 한다고 지적하면서, 눈에 보기에 보다 밝게 빛나는 지체들은 그렇지 않으나 다른 지체들에게는 함께 관심을 둘 필요가 있다고 말한다. 바울이 고린도 교회에 이를 적용하고 있는 것은 분명하다. 그리고 바울은 모든 사람이 방언을 말하는 것은 아니며, 그럴 필요도 없는 것이라고 분명히 말한다. 헬라인들 가운데에서 질문한, 12장 30절의 질문인 "모두가 다 방언을 말하는 자겠느냐?"는 부정적인 답변을 요구하는 질문이다. 바울이 12장의 다양한 은사의 목록 속에서 계속하여 방언을 가장 하위에 놓는 것은 의미가 깊은 것이나(10절과 30절), 많은 고린도인들은 나름대로 그것을 아주 높게 평가하고 있었다.

바울은 그 유명한 13장에서, 다른 어떤 은사들이 얼마나 훌륭하든지 간에 사랑은 그것보다 훨씬 더 중요하고 보다 더 지속적임을 계속하여 지적한다. 고린도인들로서는 방언을 천사의 언어라고 생각할 수 있겠지만, 바울은 방언은 사라져 없어질 것이라고 말한다. 천국의 언어는 방언보다는 사랑이 될 것이기에, 바울은 분열된 고린도인들에게 구하라고 강조한 것은 이러한 사랑의 은사이다. 우리가 보았듯이, 바울은 갈라디아서에서 사랑을 성령의 첫 번째 은사로 열거하면서(5:22), 고린도인들에게도 그것에 우선 순서를 두고서 영성을 개발하기를 원한다.

바울은 몇 가지의 실제적인 충고로써 영적인 은사에 대한 토론을 끝마치면서, 방언보다는 알아들을 수 있는 예언을 사용할 것을 주장한다. 왜냐하면, 예언은 교회의 '덕을 세우기' 때문이다. 바울은 방언이 하나님의 선한 은사라고 믿고 모든 사람들이 그 은사를 가진다면 좋을 것이라는 점에 동의한다(14:5. 그러나 모든 이가 그런 것은 아니다. 12장을 보라). 바울은 방언의 은사를 스스로, 그리고 열정적으로 사용한다(14:18). 그러나 바울은 대중 앞에서 사람들이 이해할 수 있는 방식으로 말하려고 하고, 고린도인들도 자신과 같이 그렇게 예언하기를 원한다. 그래서 혼란을 정리하기 위한 바울의 실제적인 교훈은 다음과 같다.

- 오직 둘 또는 세 방언만을 한 예배에서 사용하게 할 것이다.
- 방언은 공적인 예배에서 누가 통역을 할 때에만 사용할 수 있다.
- 사람들은 서로가 말을 할 것이 아니라, 상대방에게 기회를 주어야 한다. 자기 자신의 것을 고집하기 보다는 다른 예언자들에게 '복종하는 것'이 진정한 영적인 예언자의 표지이다. "하나님은 무질서의 하나님이 아니라 화평의 하나님이다"(14:27-33).

어떤 사람들은 고린도인들의 은사적인 영성(방언을 말하는 것을 포함하여)은 그 시대의 이교적인 종교의 영향에 기인한 것이라고 추정 했다. 그러나 그러한 모든 영향력을 배제하는 것이 가능하지는 않겠지만, 방언을 말하는 것은 바울이 고린도로 가지고 온 기독교의 일부였음은 틀림없을 것이다. 데살로니가에서도 이와 유사한 영성의 증거가 있으며(살전 5:17), 사도행전도 방언이 처음부터 초기 기독교의 한 모습이었다고 말한다. 그러므로 고린도인들의 은사적인 영성은 이교적인 이탈 행위가 아니라, 바울과 다른 사람들로부터 받은 것이었다. 그들이 은사를 무절제하게 사용한 것이 이교적인 어떤 영향에 기인하는지에 관하여서는 말하기 어렵다. 그들의 괴팍한 생각과 행함은 아마도 바울의 가르침에 대한 오해에서 일어났던 것 같다.

2. 고린도 교회의 남녀 문제

비디오 카메라를 가지고 고린도 교회의 예배를 주목해 본다면, 유대적인 회당의 관습에서는 여성들이 스스로 복종적인 뒷자리의 역할로 자신들을 제한했으나, 고린도에서는 그것과는 달리 예배에서 여성들이 두드러진 역할을 차지하게 되는 것을 볼 것이다. 어떤 여자들은 공적으로 기도하고 예언을 하며(11:3-16), 그들의 머리에 아무것도 쓰지 않음으로 논란을 일으키고 있었다. 이런 일은 분명히 관습을 깨뜨리는 것이기에 화를 불러일으키는 도전적인 일이었다. 만약에 그들이 결혼한 여자들이었다면, 그것은 그들이 결혼을 뜻하는 두건과 관습적인 도덕을 내던져 버린 것처럼 보일 수도 있었다. 어떤 경우이든지 그들은 회중에서 남자들처럼 행동을 하였는데, 그것은 보기에 따라서는 사람들의 눈앞에서 예의범절을 범하는 것이었고, 아마도 그들의 남편들을 포함하여 회중의 회원들을 당황케 하는 일이었다.

이런 문제는 바울이 고린도인들에게 한 가르침으로부터 부분적으로 일어난 일일 수도 있어 보인다. 바울은 갈라디아인들에게 하듯이 그들에게도 "너희는 유대인이나 헬라인이나 종이나 자주자나 남자나 여자 없이 다 그리스도 예수 안에서 하나이니라"(갈 3:28)고 가르쳤을 것이다. 여기서 쓴 말은 사실 세례와 관련하여서 사용된 말이다. 바울의 경우에서는 분명히 세례를 받음으로 모두가 하나가 되는 것이고, 그리고 성령 안에서 믿는 자들은 모두 하나였다. 이런 평등주의적인 가르침으로 인하여 기독교로 전향을 한 여성들이 아주 자유스럽게 될 수 있었다는 것은 납득이 된다. 사도행전은 바울의 선교사역에 반응을 보인 다양한 '지도적인' 여성들을 언급한다(16:14, 17:3). 고린도에서 여성들은 교회의 영적인 사역에 가담하고 있었다. 그것은 적어도 바울의 눈에는 좋게 보였을 것이다. 그러나 어떤 영적인 여성들은 예배시간에 남성들처럼 '머리에 아무것도 쓰지 않은 채'로 남자처럼 옷을 입을 수 있는 것으로 그들의 자유와 평등을 잘못 생각하였기에, 사람들의 화를 불러일으킨 것이다(고후 3:18을 비교하라).

만약에 바울이 이런 상황을 부분적으로 일으킨 자라면, 그는 이것에 대해 어떻게 대처 하는가? 방언을 말하는 문제에서처럼, 바울은 자신이 말한 바를 취소하지 않는다. 그러나 이번 경우에 그는 '남자나 여자나 구별이 없다' 는 말은 그리스도인의 생활에서 성별의 차이가 모두 사라진 것을 의미하지 않는다는 것을 분명히 말한다. 복잡하게 논증을 하면서 바울은 고린도인들에게 아담과 이브의 창조의 이야기로 되돌아가는데, 거기에 보면 아담과 이브가 다르게 창조되고 사실상 아담이 우선권을 가진다. 바울은 이것은 여성이 열등함을 뜻하는 것이 아니라(11:11-12), 그리스도 안에서 고린도인들의 남녀구별이 없는 삶의 방식이 그릇됨을 의미한다고 분명히 말한다. 하나님의 창조(성적인 차이를 포함)는 선한 것이고 그리고 성령 안에 있다는 것은 창조의 질서를 뒤로 내던져 버리는 것을 의미하지 않는다. 고린도전서 12장 13절에서 바울이 갈라디아서에서 말한 것과 유사한 것을 말한 것은 흥미 있고 의미심장한 것처럼 생각된다. 그러나 여기서 그는 남성과 여성에 관한 말을 언급하지는 않는다. "우리가 유대인이나 헬라인이나 종이나 자유자나 다 한 성령으로 세례를 받아 한 몸이 되었고." 그가 "남성이나 여성이나"라는 말을 여기에 포함시키지 않은 것은 그것을 믿지 않아서가 아니라(그는 믿었다), 고린도인들이 불행하게도 그 구절을 오해하고 있음을 알았기 때문이다.

복장의 문제에 덧붙여서, 예배에 있어 여성과 관련된 또 다른 어떤 문제가 있는 것처럼 보이는데, 그것은 고린도전서 14장 33-35절에서 전면으로 나타난다. 바울은 영적인 은사와 특별히 방언과 예언을 논하면서, 갑자기 "모든 성도의 교회에서 함과 같이 여자는 교회에서 잠잠하라"(34절)는 말을 한다. 이것은 바울이 여성이 기도하고 예언을 하는 것을 찬성하는 11장을 돌이켜 본다면 다소 이상한 설명이다. 그는 여기에서 혼란을 계속되게 하고 더 증가시키는 특별히 파괴적인 어떤 활동을 언급하는 것 같이 생각된다. 아마도 부인들(이 단어는 '여성' 으로도 번역됨)은 자신들이 예언자가 되었다고 주장하면서 남편들이 말하는 것을 의문시하고 반박하였을 것이다.

남녀 사이의 관계는 고린도전서의 어느 곳에서나 중요한 문제이다. 고린도에는 부도덕한 것으로 악명이 높은 사건이 있었는데, 그에 대해 고린도인들은 부끄러워하기 보다는 교만한 것처럼 보였다(5:1). 창녀와 성관계를 맺고서 "모든 것이 나에게 가하다"(6:12-20)고 말함으로 자신의 행동을 정당화한 고린도의 남자들도 있었다. 다른 한편, 기독교인은 전적으로 독신생활을 해야 한다고 하는 사람들도 있었다. 그들은 남자는 여자를 '건드려서는'(성적으로) 안 된다고 주장하였다. 그러므로 미혼자는 그대로 미혼으로 지내야만 하며 기혼자는 특별히 그들의 배우자 중의 한편이 아직도 회개하지 않고 있다면, 부부관계를 끝내고 헤어져야 한다고 말한다(7장).

다른 한편으로, 이러한 혼란을 바울의 이전의 가르침과 관련된 것으로 보는 것은 가능하다. '모든 것이 내게 가하다'는 생각(고린도인들이 기독교인이 우상에 바쳐진 음식을 먹을 수 있는가에 대한 질문에 관련해서 인용함)은 인간의 자유에 대한 그리스-로마적인 관념을 반영한 것일 수 있으나, 바울이 율법으로부터의 자유에 대해 가르친 것과 다소 직접적인 연관이 있을 수 있다. 우리는 바울이 갈라디아에서 사역을 할 때에 율법으로부터의 자유를 강조하는 것이 얼마나 중요한가를 보았으며, 그것이 계속되는 사역에서 중요했다는 것을 확신할 수 있다. 그리스도인의 자유에 관한 바울의 가르침은 우선적으로 할례와 정결한 음식과 부정한 음식에 대한 유대인의 법과 같은 것들에 관계되지만, 고린도인들은 자유의 개념을 극단적으로 받아들여서 우상에 바쳐진 음식을 먹는 것은 마치 창녀와의 성적 관계와 같은 다른 육체적인 활동처럼, 그리스도인에게 용인될 수 있는 것(바울의 용어로는 '정결한 것')이라고 주장했던 것 같다. 한 가지 연상되는 것은 이런 가르침에 대한 상황을 보면, 창녀와의 성적 관계는 사람들이 술 마시고 먹고 노는 향연의 정례적인 일부분이었다는 것이다. 그러한 방탕한 일이 해롭지 않기에 '허용될 수 있는' 것이라고 주장한 젊은 그리스도인들이 과연 있었을까? 아마도 이런 자유로운 태도로 인하여 고린도인들은 자기의 아버지의 첩과 살고 있는 남자에 대해 애통하기 보다는 그의 편을 들게 되었을 것이다. 물론 이에 대해 바울은 이런 일은 심지어는 이교적인 사회에서도 충격적인 부도덕한 일로서 널리 소문나는 일이라고 말한다(5:1).

고린도인들이 단지 바울의 가르침에 근거해서 자신들의 견해에 도달했던 것 같지는 않다. 그들은 역시 몸은 일시적이고 상대적으로 덜 중요하다는 널리 퍼져있던 헬라 사상의 영향을 받은 것 같다. 위대한 철학자 플라톤은 '육체' (헬라어로 soma)를 '무덤' (헬라어로 sema)이라고 말하였다. 그것은 결국 육체는 버려지고 마는 하나의 껍질로 본 것이다. 고린도인들은 그리스도인이 '영적인' 존재라는 것에 대해 어떠한 주장을 했는지를 찾아보는 것은 쉬운 일인데, 그것은 우리의 신체를 가지고 하는 일과는 관계가 없다.

이와는 반대의 노선을 취하면서 성적인 절제를 주장하는 고린도의 일부 사람들의 경우에 대해 흥미 있는 하나의 생각은, 이런 일이 부분적으로 최소한 영적인 여인들로부터 나왔다는 것인데, 이들은 예배에서도 남녀의 구별이 없는 그런 예배방식을 취하고 있었던 자들이었다(11장). 결국, 바울이 가르쳤듯이 그리스도 안에서 남성과 여성이 따로 있는 것이 아니라면, 남성과 여성 사이의 성적인 관계도 논리적으로 똑같이 끝내야 한다는 것이다. 어쨌든, 바울이 가르쳤듯이 지금 영적인 존재로서 성령 안에 살면서 '육체' 안에 살고 있지 않다면, 성과 같은 세상적인 것을 확실히 초월한 것이다. 최소한 그들은 그리스도인은 이교적인 배우자로 인하여 스스로를 더럽히지 말아야 한다고 생각했음이 분명하다.

이러한 성을 반대하는 생각으로 인하여 놀랄 수 있지만, 주님의 임박한 재림, 그들이 사는 세상의 타락, 그 당시에 로마 세계를 휩쓴 기근, 그로 인하여 어려워진 가족의 생활, '성령 안' 에 사는 것을 즐거워함, 그리고 바울이 그랬듯이 그리스도인의 삶의 최소한의 형태인 독신을 열렬히 고대하고 있는 당시의 그리스도인을 생각한다면 그렇게 이해하기 어려운 것은 아니다. 그리스도인으로서 영성과 성에 대한 접근을 어떻게 해야만 하는지를 이해하려 하고, 그리고 고린도전서 7장에서 바울이 전하는 답변을 따르려 하는 그 당시의 신자들을 상상하기는 어렵지 않다. 성을 반대하는 이러한 노선을 특별히 주장했던 이들은 일부 고린도 여성이었다는 생각은 10절과 39-40절에서 바울이 처음 그들에게 말을 한 방식에 의해 드러난다. 그리고 그것은 우리가 영적으로 자유파 부인들에 대해 보아온 것과 일치하는데, 그들에게 있어 영적인 사역은 결혼이나 자녀-양육, 그리고 집안 내에서 해야 할 일보다 한층 더 높은 부르심처럼 보였을 것이다(딤전 2:15, 4:3과 비교하라).

바울은 전반적인 일련의 논의를 통해 이런 다양한 고린도인의 생각에 대해 답변을 한다. 그러므로 그는 "음란하는 자나 우상 숭배하는 자나 간음하는 자나 탐색하는 자나 남색하는 자"(6:9) 등을 나열하면서, 사악한 자들은 여하튼 하나님의 나라를 유업으로 받을 수 없음을 명백히 말한다. 그는 한때 고린도인들도 그와 같았지만, 지금 그들은 "주 예수 그리스도의 이름과 우리 하나님의 성령에 의하여"(6:11) 씻음과 거룩함과 의롭다 하심을 얻었다고 말한다. 이런 말이 뜻하는 내용은 성적인 부도덕함은 그리스도인의 삶에서 어떤 자리도 차지할 수 없다는 것이다.

바울은 계속하여 어떤 의미에서 "모든 것이 허용 가능함"을 받아들이지만, 그 후에 재빨리 이것은 모든 것이 선하다는 것을 의미하는 것이 아니라는 것을 분명히 말한다(6:12; 또한 10:23을 비교하라). 육체를 영적으로 중요하지 않은 어떤 것으로 보는 것을 반박하면서 바울은 그 반대의 주장, 즉 육체는 주님에게 속한 것이며, 육체는 죽음에서 부활하게 될 것이고(단지 폐기되는 것이 아님), 육체는 성령의 전이며, 육체는 하나님께 영광을 돌려야 하는 데 사용되어져야만 한다는 주장들을 분명히 말한다(6:13-20). 고린도의 범죄자들은 성을 단지 음식을 먹는 것이나 마시는 것과 같은 육체적인 기능으로 보아서 창녀와의 관계를 해로움이 없는 것으로 생각했다. 바울은 성관계를 우연한 육체적인 만남이라기보다는 그 이상의 것으로 보았다. 그는 그것을 당사자간의 의미심장한 연합을 야기시키는 것으로 보았다(창세기 2장 24절의 '한 몸'이라는 연합. 여기에 보면 아담과 이브는 같은 재료로 만들어지고 서로에게 속한다). 그래서 부도덕은 심각한 것이며, 그리스도와 함께 연합된 그리스도인이 창녀와 관계를 갖는 것은 생각할 수도 없는 것이다(6:13-18).

바울은 독신을 주장하는 자를 위하여 더욱 여유를 가지고 대답을 한다. 그는 독신은 높은 소명으로서 '현재의 위기'(7:26, 기근의 상황을 언급하는 것일 수 있음) 속에서, 그리고 주님이 재림하기 전에 남아 있는 그 짧은 시간 속에서 사역을 하는 데 자유롭기 위하여 가치 있는 일이라고 믿는다. 그러나 그는 몇몇 사람들만이 이런 은사를 가진다고 믿고(7:7), 그 외 다른 사람들은 결혼을 해서 관계를 가져야 함을 말한다. 성은 부정하지도 않고 영적인 것이 아니지도 않은 것이다. 심지어 자신의 배우자가 아직 회개하지 않은 그리스도인의 경우라도, 바울은 그들과 관계를 갖는 것 때문에 그리스도인 배우자가 더럽혀진다고 믿지 않는다(7:14). 고린도 교인들은 비그리스도인 배우자가 가족관계(그리스도인 배우자와 자녀들)를 '부정하게' 만들지 않을까하여 두려워했다. 바울은 그 반대로 그리스도인 배우자가 그 관계와 가족들을 '거룩하게 한다'는 주장을 한다. 이것은 비그리스도인 배우자가 그 관계를 통하여 구원을 받는다는 의미가 아니라(물론 그들의 구원은 열렬히 바라고 있는 것이지만, 7:16), 그 관계는 하나님이 보시기에 정결하기에 그리스도인 배우자가 포기해서는 안 된다는 의미이다.

3. 음식 문제

우리가 앞에서 보았듯이, 고린도 교회는 영적인 은사와 교회 내에서의 여성의 역할에 대해 의견이 서로 맞지 않는 점이 있었다. 그러나 그들은 단지 함께 예배드리고 서로를 섬기기 위하여 모인 것은 아니었다. 그들은 함께 식사도 했는데 불행하게도 이것이 불행과 분열의 원인이 되었다. 이에 대해 바울은 그가 들은 바를 판단하면서, "저희의 모임이 유익이 못되고 도리어 해로움이라"(11:17)고 설명할 정도였다. 이론상으로 그들이 함께 한 식사는 주의 만찬이었다. 그러나 바울은 되어가는 일을 보면 주의 만찬이라고는 부르기 힘들다고 말한다(11:20).

이런 전후관계를 비디오로 촬영을 한다면 우리는 무엇을 찍을 수 있을까? 교회 공동체가 식사를 하기위해 아마도 부자 회원의 집에 함께 모였을 것이다. 이때 부자들은 잔치를 벌이고 심지어 술취하기까지 했지만 가난한 회원들은 사실 배고파하고 있었다. 하나의 가능성을 생각할 수 있는데, 그것은 부자들이 최고급 식탁에서 집주인과 함께 최고의 음식을 먹고 있었다는 것이다. 반면에 가난한 자들은 그 잔치에 일찍 올 정도로 자유롭지 못한 노예들이 대부분이었으며, 집 마당으로 나와 있었기에 어떤 의미에서 식탁에서 제외되어 있었을 것이다. 다른 가능성으로는, 그것은 손님들이 자기의 음식을 가지고 오는 저녁파티의 일종이었는데 부자들은 가난한 자들과 함께 하지 않았다는 것이다. 바울은 이런 사실에 충격을 받았기에, 그들은 주님의 죽으심에 초점을 두고 있는 주의 만찬의 취지를 놓치고 있다고 말하면서 지체가 되는 모든 사람들을 돌보아야만 함을 역설하였다(11:17-34).

음식은 또한 다른 상황에서도 문제가 되었는데, 그것은 특별히 우상에게 드려진 음식에 관한 것이었다(8-10장). 이러한 문제의 배경은 이중적이다. 첫 번째, 일반적으로 고기 시장에 있는 거의 모든 고기들은 이교적인 의식에서 제물이 되었을 것이다. 두 번째, 이교적인 잔치('하늘같은' 로마의 황제를 기념하는 잔치를 포함하여)는 고린도의 사교 행사에서 최고의 시점(high point)이었기에, 그 잔치에서는 고기가 공짜로 사람들에게 주어졌다. 여기서 이런 질문이 생긴다. 그리스도인은 그러한 음식에 대해 어떻게 해야 하는가? 보통의 유대인의 입장이라면 그 양자의 경우를 모두 거절한다. 그러나 고린도의 어떤 그리스도인들은 이 문제에 대해서, "모든 것이 가하다"는 생각을 적용해 죽은 우상에게 드려진 음식을 먹는 것은 해가 되지 않는다고 주장했다. 이런 일로 인하여 그리스도인들 사이에 의견의 분열이 있었는데, 어떤 '연약한' 형제와 자매는 '강한 자'의 자유로 인해 대단히 감정이 상해 있었다.

어떤 사람들은 주의 만찬에 있었던 문제와 같은 이러한 문제는 경제적인 차원을 갖는다고 생각한다. 회심하기 이전에 고기를 먹었던 부유한 그리스도인들은 그런 일을 하는 데 양심의 가책이 전혀 없었다. 한편, 우상의 잔치에서만 오직 고기를 먹었던 가난한 그리스도인은 경건한 유대적 배경을 가진 어떤 그리스도인들처럼 그리스도인으로서 지금 그것을 먹는 것을 불편하게 느꼈다.

이것의 진리가 무엇이든 간에, 바울의 대답은 네 가지이다. 첫 번째, 그는 우상에 드려진 음식을 우리의 육신으로 먹는 일은 아무런 해가 없다는 것에 동의한다. 음식은 하나님의 선한 창조의 일부분으로 우상에 드려진다고 해도 변화되지 않는다(10:26). 두 번째, 그러나 그는 어떤 사람들은 이 문제에 대해 예민한 양심을 가지고 있음을 알기에, 그런 자들에게 자신의 양심에 거역하여 행하도록 강요하지 말 것을 주장한다(8:7-13). 세 번째, 형제와 자매를 영적으로 걸려 넘어지게 하지 않는 것이 그리스도인에게 가장 중요한 우선적인 일이기 때문에, 다른 사람에게 해를 주기 보다는 '나의' 자유를 포기하는 것이 더 낫다(8:9-9:23). 네 번째, 그리스도인들은 우상숭배에 참석하지 않도록 주의를 해야 하는데, 그 이유는 이런 일은 마귀적이어서 그리스도에 속한 것과 조화되지 않으며, 주님의 심판을 가지고 올 정도로 위험하기 때문이다(10장).

4. 지도력 문제

우리는 고린도 교회가 여러 가지 문제로 인하여 어떻게 분열되었는지를 말했다. 그 교회는 또한 지도자 문제로 인하여 분열되었다. 이것은 이 서신의 앞부분에 나오는데, 거기서 바울은 분쟁이 있다는 말을 들었다고 한다. "너희 가운데 분쟁이 있다는 것이라 이는 다름 아니라 너희가 각각 이르되 '나는 바울에게', '나는 아볼로에게', '나는 게바에게,' '나는 그리스도에게 속한 자' 라 하는 것이니"(고전 1:11-12).

고린도 교회에 네 개의 파벌이 있었는지, 아니면 사람들이 다른 사람들을 설득하면서까지 어느 지도자를 선호하는 경우였는지는 확실하지 않다. 어떤 이들은 바울을 어떤 식으로든지 교회의 아버지로 보았을 것이라고 말한다. 또 다른 이들은 아볼로를 그들 가운데에서 사역한 특별한 은사를 가진 선생으로 보았으며 베드로(아람어로 게바)를 중요한 권위를 가진 자와 전체 교회에서 인정된 지도자로 보았다는 것이다(마 16:18; 행 1:15 등을 비교하라;

갈 2:8-9). 높은 지반을 차지한 어떤 이들이 자신들은 어떤 지도자를 따르는 것이 아니고, 그리스도를 따른다고 말하는 것을 쉽게 상상할 수 있다. 고린도전서에서 중요한 분열은 바울과 아볼로에게서 표면화되는 것처럼 보인다. 그래서 바울은 3장과 4장에서 자신과 아볼로에 대해서만 말한다.

마치 '지혜'가 이 논의에 있어서 특별히 문제가 되었던 것처럼 보인다. 왜냐하면, 바울은 이 같은 장에서 지혜와 언변 그리고 어리석음에 관한 문제에 초점을 맞추기 때문이다. 지혜와 웅변술은 특별히 그리스-로마사람(Graeco-Roman) 세계에서 높이 평가되었는데 고린도시도 소피스트(궤변술자) 선생들과 연관되어 있었을 것이다. 그 선생들은 제자를 가지고 서로 경쟁하면서, 수사학적인 기술로 상대방을 이기려고 하였다. 고린도교회의 어떤 이들은 아볼로와 바울을 비교하면서 아볼로가 더 지혜롭고 언변이 낫다고 느꼈을 것이다. 아볼로를 좋아하는 열성가들은 그에게 세례를 받은 회심자였을 것이다. 아마도 그들 중의 어떤 이들은 자기의 집에서 아볼로를 환대하며 그의 사역을 도와주었을 것이다. 이러한 마지막 사항은 고린도전서 9장에서 바울이 자비량으로 일하는 것에 대해 논하는 배경이 되었을 것이다.

이러한 상황에 응대하기 위하여 바울은 다양한 논쟁을 사용한다. 그는 일반적으로 분열의 잘못을 지적하는데(1:13), 왜냐하면 구주인 그리스도는 한 분이기 때문이다. 바울은 많은 사람들에게 개인적으로 세례를 주지 않은 것이 기쁘다고 설명한다(1:14-16). 이것은 바울이 세례를 낮게 평하는 것이 아니라 바울에게 세례를 받은 이들이 적기 때문에, 그것을 가지고 '바울에게 속한다'는 주장을 할 수 없었기 때문이다.

그러나 그 이후에 바울은 중요한 사항에 이르게 되는데, 그것은 하나님이 예수를 통하여 한 일은 고린도인들이 선호하고 있는 인간적인 지혜와는 거의 정반대라는 것이다. 그러므로 그리스도인의 메시지의 핵심은 십자가인데, 이 사상은(예루살렘 밖에서의 처형으로 하나님이 세상을 구원함) 세상의 모든 기준으로 보면 확실히 바보 같은 것이다. 그것은 헬라인에게는 어리석은 것이며, 유대인에게는 거리끼는 장애물이다. 게다가 교회에 들어오게 된 사람들의 증거가 있다. 그들은 대부분 지혜로운 자나 능력 있는 자가 아니라,

단순하고 연약한 자였다. 하나님은 고린도인들이 그러하였던 것처럼 지혜와 언변에 있어 그리 예민하지 않은 것 같다. 바울은 자신의 설교에 대해서, 세상적인 지혜와 웅변을 스스로 포기했다고 말한다. 어떤 학자들은 바울이 그의 서신에서 자신의 취지를 전하기 위하여 수사학적 방법을 사용한다고 주장한다. 그러나 그는 그 당시 유행에 따라 교묘하게 다루는 웅변과 재주있는 인간적인 지도자에 대해 고린도인들이 과찬하는 것들을 스스로 멀리하기를 원하고 있다. 인간적인 개인과 인간적인 지혜를 자랑하는 것은 완전히 잘못된 것이다. 그리스도의 복음은 거룩한 지혜와 성령에 의해 계시된 것이지, 영리한 인간적인 설교자나 선생에 의존하는 것이 아니다(1:18-2:16).

바울은 계속해서, 그러므로 자신과 아볼로를 경쟁하는 권위자들로 올려 세우지 말고, 하나님의 밭에 서있는 하나님의 종으로 그에 대한 책임을 지는 자로 인정해 줄 것을 분명히 말한다. 고린도인들은 인간적인 지도자와 인간적인 지혜에 대해 자랑을 하는 일을 포기해야만 하며, 대신에 창조주 하나님과 교회의 토대로서 예수에 대해 기뻐해야만 한다(3:1-4:7). 그들은 바울과 아볼로 및 게바에게 속한 것을 자랑하는 대신에, 바울과 아볼로와 게바 및 그들에게 속한 다른 모든 것들이 그리스도와 하나님을 통하여 온 것임을 깨달아야만 한다(3:21-23).

바울은 고린도인들이 선호하는 지도자를 자랑함과 그 자신들을 바라보는 방식에 대해 그들을 교만하다고 생각한다. 그들은 자신들이 이미 영성에 도달하였다고 생각하는 것 같았다. 바울은 그와 다른 사도들이 온갖 고통과 박해로 고난당하는 것을 가정한다면(분명히 그들도 아직 도착하지 못했음), 이러한 주장은 별난 것이라고 말한다(4:8-13)!

영적인 교만(아마도 그들의 강력한 은사적 경험에서 부분적으로 일어났음)은 고린도인들의 교회 생활의 모든 면에 영향을 주는 중요한 요소였던 것 같다. 그것은 서로 간의 관계, 바울과 다른 지도자들과의 관계, 도덕과 (혹은) 부도덕, 예배, 우상에 드려진 제물에 대한 태도에 영향을 끼쳤다. 바울은 그런 교만과 인간적인 자랑을 개탄하면서, 유일한 자랑은 하나님과 그리스도, 그리고 그가 십자가에 달리신 것이라고 주장한다(1:31, 3:21; 갈 6:14을 비교하라; 롬 3:27).

5. 마지막 부활

고린도전서에서 바울이 길게 논하는 마지막의 분열의 문제는 죽은 자의 부활에 관한 질문이다(15장). 고린도에 있는 어떤 사람들은 죽은 그리스도인들이 부활한다는 사실을 부인했다. 우리로서는 그들이 어떤 말을 했는지 정확하게 알 수 없다.

- 그들은 헬라인들이 생각하듯이, 죽음 이후의 모든 생명을 부인하였을까?

- 그들은 헬라인들에게 그러한 경향이 있듯이, 영혼의 불멸성을 믿으나 육체의 부활은 믿지 못했는가? 그들 중에 부도덕이 자신들을 해하지 않을 것이라고 생각했던 사람들은 육체를 하찮은 것으로 생각했을 것이다(6:12-20).

- 그들은 자신들이 성령의 체험을 통하여 이미 도래한 생명을 경험하고 있기에, 더 이상 어떤 것도 필요하지 않다고 생각했을까? 천사의 방언을 말한다는 것이 이것을 보여주는 것일까? 이것이 그들 중의 어떤 이들이 모든 성적인 관계를 거절하는 것의 이면에 놓여 있는 것일까? [디모데전후서에서 어떤 식으로든 부활은 이미 일어났다고 말하는 사람과 결혼을 반대하는 사람을 언급하는 것은 흥미롭다.(딤후 2:18; 딤전 4:3). 만약, 바울이 이 서신의 저자라면, 그는 창조의 선함과 자녀출산을 긍정적으로 말했을 것이다(2:15)].

- 데살로니가인들처럼 그들도 주님이 빨리 재림할 것을 기대하기에, 그리스도인들이 차후에 죽어서 다시 부활할 수 있다는 가능성을 심각하게 다루지 않았던 것일까?

우리는 다른 견해들이(예, 성에 대해) 고린도인들 사이에서 제시되었으며, 부활에 대해서도 다른 견해와 의심을 가지고 있음을 보았다. 확실히 바울의 답변은 다양한 문제에 역점을 두고 말한 것으로 보인다.

그들의 의심에 대한 답변으로 바울은 다음과 같이 말한다.

(1) 예수는 죽음에서 부활하셨다. 이것은 확실하게 입증된 것으로 기독교 복음의 핵심이다(15:1-11).

(2) 만약 그 신앙이 포기된다면, 기독교 신앙은 전체적으로 붕괴 된다 (15:12-19).

(3) 그리스도는 부활하였으며 그는 새로운 생명을 가져다 주는 아담이 되었다. 창세기의 아담은 인류에게 죽음을 가져다 주었다. 그리스도는 죽음에서 부활하셨다. 그는 우리의 부활의 원형이며, 하나님은 그를 통하여 악을 정복하시어 전체의 창조를 그의 지배하에 다시 두게 되었다 (15:20-28).

(4) 고린도인들이 죽은 자들을 위하여 세례를 받는 것과 바울이 에베소에서 그리스도를 섬길 때에 자신의 목숨을 거는 일은 부활이 없다면 의미가 없다(15:29-34). 불행하게도 우리는 고린도인들이 죽은 자들을 위하여 세례를 받는 일이 무엇과 관련이 있는지 또한 바울이 에베소에서 맹수와 싸운 것이 무엇을 말하는지 모른다.

(5) 부활의 몸의 성격에 관한 질문: 그리스도인의 죽은 몸은 씨앗이 식물로 변형되듯이 그렇게 변화될 것이다. 우리는 부활하신 예수의 몸과 같은 그런 영적인 몸(영체)을 가지게 될 것이다(15:35-49).

(6) 마지막 날에 일어날 일은 예수를 믿고 죽은 자들은 그리스도와 함께 부활하여 마침내 사망을 이기게 될 것이다. 그리스도의 승리가 완성될 것이다(15:51-57).

6. 고린도교회의 혼란

바울은 고린도에서 온 사람들(1:11, 11:17)과 편지를 통하여(7:1) 고린도 교회에서 그동안 계속하여 일어난 일들에 대해 들었다. 바울이 그 교회를 세운 지 삼년이 채 못 되어 여러 가지 문제가 발생하는 것에 대해 심각하게 생각하는 것은 당연하다. 그리스도인(아마도 부유한 그리스도인)이 다른 그리스도인을 심지어 법정으로 데리고 갔다(6:1-11). 바울이 고린도후서 11장 28절에서 "모든 교회를 위한 염려로 인한 눌림"을 말할 때, 아무 것도 아닌 일을 가지고 바울이 그렇게 말한 것이 아니다.

아마도 고린도인들이 관련되어 있다는 것은 그렇게 놀라운 일이 아니다. 다음의 요소들을 가정한다면,

- 고린도의 그리스도인들은 복음과 성령을 통하여 자신들이 체험한 영적인 기쁨과 즐거움으로 인하여, 그중의 어떤 사람들은 영적으로 성공하였다고 생각했다(학자들은 이를 '과도하게 실현된 종말론'(over-realized eschatology)이라고 한다. 고린도인들은 천국의 종말론적인 삶의 체험에 있어 먼 거리를 앞서 갔다고 생각했으나, 그것은 사실 바울이 다른 곳에서 성령을 통한 '첫 보증'이라고 불렀던 것을 체험한 것 뿐이다!(고후 1:22, 5:5; 엡 1:14).

- 헬라 세계에서는 인간의 지혜와 수사학이 특히 존중되었으며, 이교적 종교와 도덕이 강하였고, 육체적인 몸은 영적으로 중요한 것이 아닌 것으로 보았다.

- 사회적으로 힘이 있고 부유한 사람들과 가난한 사람들 사이에 분열이 있었는데, 이것은 그리스도인의 공동체도 포함된다.

- 다른 기독교 지도자들, 그중에서도 특히 아볼로는 바울 이후에 고린도로 왔다.

- 그리고 통상적인 인간적인 죄들.

이런 모든 것을 가정한다면, 고린도에서 일어난 일은 이해할 수 있다. 이후의 교회역사에서 이와 유사한 많은 예들을 보는 것은 어렵지 않다. 바울은 전체적인 논쟁의 범위로써 고린도인들에게 대답한다. 바울은 그들의 영성을 인정하지만, 그들의 교만한 영성을 수정하면서 사랑을 강조한다. 그는 창조의 선함과 육체를 긍정적으로 말한다. 무엇보다 그는 예수 그리스도와 그의 십자가와 부활을 진정한 기독교의 척도로 말한다.

- 교회의 크기에 대하여 -

고린도전서에서 제기되는 흥미 있는 질문은 그 교회가 고린도에서 얼마나 컸는가라는 것이다. 다시, 비디오 카메라가 우리에게 도움을 줄 수 있었다면! 어떤 사람들은 교회 전체가 식사를 위해 함께 모였다면 그 회중은 매우 작았을 것(40-80명 가량)이라고 주장한다. 그러나 그 정도는 너무 낮게 평가한 것 같다. 사도행전에 의하면, 기독교 초기의 예루살렘 교회는 수천 명이 될 정도로 강력하였다. 바울이 세운 교회들의 크기가 기록되어 있지 않다고 하더라도, 우리의 느낌으로는 아덴과 같은 장소는 회심자가 몇 명이 안 되었지만, 다른 장소에는 많은 수의 회심자가 있었을 것이다. 사도행전은 이고니온에서 "유대와 헬라의 허다한 무리가 믿더라"(행 14:1)라고 했고, 베뢰아에서는 "그 중에 믿는 사람이 많고 또 헬라의 남자가 적지 아니하다"(17:12)고 말한다. 그리고 "수다한 고린도 사람이 듣고 믿어 세례를 받더라"(18:8)하였으며, "아시아에 사는 자는 유대인이나 헬라인이나 다 주의 말씀을 듣더라"(19:10)고 말한다. 물론, 얼마나 많은 사람들을 가리켜

"많은"(many)이라는 단어를 사용하는지는 확실하지 않으나, 그 말은 적은 회중이 아니라 커다란 조직적 모임일 것이다. 바울과 그의 선교팀은 고린도와 에베소 같은 중심지에서 수년 동안에 그저 몇 안되는 회심자를 얻으려고 머물렀던 것은 아니다. 그들은 큰 영향을 끼쳤다. 이것은 교회가 유대인과 이방인 가운데에서 불러일으킨 적대감에 의하여 확인할 수 있다. 예를 들어, 에베소는 아르테미 신전의 재정이 아주 큰 사업이었는데, 그 사업이 기독교인들의 회심에 의하여 호된 영향을 받았다.

바울서신은 그 상황을 분명하게 설명하지는 않으나, 그리스도인의 조직이 견실하였다고 재차 표시하는 말이 있다. 그러므로 바울이 데살로니가인의 회심에 대해 주의 말씀이 어떤 식으로든 그들에게로부터 "마게도냐와 아가야에만 들릴 뿐 아니라 하나님을 향하는 너희 믿음이 각처에 퍼지므로"(살전 1:8)라고 말할 때, 그것은 몇 안되는 개인들의 회심이 아니라 대다수가 그리스도에게로 돌아온 것 같이 들린다. 갈라디아서와 데살로니가전서에 기록된 대로 바울과 그의 메시지에 대한 반대를 볼 때, 기독교의 운동이 작은 파문을 넘어서서 유대인들을 심각하게 휘저었다는 것을 짐작할 수 있다. 로마인들에게 보낸 바울의 후기 편지에서 그는 전체적인 범위의 사람들과 그들의 가족 구성원들에게 안부 인사를 하는데, 그것을 보면 로마에 많은 그리스도인들이 있었다는 것을 알 수 있다. 만약에 유대인들이 기원후 49년 이전의 몇 년 기간에 로마에서 추방되었으며, 그로 인하여 기독교 교회의 성장이 촉진되었다면, 이것은 그리 놀라운 일이 아니다. 황제조차도 그리스도인들에 대해 알고 있었다.

고린도에 대해서 우리가 고린도전서로부터 받은 인상은, 다양한 모든 견해를 나타내는 많은 일들이 기독교 공동체 안에 일어났다는 것이다. 50명 내지 100명의 인원이 그렇게 많은 사건들로 인하여 급진적으로 분열이 되었을 것이라고 상상하기는 힘들다. 주님의 성찬에서 가난한 자들이 그렇게 수수한 숫자로 치욕적인 거절을 당하였다는 것을 사실상 상상하기 어렵다. 우리가 그들의 예배로부터 받는 인상은 수많은 사람들이 참석하여 방언이나 예언을 말하였다는 것이다. 그리고 그 개입으로 인하여 소용돌이를 일으켰던 여자들이 있었다. 또한 방언을 하지 못하는 사람들이 있었다.

사람들에 대한 바울의 언급에 대해서: 바울은 그가 세례를 준 사람들, 즉 그리스보와 가이오와 스데바나 집 사람들을 나열하지만, 이런 경우는 바울의 규칙상 아주 예외적인 것이었음을 밝힌다. 그의 사역으로 그리스도인들이 된 사람들이 많이 있었으나, 그들은 바울의 동료들에게 세례를 받았다(고전 1:14-16). 덧붙여 말하자면, 아마도 상당수의 사람들이 아볼로에게 세례를 받았을 것이다. 바울은 또한 글로에의 집안(1:11)과 브드나도와 아가이고를 언급하는데, 이들은 스데바나와 함께 교회의 지도자인 것으로 생각된다(16:17).

로마서는 몇 년 후에 고린도에서 보낸 편지였는데, 16장 1절에서 바울은 뵈뵈(고린도의 항구인 겐그레아에 있는 교회의 집사)를 언급하면서 그녀가 "많은 사람"의 후원자였음을 말한다. 같은 장에서 바울은 그와 함께 있는 사람들을 언급한다. 디모데, 누기오, 야손과 소시바더(나의 친척), 그 편지를 대서한 더디오, '환대로써 바울과 전 교회를 즐겁게' 한 가이오, 그 도시의 공무집행자인 에라스도, 그리고 형제 구아도' (16:21-24). 이 사람들 중에 얼마나 많은 사람이 고린도에 사는 거주자였고 얼마나 많은 이들이 바울의 선교팀에 속하였는지는 말하기 어렵지만, 로마서만 보더라도 열 명의 사람들(바울을 포함)이 바울의 동료 또는 그 교회의 지도자로서 바울이 편지를 쓰고 있었던 고린도에 같이 있었다. 그들이 주일날 모이는 회중의 대부분을 전체적으로 형성했던 것 같아 보이지 않는다. 아마도 고린도 교회는 주일날 한 자리에 모두 함께 모일 수 없었을지라도, 사실상 수백 명의 교인이 있었던 것으로 보인다.

고린도전서가 말하는 바울과 예수

14

1. 부활
2. 성만찬
3. 성 관계
4. 사도권
5. 세례와 하나님의 나라
6. 믿음, 지식 그리고 구제
7. 지혜와 계시
8. 산상 설교
9. 교회의 징계
10. 아담과 인자
11. 주님의 재림
12. 결론

고린도전서의 경우에는 바울이 예수에 관하여 많은 것을 가르쳤다는 것을 찾아내기 위해 어떤 조사관이 필요한 것이 아니다. 바울은 공개적으로 자신이 직접 가르쳤다고 말한다.

1. 부활

예를 들어, 그 당시에 방금 죽은 자의 부활을 논하는 구절에서 바울은 다음과 같이 말한다.

"형제들아 내가 너희에게 전한 복음을 너희로 알게 하노니 이는 너희가 받은 것이요[…] 내가 받은 것을 먼저 너희에게 전하였노니 이는 성경대로 그리스도께서 우리 죄를 위하여 죽으시고, 장사지낸 바 되었다가 성경대로 사흘 만에 다시 살아나사 게바에게 보이시고 후에 열두 제자에게와 그 후에 오백여 형제에게 일시에 보이셨나니 그 중에 지금까지 태반이나 살아 있고 어떤 이는 잠들었으며 그 후에 야고보에게 보이셨으며 그 후에 모든 사도에게와 맨 나중에 만삭되지 못하여 난 자 같은 내게도 보이셨느니라 나는 사도 중에 지극히 작은 자라"(15:1-9).

여기서 우리는 세 가지 사항을 주목하게 된다.

(1) 바울은 자신이 복음을 전할 때 그 핵심에 예수의 기사(이야기)가 있었음을 특별하게 말한다. 특히 그 자신이 예수의 죽음과 부활에 대한 전승을 전해 받았음을 고린도인들에게 말한다.

(2) 바울은 그가 복음을 "받았음"을 말하는데, 그것은 사실상 30년대 초기의 회심할 당시를 곧바로 돌이켜 보게 한다.

(3) '받은 것(receiving)'과 '전해 받은 것(passing on)'이라는 말은 유대인 랍비들이 전승의 조직적인 가르침과 지식을 언급하는데 사용되었던 그러한 기술적인 용어이다.

그러므로 바울은 예수의 죽음과 부활에 대한 복음을 설교하는 데 큰 비중을 두는데, 이것은 물론 정확히 마태, 마가, 누가 그리고 요한이 예수를 설명할 때에 한 일이었다.

그러면 바울은 복음서에서 말하는 상세한 이야기들을 알고 있었을까? 우리는 예수의 죽음과 장사에 대한 바울의 간략한 언급으로부터, 바울이 그 상세한 이야기를 알았을 것이라는 것을 증명할 수는 없다. 바울이 복음을 전할 때 고린도인들에게 어떤 주변 상황을 언급하지 않은 채, 단지 예수가 죽어서 장사지내었다는 말만을 했을 수도 있다. 그러나 이것은 별로 가능성이 없어 보인다. 고린도전서 15장을 보면, 바울은 문제시되고 있는 한 가지 사항(즉, 부활의 문제)을 확실히 요약하면서 그것에 초점을 맞춘다. 그런 식으로 바울은 예수의 죽음과 장사를 언급하는데, 그 이유는 그것들이 결국 부활로 인도되기 때문이다. 그러나 그는 애써서 그것을 자세히 기술하지 않는다. 하물며 예수 자신의 죽음으로 인도한 예수의 생애에 있어 그전에 일어난 일들을 기술하지 않는 것은 당연한 것이다. 그렇다고 하더라도 바울이 '성경대로' 예수가 죽은 것을 언급하는 것은 복음서가 말하는 것과 일치되는데, 거기에서 그는 예수의 죽음과 구약성경 사이를 어떤 식으로든 관계를 맺는다(예, 막 15:24: 시 22:19; 막 15:34: 시 22:2 등). 그리고 바울이 예수의 장사를 언급하는 것은 흥미 있는데, 왜냐하면 그의 논의에서는 그러한 사항을 언급하는 것을 요구하지 않기 때문이다. 반면에 복음서는 의도적으로 어떻게 그가 장사되었는지를 기술한다(마 27:57-61; 막 15:42-47; 눅 23:50-56; 요 19:38-42).

바울이 부활에 대한 설명을 할 때의 기타 상세한 사항은 예수가 나타났던 증인들의 목록에서부터 나온다. 바울은 예수가 죽음에서 부활했을 뿐만 아니라, 또한 여러 사람들에게 나타났다고 말하는 복음서의 내용에 동의한다.

그렇다면, 이것은 복음서에서 발견되는 예수의 기사를 바울도 익히 알고 있었다는 것을 명료하게 증거하는 사례인가? 그것은 사실 그와 같이 단순하지는 않다. 바울은 분명히 예수의 부활과 그의 부활하신 모습을 알고 있었는데, 그것은 아주 심오한 뜻이 있다. 그러나 어떤 사람들은 바울이 실제로 복음서에 있는 부활기사에 대한 설명을 손상시켰다는 주장을 한다. 첫째, 그 이유는 바울이 복음서에서 발견되는 증인과는 다른 명단을 가지고 있기 때문이다. 둘째, 그 이유는 바울은 여자들이 텅빈 무덤을 발견한 사건을 언급하지 않기 때문이다. 그리고 셋째, 그 이유는 바울은 부활하신 예수를 목격한 증인들 가운데 자신을 포함시켜 나열하면서 부활을 환상이라는 용어를 가지고 생각했지, 텅빈 무덤과 부활한 육신의 몸과 관련하여 생각한 것이 아니기 때문이다.

그러나 이런 논쟁들은 다음과 같은 이유로 인하여 설득력을 얻지 못한다.

- 바울의 명단은 복음서의 설명, 특히 누가복음의 설명과 일부 일치하는데, 그 이유는 누가가 베드로와 열 두 제자에게 예수가 부활절 날에 나타난 것을 언급하기 때문이다(눅 24:34-36).
- 바울의 명단은 분명히 선별적이지 총망라한 것이 아니다. 그는 예수가 다음의 사람들에게 나타났음을 말한다.

- 베드로와 열 두 제자
- 일시에 예수를 본 오백 명의 '형제들'
- 야고보와 모든 사도들
- 그리고 뒤늦게 사도가 된 그 자신에게

바울의 이런 명단 선정은 대체로 자신의 설명을 위한 것이다. 그는 초대 교회의 두 명의 가장 위대한 인물인 베드로와 야고보(예수의 형제로 예루살렘 교회의 지도자가 되었음)를 언급한다. 그는 그들이 포함된 두개의 주요 그룹을 언급하는데, 그것은 열 두 명의 사도와 더 넓은 사도들의 그룹을 말한다. 그리고 그는 다른 한 그룹의 출현, 즉 500명의 사람들에게 일시에 나타난 것을 언급한다. 이것은 그렇게 많은 수의 사람이 관련된 것으로 특별히 주목할 만하기에 바울이 그것을 선정하였다고 짐작할 수 있다. 덧붙여서 바울은 자신을 언급하는데, 왜냐하면 이것은 개인적으로 특별히 중요했기 때문이며 그의 사도직에 대한 논쟁적인 질문과 관련되기 때문이다. 우리가 보아왔듯이, 어떤 사람들은 바울을 폄하하기를 원하였다. 그러나 바울은 하나님으로부터 자신이 열 두명의 사도들의 지위와 동등한 지위를 받았고 심지어는 베드로와 야고보의 것과도 동등한 지위를 받았음을 주장하였다.

사도행전 1장 3절에 보면, 예수가 40일의 기간 동안에 여러 번 사람들에게 나타났다는 언급이 있다. 누가복음과 사도행전의 저자는 분명히 이러한 것 중에서 단 몇 가지를 선택하여 언급했는데, 우리는 바울도 그와 같이 했다고 확신할 수 있다.

바울은 부활 현현들을 구체적으로 기술하지 않은 채 (자신의 것을 포함해서) 단순히 언급만 한다는 점에서 역시 선별적이다. 그가 이러한 부활 현현이 일어났다는 사실만을 알고 있었을리는 없는 듯 하다. 아마도 그는 거기에 관련된 이야기들을 알고 있었지만, 고린도전서 15장의 상황 속에서 바울은 독자들에게 이미 말한 이야기를 다시 말하려고 하지 않고 단지 상기시킬 뿐이다.

- 바울이 여인들이 텅빈 무덤을 발견한 것을 언급하지 않은 것은 아무 문제가 되지 않는다. 어떤 사람들은 그것은 고대 사회에서의 여인들의 증언에 대한 (경멸적인) 불신임을 반영한다는 말을 한다. 그러나 그것은 보다 더 바울의 설명의 요약적인 성격을 사실상 재차 반영할 뿐이다. 바울은 부활하신 예수의 현현에 대한 언급도 선별하였는데, 그것은 텅빈 무덤의 발견보다는 증거로서 보다 더 비중이 큰 것이다. 바울이 텅빈 무덤을 몰랐다는 것이 아니다. 예수가 '삼 일만에 부활하였다' 는 말 이전에 예수가 '장사되었다' 고 한 그의 특별한 설명은 다름이 아닌 장사된 육체가 부활했다는 것을 의미한다. 죽음 이후의 생명을 믿는 대부분의 유대인들 특히 바리새인들은 육체적인 부활을 믿었는데, 그것은 영이나 혼이 단지 잔존하는 것이 아니었다. 바울이 계속하여 부활한 육체의 성격을 논하는 것은 역시 그가 육체의 부활을 믿고 있음을 보여준다(15:35-44; 빌 3:21과 비교하라).

- 바울이 예수의 부활의 증언자들과 함께 자신의 이름을 나열하는 것은, 그가 모든 부활의 출현을 가상적인 것으로 본다는 것 을 표현하는 것이 결코 아니다. 물론 바울이 부활하신 그리스도에 대한 자신의 체험을 예수를 보았던 다른 사도들의 체험과 신학적으로 동등한 것으로 간주할지라도, 사실상 자신은 특별한 범주에 속해 있음을 공개적으로 인정하면서 자신을 "만삭되지 못하여 난 자"(15:8)라고 말한다. 이렇게 말하는 바울의 의도는 자신은 부활을 증언하는 사람들로 특권을 받은 그룹에 뒤늦게 가입한 자이거나, 혹은 매우 놀랄만한 방식으로 그 그룹에 가입한 사람(그가 교회를 박해했기 때문)이라는 것이다. 바울의 말의 정확한 기조가 무엇이든지 간에 어떤 측면에서 자신이 남다르다고 하는 그의 인식 때문에, 우리가 바울의 체험은 환상이었다고 추론할 수는 없다. 그리고 바울이 여러 부활 현현을 동일한 것으로 믿고 있음이 틀림없다고 자신있게 추론 할 수도 없다.

어쨌든, 바울이 자신의 부활 경험을 다른 부활 현현과 함께 나열한 것은 정확히 그 반대의 결론으로 인도될 수 있다. 즉, 바울이 베드로와 야고보, 그리고 다른 사람들에게 있었던 부활 현현을 환상에 불과한 것으로 보았다고 추측해보라. 그렇다면 바울은 그 자신의 체험도 그런 것과 유사하게 보았다는 말인가? 이것에 대한 입장은 확실하다. 고린도전서 15장은 바울이 부활 현현을 믿었다는 것(일시적인 시간 동안만 지속되었으나 사도적인 사역의 진정성을 입증하는 데 중요함)을 분명히 한다. 이러한 사항들 중의 어떤 것도 부활이 단순히 환상이었다는 그런 해석과는 마음 편안하게 일치되지 않는다. 그 이유는 주님에 대한 환상은 세대를 통하여(부활 이후에 바로 계속된 시기에서가 아니라) 계속된 기독교인의 체험의 한 모습이었지만, 그런 환상을 받은 사람들에게 사도적인 권위가 전달된 것은 아니기 때문이다. 그러나 두 가지 사항은 부활에 대한 복음서의 기사와, 그리고 그 중에서도 특히 누가복음과 사도행전의 기사와도 잘 부합된다. 복음서와 사도행전에 의하면, 부활 현현은 40일 동안(승천 이전에) 나타났는데, 그것은 어떠한 생생한 환상보다도 더 실제적인 그런 체험이었다고 한다. 그들은 자신들의 육체적인 눈과 귀로 예수를 보았고 그리고 들었다. 그래서 특히 그들은 사도가 된 것이다(행 1:1-11, 22; 눅 24:36-53을 비교하라). 바울이 부활의 기사를 이런 형태의 것으로 알았다고 추측하는 것이 매우 타당하다. 바울이 '주님을 보았다'고 스스로 생각하는 것은 사람들이 여러 세대들을 통하여 환상이나 꿈속에서 주님을 보았던 그런 방식이 아닌, 베드로와 다른 사람들의 경험과 필적한(동일한 것이 아니라고 할지라도) 방식이었음이 역시 전적으로 가능하다. 만약에 사도행전에서 다메섹 도상에서 바울이 눈이 멀었다고 말한 것이 정확하다면, 그는 그것을 마음속의 환상으로 보다는 예수와의 만남으로 간주했을 것이다.

이상에서 고린도전서 15장은 복음서에서 발견한 부활 기사를 그저 재생산하는 것이 아니었다는 결론을 내릴 수 있다. 바울은 독자적인 증인이다. 그러나 바울은 부활 기사에서도 독자적인 증인으로, 그의 설명은 복음서의 부활 기사와 아주 잘 어울린다.

2. 성만찬

바울은 예수의 죽음과 장사와 부활에 대해 말한 것처럼, 고린도인들에게 예수가 제자들과 함께 했던 마지막 만찬에 대해서도 또한 말한다. 그래서 바울은 11:23-25에서 다음과 같이 말한다. "내가 너희에게 전한 것은 주께 받은 것이니 곧 주 예수께서 잡히시던 밤에 떡을 가지사 축사하시고 떼어 가라사대 '이것은 너희를 위하는 내 몸이니 이것을 행하여 나를 기념하라' 하시고 식후에 또한 이와 같이 잔을 가지시고 가라사대 '이 잔은 내 피로 세운 새 언약이니 이것을 행하여 마실 때마다 나를 기념하라' 하셨으니"

여기서 우리는 부활기사에서 그랬듯이 전승(tradition)에 대한 가르침과 그것의 전수(passing on)에 대해 같은 생각을 가지게 되는데, 이번의 경우에는 아주 복음서에 가깝다. 특별히 누가복음의 설명과 매우 가깝다(마태복음과 마가복음에서 예수는 이렇게 말한다. "이것은 많은 사람을 위하여 흘리는 바 나의 피 곧 언약의 피니라"(마 26:28; 막 14:24); 대부분의 누가복음의 사본들은 "이 잔은 내 피로 세우는 새 언약이니"[눅 22:20]라고 말한다 - 동일한 생각이지만 약간 다르게 표현했다).

이 증거는 바울이 예수에 대해 가르친 것 중에서도 상당히 덜 모호한 것이다. 다시 말해 우리는 바울이 사람들에게 가르친 것이 무엇인지를 정확히 증명할 수 없다. 바울은 고린도전서에서 모든 것을 자세히 말하지 않고, 다만 그들이 이미 알고 있는 바를 상기시키며 어떤 특별한 사항에 주의를 기울이게 한다. 이번 경우에는 만찬이 '주님의 죽으심을 선포한다'는 것으로써, 이것은 예수가 자신의 육체와 피에 대한 말씀에서부터 분명히 말했던 것이다. 그러나 바울이 그것을 생각나게 하기 위해서 조언하는 방법("그가 배신당하던 그 밤에")은 마지막 만찬 기사와 마찬가지로 예수가 어떻게 배반을 당했는가라는 이야기를 그들도 알고 있었음을 말해준다. 복음서에 의하면, 예수는 겟세마네 동산에서 체포당하였다. 우리는 이 겟세마네를 볼 때, 바울이 사용한 '아바'라는 말이 그가 겟세마네 이야기를 알고 나서 말한 것인지에 대해 궁금해진다. 만약에 그렇다면, 이것은 고린도전서의 증거와 확실하게 잘 어울릴 것이다. 다른 증거들도 거의 같은 방향을 지시할 것이다. 예를 들어, 바울은 로마서 8장에서 그리스도인이 '아바라고 부르짖는 것'에 대해 성령과 육신의 갈등과 기도의 연약함에 대해 말한다. 겟세마네 기사에서 예수는 제자들에게 기도할 것을 강조하면서, "마음은 원이로되 육신이 약하도다"(예, 막 14:38)라고 말한다. 어쩌면, 연관성이 있을 수 있다.

만약에 바울이 고린도인들에게 예수의 배반당하심과 마지막 만찬, 그리고 예수의 부활 현현에 대해 가르쳤다면, 십자가 처형에 대해서도 가르쳤을 것이다. 바울은 단지 그들에게 예수가 "죽었으며 [···] 그리고 장사되었다"고 말한 것이 아니라, 그 일이 어떻게 일어났는지를 설명했을 것이다. 이것은 바울이 갈라디아인들에게 예수가 처형을 당할 때에 배반을 당함(3:1)과 '흔적'(6:17)을 언급한 방식을 볼 때 가능한 것이다. 우리는 어쩌면 골로새서 2장 14절의 증거도 추가할 수 있는데, 그 구절에서는 그리스도를 죄인된 우리를 대적하는 정죄의 증서를 '십자가에 못 박아버린' 분으로 지칭한다. 이것은 예수의 머리 위에다 "유대인의 왕"이라는 판결문을 박은 빌라도에 대한 복음서의 기사에 대한 일종의 암시(인유)인가? 이것을 증명할 수는 없지만 그럴 가능성은 있다.

- 참고: 그리스도의 몸에 대하여 -

주의 만찬에 대한 토론을 이렇게 주석하는 것은 바울이 교회를 하나의 지체로 가르친 것과 관련이 있다(예, 고전 12장; 롬 12장). 학자들은 교회에 대해 바울이 강력하게 묘사한 원인에 대해 길게 토론했다. 한 가지의 가능성은 바울이 주의 만찬에서 예수가 한 말에서 이 같은 생각을 '받아들였다'는 것이다. 성찬에 대한 모든 역사적인 논쟁으로 들어가지 않고 우리는 비교적 비논쟁적인 입장에서 주의 만찬에 대해, 그것은 예수가 제자들에게 자신을 주는 것을 매우 강력하게 묘사한 것이라 할 수 있다. 주님은 다음과 같이 말한다. "이것이 나의 몸이다". 그리고 나서 떡을 먹으라고 제자들에게 주었다. 이 상황은 제자들이 예수를 (자신들에게로) 취하는 것(그의 몸과 피를 취함으로)에 대한 것이다.

바울은 고린도전서 10장 16-17절에서 다음과 같이 설명한다. "우리가 축복하는 바 축복의 잔은 그리스도의 피에 참예함이 아니며 우리가 떼는 떡은 그리스도의 몸에 참예함이 아니냐." 참예에 해당하는 말은 코이노니아(*koinonia*)로서 '나눔'을 의미한다. 성찬에서 우리는 자신들에게로 그리스도의 몸을 취하는 행동을 하며(혹은 실제로 취하면서), 이렇게 해서 그리스도의 지체 속에 함께 한다. 바울은 계속하여, "떡이 하나요 많은 우리가 한 몸이니 이는 우리가 다 한 떡에 참예함이라"(10:17)고 말한다. 예수의 몸이 떡이라는 생각에서(적어도 그림같이)부터, 한 육체인 떡을 먹는 사람들이라는 생각으로의 재미있는 전환이 있다. 우리가 성찬에서 그 몸을 받아서 그 속에 함께 하는 것처럼, 우리가 현재 그리스도의 지체로서 그의 생명과 성령을 가지고 있다고, 바울은 믿고 있는가? 이것은 바울에 대해 좀 어렵지만, 생각해 볼 가치가 있는 사고훈련이라고 할 수 있다. 만약에 이것이 옳다면, 그것은 예수의 전승이 얼마나 바울에게 큰 영향을 끼쳤는가 하는 것을 예시해주는 것이다. 다른 한편으로, 바울이 하나의 지체로서 교회의 교제를 생각하는 것은 다 알 수 있을 정도로 명백하지만, 열매가 풍성한 생명으로부터의 비유를 거기에 다만 사용한 것이라고 할 수 있다.

또 다른 제안은 바울의 회심 경험과 특별히 그 경우에 부활하신 예수가 "왜 네가 나를 핍박하느냐?"(행 9:4)고 한 말씀이 교회와 그리스도를 동일시하도록 생각하게 하는 의미 있는 촉매제가 되었다는 것이다.

3. 성관계

어떤 학자들은 예수의 죽음은 초대교회에 잘 알려진 중요한 일이나, 예수의 사역의 이야기와 가르침은 그렇지 않았다고 생각한다. 그러나 이것과 반대로 말하고 있는 고린도전서로부터의 보다 많은 증거를 제시하고자 한다.

1) 이혼

바울은 고린도전서 7장에서 영적인 그리스도인은 성관계를 갖지 말아야 하며 결혼한 그리스도인들은 상대방과 헤어져야만 한다는 그런 견해에 대해 염려한다. 그는 이러한 생각을 여러 가지 근거에서 거부하면서 특별히 예수의 말을 인용한다. "혼인한 자들에게 내가 명하노니 (명하는 자는 내가 아니요 주시라) 여자는 남편에게서 갈리지 말고(만일 갈릴지라도 그냥 지내든지 다시 그 남편과 화합하든지 하라), 남편도 아내를 버리지 말라." 그리고 나서, 그는 다음과 같이 편지를 쓴다. "그 남은 사람들에게 내가 말하노니 (이는 주의 명령이 아니라)···"(7:10-12).

이것에 대해 주의할 첫 번째 사항은 어떤 방식으로든 바울 자신은 예수의 말씀을 분명히 인용한다는 것이다. 바울이 "내가 아니라 주시라"고 한 말은 반전되게 시작하는 컴마(쉼표)와 같고, 그가 "내가 이것을 말하노라(주가 아니라 내가)"고 하는 것은 반전되게 끝나는 컴마와 같다. 그는 이렇게 예수의 말씀을 인용한다.

주의할 두 번째 사항은, 바울의 말은 비록 예수의 말씀과 글자 그대로 동일한 것은 아니어도, 마가복음 10장 1-12절과 마태복음 19장 1-9절에서 볼 수 있듯이, 예수의 가르침과 아주 유사하다. 예수는 이 구절에서 이혼의 논쟁적인 문제에 대해 자신의 견해가 어떤지 질문을 받는다. 예수는 듣고 있는 이들에게 하나님이 아담과 하와를 한 몸으로 창조한 창세기 2장으로 되돌아갈 것을 말하면서, 두 가지의 약간 다른 견해를 언급한다(두 번째의 것이 첫 번째의 것을 명확하게 함).

(1) "그러므로 하나님이 짝지어 주신 것을 사람이 나누지 못할지니라."

(2) "누구든지 그 아내를 내어 버리고 다른 데 장가드는 자는 본처에게 간음을 행함이요 또 아내가 남편을 버리고 다른 데로 시집가면 간음을 행함이니라."

이것에 대해 주목할 만한 사항은 바울이 고린도전서 7장에서 이런 형식을 되풀이해서 사용한다는 것이다.

(1) 거의 동일한 구절('나누지 말라')이 되풀이되면서 이혼에 반대하는 일반적인 주장을 한다.
(2) 그리고 나서, "만약에" 헤어지는 일이 일어날 경우 결혼을 금하는 특별한 주장을 한다.

바울은 남편에 앞서 부인들에 대해 말하는데, 이것은 우리가 앞에서 보았듯이 성적인 금욕을 주장했던 자가 영적인 여성이었을 것이라고 시사하는 증거 중의 하나이다. 그러나 어떤 경우이든지 바울의 마음속에 복음서의 이야기를 가지고 있는 것은 분명하다. 이것은 바울에게 있어서 예수의 가르침이 얼마나 중요한 것이었는가에 대한 강력한 증거이다. 왜냐하면, 그것은 그만큼 분명하며 모호하지 않았기 때문이다.

2) 독신

고린도전서의 동일한 문맥 속에는 같은 방향을 지시하고 있는 좀더 모호한 다른 단서가 있다. 그러므로 이혼에 대해 바울이 가르치기 전에, 곧바로 그는 그리스도인의 독신을 권하면서 그것에 대해 설명한다. 그러나 그는 이것이 모든 사람을 위한 것은 아니라고 말한다. "각각 하나님께 받은 자기의 은사가 있으니 하나는 이러하고 하나는 저러하니라"(7:7). 바울은 7장 후반부에서 독신을 가치 있게 평가하는 이유를 말하면서, 결혼과 가족생활이 얼마나 큰 고통을 가져다주는지 결혼하지 않은 사람들은 '주의 일'에 얼마나 크게 집중할 수 있는지 설명한다(28, 32절).

이러한 모든 것은 예수가 마태복음에서 이혼에 대한 가르친 직후에 말씀하신 것을 생각나게 한다. 제자들은 이혼에 대한 예수의 엄격한 가르침에 대해 "그러면 결혼하지 않는 것이 낫겠다"고 응답했다. 이에 예수는 이렇게 대답한다. "사람마다 이 말을 받지 못하고 오직 타고난 자라야 할지니라 어미의 태로부터 된 고자도 있고 사람이 만든 고자도 있고 천국을 위하여 스스로 된 고자도 있도다 이 말을 받을 만한 자는 받을지어다"(마 19:11-12). '고자'에 대한 언급은 우리로서는 다소 이해하기 어려운 듯이 보이지만, 예수가 "천국을 위하여 스스로 고자" 된 사람들에 대해 말할 때, 아마도 천국을 위하여 "결혼을 포기한"(NIV역) 사람들을 언급하는 것 같다. 예수는 독신을 선한 것으로 보나 모든 이들에게 해당되는 것은 아니다. 그것은 다만 "받을만한 자"들을 위한 것이다. 이것이 바로 고린도전서 7장에서의 바울의 입장이다. 그는 독신을 몇몇 사람들만을 위한 은사로 보는데, 그 이유를 설명할 때는 예수의 가르침을 적절히 반복하는 듯이 보인다.

흥미롭게도 스스로 '영적'이라고 하는 고린도인들도 어쩌면 동일한 이야기에다 자신들의 입장을 호소했을 가능성이 있다. 그러나 그들은 영적인 참된 모든 그리스도인들에게 독신을 권하는 것으로서 '고자'에 관한 예수의 말씀('이 말을 받을 만한 자')을 읽었을 것이다. 그들에게 예수의 다른 이야기와 말씀도 영향을 주었을 것이다. 그중에는 자신의 가족 구성원들을 '미워할' 것을 제자들에게 요구하는 예수의 명확한 주장(예, 마 12:46-50)과 특별히 예수가 사두개인과 부활에 대해 토론한 것도 포함된다(예, 마 22:23-33; 막 12:18-27; 눅 20:27-40).

그 이야기를 보면 사두개인은 부활에 대한 모든 생각을 논박하기를 원했기에, 예수에게 일곱 남편(이들은 순서대로 모두 죽었다)을 가진 여자라는 가상적인 경우를 설명 했다. 그들은 "부활 때에, 이 여자는 누구의 부인이 되겠습니까?"라고 물었다. 이러한 교묘한 질문에 대한 예수의 응답은 이렇다. "이 세상의 자녀들은 장가도 가고 시집도 가되 저 세상과 및 죽은 자 가운데서 부활함을 얻기에 합당히 여김을 입은 자들은 장가가고 시집가는 일이 없으며 저희는 다시 죽을 수도 없나니 이는 천사와 동등이요 부활의 자녀로서 하나님의 자녀임이니라"(눅 20:34-36). 고린도인들이 예수의 이러한 이야기를 알았을까? 그들이 알았을 것이라는 것을 증명할 수는 없으나, 그것에서부터 그리스도인의 독신에 대한 주장을 생각해냈을 것이라고 보는데는 전혀 어려움이 없다. 그들은 삶에 있어 영적으로 우수한 방식(천국의 방식)은 독신일 것이라고 매우 합리적으로 추론했을 것이다. 만약에 그들이 예수가 곧 재림할 것을 기대했다면, 독신이야말로 확실히 그의 재림을 준비하면서 사는 방법이었기 때문이다. 만약에 그들 중의 어떤 사람들이 이미 자신들은 성령을 통하여 새로운 시대 속에 있다(천사의 방언을 함)고 생각하면(그 상태처럼), 사실상 그들은 더 이상 결혼하거나 성적인 활동을 하지 말아야 한다는 것이다. 아마도 부활에 대한 그들의 의심은 예수의 동일한 말씀에서 나왔을 것이다. 우리가 이미 하나님의 자녀라면(영적으로 그리스도와 함께 부활한), 하나님의 자녀가 더 이상 죽지 않는다면, 그렇다면 어떻게 다른 어떤 종류의 부활이 이런 모습과 부합될 수 있겠는가?

그 이야기에 대한 누가의 설명은 스스로 이러한 제안을 분명하게 제시하는데, 그 이유는 "죽지 않는" 그리고 "부활의 자녀"라는 언급은 누가복음에만 있고 마태복음이나 마가복음에는 없기 때문이다. 그러나 그들이 알고 있는 설명이 어떤 것이든지 간에 그들의 제안은 매력적이다.

소위 '영적인' 고린도인들이 사용했을 법한 또 다른 예수의 이야기는 예수가 마리아와 마르다라는 두 자매의 집을 방문한 이야기이다(눅 10:38-42). 마르다는 예수를 위하여 식사를 준비하고 있었기에 매우 조급했고 그 일로 인하여 힘이 들었다. 마리아는 예수의 발밑에 앉아서 그의 가르침을 듣고 있었다. 즉, 제자의 임무를 담당하고 있었다. 마르다는 이런 마리아에 대해 예수께 불평하지만, 예수는 "마르다야 마르다야 네가 많은 일로 염려하고 근심하나 그러나 몇 가지만 하든지 혹 한 가지만이라도 족하니라 마리아는 이 좋은 편을 택하였으니 빼앗기지 아니하리라"(10:41-42)고 대답한다.

그 이야기는 예수가 여성에 대해 긍정적인 견해를 표출한 것으로 주목할 만하다. 여자들은 보통 유대의 랍비들에게 제자로서 환영받을 수 없었다. 이것은 교회에서와 사역에서 여성에 대한 긍정적인 견해에 기여할 수 있는 이야기의 하나로, 갈라디아서 3장 28절에서도 이렇게 지적했다. 그리스도 안에서는 "남자와 여자가 없느니라." 그러나 그것은 또한 고린도교회의 자유방임적인 '영적인' 여성들로 하여금 독신의 제자도가 가사일보다 더욱 선호적임을 주장하도록 격려할 수 있는 이야기이다. 예수는 결국 마리아를 더 좋은 편을 택한 것으로 평가하였기 때문이다.

마리아와 마르다의 이야기에서 예증될 수 있는 이러한 제안은 어떤 근거가 없는 단순한 억측이 아니다. 그것을 지지하는 증거가 고린도전서에 어느 정도 있기 때문이다. 그 증거는 결혼하지 않은 상태에 대해 바울이 논한 것 속에서도 나타나는데, 거기에서 그는 결혼하지 않은 사람(분리되지 않은 마음으로 주님께 헌신할 수 있음)과 결혼한 이들의 분산된 마음을 비교한다(7:32-35). 바울이 여기에서 사용한 단어(예, "염려하다"/ "바치다:원래의 헬라어 단어는 '옆에 잘 앉아 있다' "/ "마음이 나누이다")는 여느 때와 다른 단어이지만, 그러나 마리아와 마르다의 이야기에서 발견되는 단어와 유사하다.

물론, 독신적 삶의 형태를 주장하는 고린도인들에게 매우 그럴듯하게 격려했던 예수의 기사(이야기)의 또 다른 면은 예수 자신이 독신이었다는 것이다. 결국, 바울도 그리스도와 그리스도의 제자로서 자신을 본받으라고 주장하지 않았는가(고전 4:16, 11:1)?

바울과 고린도인들이 독신에 대한 견해를 예수의 기사에서 동의를 구했다는 것은 증명할 수 없으나 그럴듯한 하나의 가정이다. 그 이유는 (a) 우리가 보았듯이 고린도전서 7장에서 바울은 이혼에 대한 주제에 대해 확실히 예수에게 동의를 구하고 있기 때문이다. (b) 그리고 우리가 언급한 마리아와 마르다의 이야기와 같은 예수의 여러 이야기들은 누가복음(사도행전처럼 누가복음도 바울계통의 선교팀에서 나온 것 같이 생각되며, 사도행전은 바울에 대해 효과적으로 집중함)에 기록되어 있기 때문이다.

3) 매춘

고린도 교회에서 예수의 가르침을 인용한 사람들은 사실상 독신주의를 주장하는 자들이 아니다. 놀랍게도 창녀들에게로 다니는 남자들이 그런 인용을 한다. 그들은 바울이 율법에서의 자유("모든 것이 가하다", 6:12)를 가르쳤다고 하면서, 자신들의 행동을 합리화하려는 경향이 있었다. 그렇다면 그들은 예수의 가르침에 호소하여 동의를 구하였는가? 이러한 점은 바울이 그들의 견해를 평가하고 있는 방식에서 보여준다. "식물은 배를 위하고 배는 식물을 위하나 하나님이 이것 저것 다 폐하시리라"(6:13). 음식과 배(위장)가 창녀의 문제와 어떻게 관련되는지 궁금할 것이다. 이런 상황은 덤으로 성관계가 주어지는 난교(여러 명과의 성관계) 파티의 일종인가? 가능한 말이다. 그러나 예수가 음식에 대해 말한 것을 가지고 고린도인들이 성관계에 적용한 말일 수도 있을 것이다.

이 점을 이해하기 위하여 마가복음과 마태복음에 있는 예수의 기사를 회상해야만 한다(막 7:1-23; 마 15:1-20). 복음서에 따르면, 예수의 제자들은 "부정한, 즉 씻지 않은 손으로 음식을 먹음"(막 7:3)으로 바리새인과 서기관들의 기분을 상하게 했다. 예수는 대적자들의 질문에 답하면서 그들의 왜곡된 우선순위를 이렇게 비난하였다. "무엇이든지 밖에서 사람에게로 들어가는 것은 능히 사람을 더럽게 하지 못하되 사람 안에서 나오는 것이 사람을 더럽게 하는 것이니라"(막 7:15). 예수는 이것을 풀이해 달라는 제자들의 요구에 이렇게 설명했다. "무엇이든지 밖에서 들어가는 것이 능히 사람을 더럽게 하지 못함을 알지 못하느냐 이는 마음에 들어가지 아니하고 배에 들어가 뒤로 나감이니라"(막 7:18-19a). 그리고 나서 마가복음은 이렇게 덧붙인다. "이렇게 말씀하심으로 예수는 모든 식물을 깨끗하다 하셨느니라"(7:19b).

마가가 이 말씀의 마지막에 '모든 식물을 깨끗하다'(문자적으로 '모든 음식을 정결케 하심')고 예수의 선언을 평한 것은 마가 자신의 해석이다. 마가는 예수가 한 말의 의미를 생각해 볼 때, 더 이상 구약의 음식법은 최소한 이방인 독자들을 속박하지 못하는 것으로 이해한다. 바울도 같은 방식으로 생각했던 것 같다. 로마서 14장 14절에서, 바울은 "내가 주 예수 안에서 알고 확신하는 것은 무엇이든지 스스로 속된 것이 없으되"라고 말한다. 여기서 "주 예수 안에서 알고 확신하는 것"이라는 구절은 단지 "그리스도인으로서 내가 믿기에는"이라는 말과 비슷할 수도 있으나, "주"에 대한 언급은 데살로니가전서 4장 15절에서 죽은 자에 대한 "주님의 말씀"과 고린도전서 11장 23절과 7장 10절에서 성만찬과 이혼에 대한 "주님의 말씀"과 같이 주의 말씀에 대한 언급일 수도 있다. 다른 말로 하자면, 바울은 예수의 가르침을 돌이켜서 언급한 것이다. 바울은 틀림없이 로마서 14장 14절에서 정함과 부정함에 대한 예수의 가르침을 회상하는 것 같다. 사실상 그것은 정확히 마가가 한 일(예, 예수가 정한 음식과 부정한 음식에 대한 구약 율법을 말한 것으로 이해함)이다. 구약의 율법을 그대로 유지하기를 원했던 유대 그리스도인과의 논쟁 때문에, 이 말씀은 바울에게 매우 중요한 것이었다.

이것이 바울에게 중요했음을 가정한다면, 그가 고린도인들에게 이러한 가르침을 전수했음은 전적으로 가능한 것이다(골 2:21-22). 바울은 그들에게 그리스도인이 율법으로부터 자유하다고 가르쳤을 것이며, 그것과 관련된 예수의 가르침을 인용했을 것이다. 그러나 바울도 예상하지 못한 것은 어떤 고린도인들은 그리스도인의 자유에 대한 가르침(특히 "밖에서 들어가는 것"이 능히 사람을 더럽게 하지 못한다는 예수의 말씀)을 가지고 성적인 방종을 정당화하려고 한 것이다. 결국, 복음서 이야기 그 자체 속에서 음식의 문제는 손을 씻는 문제와 연결된다. 그런데 이 음식에 대한 가르침을 고린도인들이 다른 육체적인 기능인 성에다 적용한 것은 너무나 편리한 논리인 것이다. 예수가 음식이 배로 들어가서 뒤로 나온다고 한 것을 설명한 것 때문에, 고린도인들은 "배를 위해 음식이 있고 음식을 위해 배가 있으나 하나님은 둘 다 폐할 것이다"라고 능히 말할 수 있었으며, 또 성(sex)은 마음과 정신과 관련되지 않는 전혀 해가 없는 육체의 신체적 기능일 뿐이라고 능히 주장할 수 있었을 것이다. 그들에 의하면, 이것이 예수가 말했을 때 의미한 바였다는 것이다.

이러한 논리는 왜곡된 것으로 보일 수 있으나 자신의 입장에 맞게 성경을 왜곡하여 해석하는 현대인들에게도 이같은 일이 흔하다. 고린도인들은 현대의 해석자들보다 더 많은 합리화를 했는데, 그 이유는 그리스도인이 이방세계에서 유대교 율법으로부터 자유롭게 살아가는 것이 새로운 것이었기 때문에, 어떤 이들에게는 영적인 금욕주의의 논리가, 또 다른 이들에게는 성적인 자유의 논리가 생겨났기 때문이다.

바울은 이러한 양 입장에 대해 논쟁을 해야만 한다. 이렇게 모든 것을 재구성함에 있어 흥미로운 것은 그나 그의 반대자들이나 다 예수의 가르침과 전승을 인용했다는 것이다. 바울은 그들에게 예수가 말씀하신 결혼, 이혼, 독신, 하나님의 나라 그리고 정함(깨끗함)을 포함한 모든 종류의 것들에 대해 가르쳤다. 그들은 동료로서 그런 가르침을 받아들였으나, 어떤 것은 바울이 거부했던 방식으로 해석을 했다. 그래서 바울은 그들의 해석을 수정해 주어야만 했다. 그렇게 하는 과정 속에서 바울은 여러 논쟁을 다루었고, 그러는 중에서 예수의 가르침에 더 깊은 교훈을 받았다. 그래서 바울은 자유방임자들(the libertines)에 반대해서 하나님 나라의 의에 대한 예수의 가르침을 다룬다(고전 6:9-11, 그 이하를 더 보라). 그는 또한 예수의 몸의 부활을 상기시키면서 육체가 중요하지 않고 일시적이라는 그들의 생각에 대해 일격을 가한다(6:14). 바울은 금욕파들(the ascetics)에 반대해서 이혼에 대한 예수의 말씀을 인용한다. 예수는 결혼한 이들에게 서로에게 충실하고 헤어지지 말라고 말씀했다. 바울은 독신주의(celibacy)에 대해서는 그것이 하나님의 은사인 것으로 예수가 지적한 것을 분명히 한다. 바울은 자유방임파와 금욕파의 양쪽에 대해 말할 때(고전 6:16, 7:4), 하나님이 '한 몸'이 되도록 남자와 여자를 창조한 것을 말하는데(창 2:24), 이것은 또한 예수가 이혼을 논할 때에도 인용한 것이다(마 19:5). 이 경우에 있어서, 바울은 예수에 의해 영향을 받을 필요가 없었을 것인데, 그 이유는 그도 구약을 익숙하게 알고 있었기 때문이다.

그러나 예수의 기사와 말씀은 바울과 고린도의 그리스도인들의 양자에 있어 공통된 근거로서, 서로 간의 해석상의 논쟁에도 불구하고 위대한 권위인 것으로 생각되었음은 분명하다(마가가 "무엇이든지 밖에서 사람에게로 들어가는 것은 능히 사람을 더럽게 하지 못하되"[막 7:16]라고 말한 곳에서, 마태는 "입에 들어가는 것이 사람을 더럽게 하는 것이 아니라"[마 15:10]고 한 것은 의미가 깊다. 마태는 고린도인의 방종적인 오해를 피하고자 그 말을 바꾸어 말하지 않았을까).

4. 사도권

바울은 이혼에 대한 예수의 가르침뿐만 아니라, 또한 사도권에 대한 자신의 가르침에서도 명백하게 사람들의 동의를 구한다. 고린도전서 9장 14절에서 이 상황은 바울이 우상에게 바쳐진 음식에 관한 그리스도인의 태도를 논할 때였다. 바울의 견해는 그리스도인이 "땅과 거기 충만한 것이 주의 것"이기 때문에, 어떤 음식도 먹을 수 있다는 것이다(10:26; 또한 우리가 보았듯이, 바울은 "주안에서" 어떤 것도 속된 것이 없었다고 믿었다, 롬 14:14). 그런 의미에서 바울은 시장에서 파는 음식이나 이교도에 의해 우상의 제물로 제공되어 준비된 음식을 먹는 것도 괜찮다고 믿는 '강한' 고린도 그리스도인의 입장에 서 있다. 그러나 바울은 그리스도인은 '약한' 형제와 자매의 양심에 거역되는 일을 해서는 안 된다는 강력한 주장을 하면서, 자신의 주장에 균형을 잡는다. 다른 이들의 신앙에 거침돌이 되기보다는 '나의' 자유를 희생하는 것이 더 나은 것이다.

1) 사도의 권리와 자유

바울은 자신의 사도권에 대한 토론을 함으로 이 점에 대해 구체적으로 설명한다. 의미 있게도, 그는 이렇게 질문하면서 시작을 한다. "내가 자유자가 아니냐 사도가 아니냐 예수 우리 주를 보지 못하였느냐"(9:1). 그리고 나서 바울은 자신도 모든 사도로서의 권리를 가진 자이나, 복음을 위해 자신의 권리와 자유를 희생했다고 말한다. 특별히 그는 재정적인 후원에 대한 사도적인 권리를 포기했기에 스스로 먹고 살기 위해서 자신의 손으로 일을 했다.

그러면 이러한 사도적인 권리에 대한 생각은 어디에서 온 것인가? 그 대답은(혹은 그 대답의 중요한 일부는) "주께서 복음 전하는 자들이 복음으로 말미암아 살리라 명하셨느니라"(9:14)는 것이다. 여기서 바울이 인용한 것은 예수가 제자들에게 위임했던 말씀일 가능성이 큰데, 왜냐하면 예수는 제자들을 전도하러 보내시면서 여행을 위해 아무것도 가지지 말고, 제공되는 후한 접대를 받아들이라고 말씀했기 때문이다. 누가복음에서 예수는 칠십

이인을 전도자로 파송할 때, 잘 준비된 집을 찾아 갈 것과 그리고 "그 집에 유하며 주는 것을 먹고 마시라 일꾼이 그 삯을 얻는 것이 마땅하니라" (10:7; 마 10:10과 비교하라)고 말씀하셨다.

다음의 관찰들을 보면, 여기서는 특별히 바울과 예수의 가르침이 서로 관련되는 것을 지지한다.

- 바울은 예수의 말씀을 인용한다.
- 예수의 파송담화에 나오는 말씀은 바울의 목적과 부합되는데, 즉 복음의 일꾼들을 후원하라고 하는 점에서 그렇다.
- 바울은 사도권에 대해 말하면서 다른 사도들과 같이 자신도 진짜 사도라고 말한다. 그리고 예수의 말씀은 그가 '파송하는' 이들에게 충고를 하는 가운데 나타난다('파송한다'는 말은 아포스텔로[apostello]라는 헬라어로 사도[apostle]라는 단어의 동사형임: 마 10:5, 16; 막 6:7; 눅 9:2, 10:1).
- 바울은 삯을 받을 가치가 있는 일꾼에 대해 예수가 하신 말씀을 조목조목 인용하지 않고, 다만 복음을 값없이 전하는 것으로 자신의 삯이 이루어져 있다(역설적으로)고 계속 말한다(고전 9:17-18).
- 바울은 복음을 '전파하는' 사람들에 대해 말하는데, 이것은 정확히 예수의 제자들이 사역하기 위해 파송될 때의 상황과 같다(마 10:7; 막 6:2; 눅 9:2).
- 바울은 "음식을 먹고 마실 권리"(9:3)가 있다고 말하는데, 이것은 정확히 예수가 제자들에게 받아들이라고 권한 것이다(눅 10:7).
- 바울은 사도로서의 자신의 권위(또는 권리)에 대해 말하는데(고전 9:4, 18), 예수도 제자들에게 그들의 사명에 대해 권위를 부여 하셨다(마 10:1; 눅 9:1).

이러한 증거의 축적으로 인하여, 일꾼이 삯을 받을 가치가 있다는 사실을 가지고 바울은 자신이 마음에 둔 입장을 한층 더 강화시킨다(그때 바울은 복음을 전하는 자들은 그것으로 생활비를 얻는다고 말했음). 그것은 또한 바울이 이런 말씀을 잘 알고 있었을 뿐만 아니라, 예수의 전 사역의 담화에 대해서도 익숙하였음을 간접적으로 드러낸다.

갈라디아서를 보면, 예수가 이스라엘의 열두 지파에게로 그 사역을 제한한 것을 바울이 알고 있음을 알 수 있다. "차라리 이스라엘 집의 잃어버린 양에게로 가라"(마 10:5). 이것은 마태복음의 파송 담화(mission discourse) 속에서도 발견되기에, 그 담화가 바울에게 알려졌다는 또 다른 증거가 된다. 바울과 다른 복음서의 설명 사이의 연관성은 다시 설정될 것이다. 이스라엘로 제한하는 것은 마태복음에 있고, 먹는 것과 마시는 것에 대한 설명은 누가복음에 있다(물론 마태가 "일꾼이 음식을 먹을 가치가 있음"에 대해 의미심장하게 말하지만, 10:10). 그러나 이것은 전혀 문제가 안 된다. 만약에 바울과 복음서의 기자들이 하나의 공통된 자료가 아니라 모두 예수의 초기 전승을 끌어 들였다면 일치와 불일치라는 복잡한 형태를 예상할 수 있을 것인데, 이것은 정확하게 우리가 발견한 것이다.

2) 사도의 권리를 포기함

우리는 사도로서의 권리를 기꺼이 포기함에 대한 바울의 논의가 미심쩍은 면을 가진다는 사실에 대해 아직 말하지 않았다. 그는 주님이 사도들에게 복음으로 그들의 생계비를 벌라고 명한 것을 알고 있기에, 그것을 확실히 고린도인들에게 깨닫게 한 것이다. 그러나 그는 그렇게 실천하지는 않는다. 이것은 그를 비방하는 자들이 그를 향해 겨냥했던 비난 중의 하나였을 것이다. 어떻게 그가 예수의 진정한 사도라고 주장할 수 있는가, 예수가 말했던 것과 다르지 않은가? 이것이 바울이 아볼로 보다 더 열등한 사람이라고 고발당했던 이유들 중의 하나인가(모든 사람들의 대접을 기꺼이 받아들인 베드로와 같은 다른 사도들은 말할 것도 없음)?

바울의 답변은 주님의 명령을 의심한 것이 아니라, 이러한 '권리'나 '권위'를 포기할만한 신실한 복음적인 이유가 있음을 설명하려는 것이다. 그러므로:

- 바울은 역설적으로 그의 '삯' 혹은 그의 '보상'은 복음을 값 없이 전하는 것에 있다고 주장한다. 바울은 여기에서 예수의 말씀을 반복하는 듯하다. "너희가 거저 받았으니 거저 주어라"(마 10:8에 있는 전도 담화에 나옴).

- 바울은 어떤 그리스도인 형제를 '실족하게' 하는 일에 대해 강력하게 경고한다(고전 8:13; 롬 14:21; 고후 11:29을 비교하라). "실족하다"(헬라어, skandalizo)는 단어는 "걸려 넘어지게 하다"는 말로 번역할 수 있다. 이 말은 비종교적인 헬라에서는 일상적인 단어는 아니지만, 복음서에 의하면 예수의 가르침에 있어 중요한 단어이다. 예를 들어, 예수는 "또 누구든지 나를 믿는 이 소자 중 하나를 실족케 하면 차라리 연자 맷돌을 그 목에 달리우고 바다에 던지움이 나으리라"(막 9:42; 또한 막 9:43-47과 마 18:6-8, 17:27과 눅 17:2을 보라)고 강력하게 경고한다. 이러한 예수의 가르침은 '약한 자'에 대한 바울의 관심과 다른 사람들을 위해 바울 자신의 권리를 기꺼이 포기하는 행동의 그 이면에 놓여져 있는 것 같다.

- 그는 계속하여서 "스스로 모든 사람에게 종이 된 것은 더 많은 사람을 얻고자 함이라"(고전 9:19)는 말을 한다. 이곳에서 사용한 말은 마가복음 10장에서 예수가 제자들에게 교훈한 것을 특별히 생각나게 하는데, 거기에서 예수는 누가 큰 자인가에 대한 제자들의 질문에 대해 답하면서 그들을 섬김의 방식으로 초대한다. "너희 중에 누구든지 으뜸이 되고자 하는 자는 모든 사람의 종이 되어야 하리라 인자의 온 것은 섬김을 받으려 함이 아니라 도리어 섬기려 하고 자기 목숨을 많은 사람의 대속물로 주려 함이니라"(막 10:43-45). "많은 사람의 대속물"이라는 생각은 "더 많은 자를 얻고자 함"이라고 한 바울의 말과 거리가 먼 것 같지 않다. 그리고 바울이 자신의 사역을 설명할 때, 노예와 종이 되라는 예수의 말씀을 아마도 마음에 두고 있었던 것 같다. 바울이 여러 편지에서 자신을 "예수 그리스도의 종"(그 자신이 사용한 두드러지고 의미 깊은 호칭)이라고 부른 것은 또한 연구할 만한 가치가 있다(롬 1:1; 빌 1:1; 딛 1:1; 갈 1:10과 비교하라).

학자들은 바울 당시의 궤변론자들이 '제자'를 가지고 있었으나, 바울은 자신의 회심자들이나 그 회중의 교인들을 제자라고 부른 적이 없음을 주목한다. 바울은 그들을 '형제' 가끔 '사랑하는 자녀'라고 부른다. 종의 지도력과 그리스도인이 그리스도의 가족 구성원이라고 한 예수의 가르침은 바울에게 큰 영향을 주었던 것 같다. 이것은 바울의 교회에 엄격한 계급적인 지도력의 증거가 없는 것에서도 나타난다(마 23:8-11; 막 3:34-35; 눅 17:10과 비교하라).

만약에 바울이 예수의 어느 말씀(일꾼의 삶에 대한)과 또 다른 말씀(다른 사람들을 실족하게 하지 말 것과 겸손한 섬김에 대한) 사이에서 균형을 잡고 있었다면, 그것은 예수의 가르침이 얼마나 중요한지, 그리고 그 후의 해석의 문제가 지금처럼 얼마나 의미가 있는 것인지를 다시 한번 보여준다. 바울은 일꾼의 삶에 대한 예수의 말씀을 딱딱하고 문자적으로 해석하는 것을 찬성하지 않으며, 섬김에 대한 예수의 핵심적인 가르침의 빛 속에서 그것을 현명하게 해석한다. 우리는 갈라디아서에서 바울이 이 구절을 알고 있었다고 하는 가능성 있는 단서를 보았다(7장에서 갈 2:6-9, 5:13 그리고 6:2에 대한 토론을 보라). 갈라디아서 2장 6-9절에서, 바울은 자기의 반대자들이 교회의 '기둥'들에게 호소하는 것에 어느 정도 신경을 쓰고 있음을 보여준다. 바울에게 있어서는 예수가 야고보와 요한과 다른 사도들에게 종의 신분에 대해 말씀한 것을 기억할 필요가 있었다. 고린도전서 9장에 따르면, 바울은 사도로서의 권리와 자유를 포기하면서, 자신의 삶 속에서 그러한 말씀을 행동으로 옮기려고 했다.

3) 바울과 아볼로

사도권과 종됨에 대한 문제에서 떠나기 전에, 바울이 고린도전서의 앞부분에서 자신과 아볼로에 대해 논한 것을 기억할 필요가 있다. 여기에는 예수의 가르침에 대한 여러 가지의 반복이 있을 수 있다. 바울은 자기 자신과 아볼로는 "그리스도의 일꾼이요 하나님의 비밀을 맡은 자"로 여겨야만 한다고 주장하면서, '주'에 대해 설명하는데 그가 오시면 하나님으로부터 그

때 각자의 '칭찬'을 받게 될 것이라고 말한다(4:1-5). 이것은 주님의 재림에 대한 비유와 아주 비슷하게 들리는데, 특별히 청지기 비유와 유사하다(마 24:45-51; 눅 12:42-46). 바울의 마음속에는 역시 달란트 비유(주인이 '착하고 충성된 종'을 칭찬하는 것을 언급함)가 있었을 것인데, 이 비유는 바울이 12장에서 각 사람에게 다양한 은사를 주시는 성령에 관하여 말할 때 그 배후에 있었을 것이다(고전 12:7-11). 바울이 예수의 그러한 종말론적인 비유를 익히 알고 있었다는 것은, 이 책의 제10장에서 데살로니가전서를 조사하는 것을 보면 분명하다.

다시 바울과 아볼로로 돌아가자. 바울은 자신과 아볼로를 '하나님의 밭'에서 일하는 농부(예수의 비유에 있는 익히 알려진 농업적인 비유적 표현)로 비유하는데, 그렇다고 이것이 반드시 그 비유에서 온 것은 아니다(고전 3:5-9; 마 13장과 막 4장과 눅 8장을 비교하라). 바울은 또한 사역자들을 하나님의 집을 짓는 건축자로 말하면서, 예수 그리스도만이 유일한 그리스도인의 기초(터전)가 된다고 설명한다. 우리는 예수가 산상수훈의 끝에서 지혜로운 건축자와 어리석은 건축자를 비교한 비유도 알고 있다. 지혜로운 건축자는 "나의 말을 듣고 그것을 행하는" 사람이다(마 7:24-27; 눅 6:47-49).

마태복음에서 예수는 자신의 말씀을 유일한 기초(건물의 터)로 말하면서, 또한 교회를 베드로 위에 세울 것에 대해 말한다(마 16:16-20). 그러나 바울은 갈라디아서에서 베드로의 우위성에 대한 이런 전통적 지식을 나타내면서도, 그 자신을 희생시키면서 베드로를 대신 찬양하는 사람들에 대해서 불편해한다. 고린도전서 3장에서 바울은 고린도인들이 베드로를 비롯한 인간적인 지도자를 과찬하는 것을 논하는 상황에서 예수님만을 유일한 기초라고 강조한다. 고린도 교인들은 바울과 아볼로와 베드로의 주가 되신 예수 그리스도를 찬양하는 대신에 단순한 종에 불과한 인간적인 지도자를 찬양하지 말아야 한다는 것이다(3:22).

동일한 건축에 대한 논의에서 바울은 고린도인들을 "하나님의 성전"으로 언급하면서, 그것을 "멸하려고" 하는 자들에게 경고한다(3:16). 제7장에서 우리가 시험하였던 이 특별한 가르침은 여기서 다시 한번 더 빛을 낸다.

그 유사한 배경은 예수 자신의 죽음과 연관된 성전의 멸망과 재건축에 대한 예수의 가르침으로써 제시되었다. 만약에 교회가 현재의 하나님의 성전이라면 그 우선순위는 멸하는 것이 아니라, '세우는 것'으로, 이것은 고린도전서 12-14장에서 바울이 영적인 은사를 논함에 있어서의 중요한 개념이다(예, 14:4, 5, 12을 보라).

5. 세례와 하나님의 나라

이번 장에서는 예수의 말씀과 이야기가 바울과 고린도인들에게 얼마나 중요한가를 보여주는 분명한 증거에 주목했다. 우리는 조금 덜 분명하지만 가능성이 있는 몇몇 반복들도 보았다. 가능성이 있는 것들의 목록은 별 문제없이 쉽게 확장될 수 있다.

우리는 고린도전서 1장 15절과 6장 11절 및 12장 12-13절에 있는 세례에 대한 구절을 언급하면서, 바울은 그리스도인의 세례의 모델로서 예수의 세례를 마음에 두었을 것이라는 말을 했다. 12장 13절에서 나오는 표현인, "우리는 다 한 성령으로 세례를 받았다"는 말은 세례 요한이 "너희에게 성령으로 세례"를 주실 자의 오심을 예언할 때에 한 말을 생각나게 한다(막 1:8).

우리는 앞에서 하나님의 나라를 언급하는 성경 본문에 대하여 논하였다. 6장 9-11절에서 바울은 "불의한 자는 하나님의 나라를 유업으로 받을 수 없는 것"을 설명한다. 또한 '하나님의 나라'라는 표현과 나라를 의로운 자와 연결시키는 것은 예수에게서 나온 것임을 탐구했었다.

일찍이 바울은 "하나님의 나라는 말에 있지 아니하고 오직 능력에 있음이라"(4:20)고 덧붙인다. 바울은 여기에서 그리스도인 지도자들을 말하면서, 그들의 권위는 말이 아니라 행동으로 보인다고 한다. 우리는 능력(예수의 기적과 그가 파송한 사도의 기적 속에서 증명된 것임)으로 오는 하나님의 나라에 대한 복음적인 모습을 다시 생각하게 된다. 바울은 자신과 다른 사람들의 기적에 대해 많은 말을 하지 않는다. 그러나 바울은 고린도전서 2장

4절에서 자신의 메시지가 지혜롭고 설득력있는 인간의 말을 하는 것이 아니라, 성령의 능력으로써 말하는 것이라고 한다. 그리고 나서, 그는 고린도후서 12장 12절에서 "사도의 표 된 것은 내가 너희 가운데서 모든 참음과 표적과 기사와 능력을 행한 것이라"고 분명히 말한다. 이것은 바울이 사도들과 관련되어 있는 기적들에 대해 알고 있다는 분명한 증거이다(또 롬 15:19을 보라).

6. 믿음과 지식 및 구제

기적과 관련된 또 다른 중요한 본문은 고린도전서 13장 2절인데, 거기에서 바울은 "산을 옮길 만한 모든 믿음이 있을지라도 사랑이 없으면 내가 아무것도 아니요"라고 말한다. 산을 옮기는 믿음에 대한 표현은 마태복음 17장 20절에서 발견된 예수의 가르침과 아주 유사하게 들린다. "너희가 만일 믿음이 한 겨자씨만큼만 있으면 이 산을 명하여 '여기서 저기로 옮기라' 하여도 옮길 것이요"(눅 17:6과 마 21:21 및 막 11:22-23과 비교하라). 복음서에서 예수는 명백하게 그런 믿음을 추천하지만, 그 반면에 바울은 사랑을 지지하면서 믿음을 덜 강조하는 것처럼 보인다. 그러나 바울은 그러한 믿음의 가치를 부인하는 것이 아니다. 그가 말하는 것은 산을 옮길만한 믿음을 포함해서 영적인 성취나 능력 중에서 가장 큰 것은 사랑이 없으면 아무 소용이 없다는 것이다. 이것은 은사주의적인 고린도 교인들이 꼭 들어야만 하는 메시지였다. 바울은 믿음에 대해 선명한 영상을 예수에게서부터 가지게 되었을 것이며 고린도인들도 그 기원을 알고 있었을 것이다.

동일한 상황 속에서 바울은 "내가 예언하는 능이 있어 모든 비밀과 모든 지식을 알고 …, 그러나 사랑이 없으면 내가 아무것도 아니요"(2절)라고 설명한다. 이것은 고린도인들에게 매우 적절한 말이었는데, 그 이유는 그들은 예언과 지식을 아주 강조하였기 때문이다. 그러나 여기서는 그 이상으로 예수의 말씀을 반복하는 것 같은데, 왜냐하면 복음서에서 예수는 제자들에게

"천국의 비밀을 아는 것이 너희에게는 허락되었다"고 말했기 때문이다(마 13:11; 눅 8:10; 막 4:10과 비교하라). 고린도인들은 이와 같은 본문을 알고 있었으며 그들을 위하여 그것을 주장했다고 상상하는 것은 어렵지 않다. 그들은 성령의 사역을 통하여 예수가 말한 거룩한 지식을 얻었다고 믿었다. 그래서 그들은 그것을 아주 자랑했다. 바울은 고린도인들이 거룩하게 주어진 지식을 가지고 있음을 부인하지는 않았으나, 그 선물(지식)에 대해 균형을 잡는 것이다. 즉, 바울은 사랑이 없다면 그러한 것들도 소용이 없다고 말한다.

그는 계속하여 말하기를, "내게 있는 모든 것으로 구제하고 또 내 몸을 불사르게 내어 줄지라도 사랑이 없으면 내게 아무 유익이 없느니라"(3절)고 한다. 어떤 더 고귀한 희생이 있을 수 있는가? "모든 나의 소유"를 줌에 대해 언급하는 것은 예수의 말씀의 또 다른 반복같이 들리는데, 왜냐하면 이것은 정확히 복음서에 나오는 부자 청년 관원에게 예수가 한 도전이기 때문이다(마 19:21; 막 10:21; 눅 18:22). 누가복음에서는 동일한 도전이 모든 제자들에게로 향해진다(12:33).

고린도전서 13장에서 바울은 예수가 가르친 것으로 보이는 가장 중요한 영성의 예들을 회상하면서도, 사랑이 절대적으로 중요함을 강조하고 있다고 결론내릴 수 있다. 물론, 사랑이 절대적으로 중요함은 이전에 보았듯이 예수 자신의 가르침 속에 있었다.

7. 지혜와 계시

고린도인들이 예수가 말씀한 지식과 계시를 가지고 있는 것으로 자신들을 보았다는 입장은, 고린도전서 1-4장에 의하여 확인될 수 있다(거기에서 바울은 지혜와 어리석음을 논한다). 바울이 고린도인들의 지혜와 지식에 대한 생각을 논하기 위해 사용한 언어('어린 아이' [3:1]에 대한 언급을 포함해서)는 마태복음 11장 25-27절과 누가복음 10장 21-22절의 제자들을 생각하게 하는데, 거기에서 예수는 다음과 같이 말한다. "천지의 주재이신 아버지여 이것을 지혜롭고 슬기 있는 자들에게는 숨기시고 어린 아이들에게는 나타내심을 감사하나이다 옳소이다 이렇게 된 것이 아버지의 뜻이니이다 내 아버지께서 모든 것을 내게 주셨으니 아버지 외에는 아들을 아는 자가 없고 아들과 또 아들의 소원대로 계시를 받는 자 외에는 아버지를 아는 자가 없느니라." 아마도 유명한 구절은 고린도인들에게도 중요했던 것 같은데, 그 이유는 그들은 영적인 지혜와 계시를 주장하고 있었기 때문이다.

바울은 그리스도의 복음의 지혜라기보다는 세속적인 지혜의 표시로서 고린도인들의 교만함을 보았을지라도, 지혜는 바울에게 있어 역시 중요했을 것이다. 구약성경과 후기의 유대인 저작들은 거의 인간적인 용어로 하나님의 지혜에 대해, 마치 그것이 하나님을 따라서 사역을 하는 동료인 것처럼 (예, 잠 8; 지혜서 7) 말한다. 바울은 그리스도를 '우리의 지혜'라고 말한다. 그리고 예수가 구약의 지혜와 자신을 관련시켜 말한 많은 구절들이 복음서에 있다(마 11:28-29; 눅 7:35, 11:31, 49 포함).

8. 산상 설교

만약에 고린도인들이 스스로를 하나님의 지혜자로 보았다면, 그들은 역시 스스로를 예수의 황금율이 말하는 복 있는 자들로 보았을 것이다. 산상수훈은 '가난한 자' 또는 '심령이 가난한 자'를 축복하는 것으로 시작하면서, 하늘나라가 그들의 것이라고 설명한다. 예수는 계속해서 가난한 자들이 배부를 것이라고 말한다(마 5:3-10; 눅 6:20-23). 바울은 고린도인들에게 역설적으로 "너희가 이미 배부르며 이미 부요하며 우리 없이 왕 노릇 하였도다"(고전 4:8)라고 말한다. 은사주의적인 고린도인들이 정확히 그런 말로 마치 이미 하늘나라를 소유한 사람처럼, 이미 성령이 충만한 것처럼 자신들을 보았다는 것은 가능하다. 그들은 예수의 황금율로부터 그렇게 추론했을 것이다. 그러나, 바울은 그들의 확신에 대해 불완전한 것이 있음을 말하는데, 그 이유는 사도들은 정확히 그 반대인 것 같이 생각되어지기 때문이다.

"우리는 그리스도의 연고로 미련하되 […] 우리는 약하되 […] 우리는 비천하여 […] 우리가 주리고, 목마르며 […] 세상의 더러운 것과 만물의 찌끼같이 되었도다"(4:10-13).

바울서신 중에서 산상설교를 그런대로 괜찮게 다양하게 반복하는 다른 구절들이 있는데, 그중에서도 가장 인상적인 것은 로마서 12장 14-17절이다. 여기에서 "여러분을 박해하는 사람"을 축복하고 저주하지 말 것과 악을 악으로 갚지 말 것에 대해 말하는 바울의 말은 심지어 원수라도 사랑하라는 예수의 말씀을 강하게 생각하게 한다. 고린도후서 1장 17절에 있는 "예, 예"함과 "아니라, 아니라"함에 대한 수수께끼 같은 말씀은 마태복음 5장 37절의 말씀과 어느 정도 비슷하게 들리나, 그 연관은 최소한 겉으로 보기에는 특별히 분명하지는 않다.

9. 교회의 징계

고린도전서 5장 3-5절에 있는 바울의 말(부도덕한 교인들을 회중에서 제외함에 대해 말함)은 사람들을 실족하게 하는 그리스도인에 대해 다루는 마태복음 18장 15-20절에 있는 예수의 말씀과 흥미있게도 어느 정도 유사하다. 두 상황은 교회가 누군가를 추방하는 결정을 내리는 모습인데, 두 경우 다 말하는 이가 그곳에 영적으로 임재함에 관해 말한다. 마태복음 18장에서 예수는 그런 상황 속에서 제자들 중에 임재할 것을 약속하며, 고린도전서 5장 5절에서 바울은 주 예수의 능력으로써 고린도인들과 함께 하는 자신의 영을 말한다. 이들 사이의 유사성은 묘하나, 아마 우연한 것은 아닐 것이다.

10. 아담과 인자

고린도전서에서 바울의 가장 중요한 신학적 주제 중의 하나는 15장에서 예수를 '두 번째 아담'으로 부르는 것이다. '인자(Son of Man)'로서 자기 자신을 지칭했던 예수에 의해, 바울도 그 같은 영향을 받았는지를 묻는 것은 흥미로운 일이다.

'인자'는 예수가 자신을 밝히는 방법 중에서 가장 좋아했던 방법인 것 같다. 복음서를 보면, 예수는 자신을 되도록 메시야가 아니면 매우 자주 하나님의 아들(물론 하나님을 아바로서 말하지만)로 언급하였던 것이 아니라, 인자라는 용어를 자주 사용했다. 이 말은 히브리어와 아람어에 특징적인 셈족의 말로서 문자 그대로 '인간(human being)'을 의미한다.

학자들은 이것의 의미를 장황하게 논했다. 복음서 기자들이 우리에게 주는 요점은 하늘의 구름을 타고 오는 인자의 모습이다. 왜냐하면, 그것이 "구름을 타고 오는 인자(인간)같은 이"(막 13:26, 14:62과 비교하라. 단 7:13)라고 하는 다니엘 7장의 모습을 불러일으키고 있기 때문이다. 이것은 다니엘 7장에서 다음의 환상 속에 나타난다.

- 네 개의 끔찍한 짐승이 먼저 나타나는데, 분명히 이것들은 세계의 이방 제국들을 나타낸다.

- 그 후에 '옛적부터 항상 계신 자'(예, 하나님) 앞에서의 심판의 장면이 있는데, 하나님이 행하는 그 심판은 짐승을 폐하거나 멸하는 것이다.

- 그 후에 '인자 같은 이'(예, 인간의 형상)가 보이는데, 전에 그 짐승에게 속했던 능력과 권위와 나라가 지금은 인간의 형상을 한 이에게 주어진다. 이런 인간의 형상은 '가장 높으신 자의 성도들', 즉 다른 말로 하면 하나님의 백성들을 대표한다(예, 다니엘의 용어로는 이스라엘).

만약에, 이것이 예수가 사용한 인자라는 말의 배경(흥미있게도 다니엘 7장은 예수 자신의 언어인 아람어 속에 있음)이라면, 예수는 이스라엘을 위한 하나님의 구원이 그를 통하여 온다는 것을 말하기 위해 스스로 그 표현을 사용했을 것이다. 그는 이스라엘에게 '하나님의 나라(kingdom)'를 가져다준다. 그 당시 예수 자신에 대해 이렇게 말하는 것은 아주 수수께끼 같은 방식이었지만, 그러나 그것은 그같은 목적의 일부가 될 수 있었다. 왜냐하면, 예수는 대중적인 메시야로 변화되는 것을 원하지 않았기 때문이다.

이것이 그 배경이든, 아니든지 간에 인자라는 표현에 대해 놀라운 일 중의 하나는 그것이 복음서 밖에서는 거의 예수에 대해 사용되지 않았다는 것이다. 그 이유는 그것이 명확한 셈어적 표현이기에 헬라어로 번역되면 즉시 그 의미가 없어질 뿐만 아니라, 첫 세기의 그리스도인들은 예수에 대해 '인간적 존재'의 호칭보다는 존칭어를 보다 선호했기 때문일 것이다.

그러나, 바울이 그 표현에 영향을 받아, 그것 덕택에 예수를 새로운 '아담'으로 묘사했음은 가능한 것이다. 바울은 예수와 아담을 여러 상황 속에서 비교하는데, 그것은 분명히 그에게 중요한 개념이다(롬 6; 고전 15; 빌 2:5-11). 바울은 인자라는 용어에 영향을 받을 필요가 없었다. 그러나 한편, 복음서에서의 그것의 중요성을 가정한다면, 그가 영향을 받았다는 것도 전적으로 가능한 일이다.

그러한 방향에서 지적될 수 있는 작은 증거의 조각은 고린도전서 15장 자체에도 있는데, 왜냐하면 바울은 25절과 26절에서 시편 8편 6절을 인용하면서, 만물을 예수의 발아래 둔 것을 말하기 때문이다. 시편 8편은 창조자로서의 하나님과 창조물에 대한 하나님의 권위적인 대리자로서의 인간에 관한 것으로, 4절에서는 '인자'라는 말을 사용한다. "사람이 무엇이관대 주께서 저를 생각하시며 인자가 무엇이관대 주께서 저를 권고하시나이까?" 아담의 창조라는 창세기의 이야기를 말하는 시편들이 명백히 반복되지만, 그러나 바울은 그 시편을 예수에게 적용한다. 그 시편이 예수에게 영향을 준 것은 불가능하지 않으나, 어쨌든 간에 그것이 바울에게 영향을 준 것도 의심할 수 없는 것이다. 그리고, 예수가 인자라는 표현을 사용한 것으로 인하여, 바울과 다른 이들도 예수를 시편 8편의 아담의 형상으로 생각하게 되었을 수 있다(히 2:6-9과 비교하라).

바울은 역시 다니엘 7장을 숙고했을 것이다. 그래서, 고린도전서 6장에서(그리스도인 간의 송사를 세상 법정으로 가지고 감에 대해 염려하는 것), 바울은 그런 사건은 '성도들'에게 속한 것이어야만 한다고 말하면서, "성도가 세상을 판단할 것을 너희가 알지 못하느냐"(6:2)고 한다. 이것에 대한 배경으로는 다니엘 7장 27절이 사실상 가능한 것 같은데, 여기에서 성도들은 권위와 통치력이 주어진다. 사실 다니엘서의 구절들은 바울이 그리스도인들을 언급하기 위해 '성도'라는 단어를 일상적으로 사용하는 그 이면에 놓여져 있다(예, 고전 1:2), (고린도전서 6장 2절에 대한 또 다른 가능성 있는 배경은 이스라엘의 열두 지파를 심판하는 열두 명에 대해 예수가 말씀한 것이다. 마 19:28, 눅 22:29-30).

11. 주님의 재림

데살로니가인들처럼 고린도인들은 주님의 재림을 기다리고 있다. '마라나타(오소서, 오주님)'는 그들의 부르짖음이었다(고전 16:22). 그들은 데살로니가인들처럼 많은 면에서 동일한 가르침을 받았을 것이라고 생각되는데, 이런 가정은 고린도전서 15장 51-52절에서 주님의 재림을 상대적으로 간략하게 설명하는 것으로 뒷받침된다. 여기에서 바울은 '잠자는' 자들이, 트럼펫 소리에 일어나서, 죽음을 정복하는 것을 말한다. 고린도전서 7장 26절의 '현재의 환난'에 대한 언급이 예수의 가르침의 반복이 될 수 있음은, 우리가 데살로니가전서를 토론할 때 역시 보았던 것이다.

12. 결론

고린도전서는 예수의 가르침과 이야기로부터 족히 파급될 수 있는 것들을 모아둔 것으로 판명된다. 그 중의 어떤 것은 단지 희미한 가능성만 있기에, 여러 사람이 조사한다고 해도 그것 때문에 그 자체로 감동을 받지는 못할 것이다(예, 아담-인자의 연결, 산상수훈의 반복). 어떤 것은 사실상 개연적인 것 같이 보이고(예, 마리아와 막달라 이야기, 섬김에 대한 강조와 방해자를 저주하지 말 것, 산을 옮기는 믿음에 대한 설명), 그리고 다른 어느 것은 논쟁거리가 안 되는데(예, 이혼에 관한 말씀, 사도의 권리, 성만찬과 부활), 그 이유는 바울이 그것들에게 그와 같이 명칭을 붙였기 때문이다. 이러한 지난 구절들에서 바울이 고린도교인들에게 전승을 전수한 것은 매우 명시적이다. 이것은 그가 예수님의 말씀을 반복하여 말했을 가능성이 매우 높다는 것이며, 그 가능성이 개연적이라는 것이다. 매우 다양한 사례들이 있으며 고린도전서에서 상당한 범위의가능성 있는 증명된 복음서의 기사와 담화들이 있다.

고린도전서에서의 예수의 말씀의 반복(echoes)은 갈라디아서와 데살로니가서에서 조사한 반복과도 어느 정도 겹친다는 것을 숙고하는 일은 흥미있지만 그러나 전체적으로 그것들은 다르다. 우리가 이미 주장했듯이, 분명한 것은 각 편지에서 어떤 반복을 선정하는 것은 그 교회의 특별한 문제에 의하여 결정된다는 것이다. 그러므로, 고린도전서에서는 최후의 만찬에 대한 특별한 초점이 있는데, 왜냐하면 고린도 교회의 성찬식 음식은 엉망이었기 때문이다! 그리고 부활의 모습에 대한 특별한 언급이 있는데, 왜냐하면 그것이 고린도 교회에서 논쟁의 대상이 되었기 때문이다. 바울이 십자가의 죽음을 기술하지 않은 사실은 그가 고린도인들에게 그것을 가르치지 않았기 때문이 아니다. 그는 아주 확실하게 그것을 가르쳤지만, 그 편지에서는 그것을 반복할 필요가 없었다. 그렇게 한다는 것은 잉크를 낭비하는 것이었다! 혹시 고린도인들이 성찬의 문제가 없었다면, 바울이 최후의 만찬에 대해 알았거나 다른 어느 교회에서 가르쳤거나 한 것에 대한 증거를 우리가 전혀 갖지 못했을 것인데, 이러한 사실들을 숙고하는 것은 유익하다. 바울이 다른 서신에서 이런 것들을 언급할 필요는 없다. 우리는 침묵은 무지를 증명하는 것이 전혀 아니라는 결론을 내린다. 우리가 예수의 기사와 담화를 또한 말해야만 하는 그 참고 문구들은 대부분 우리에게서 감춰진 빙산의 일각이다.

마침

그 외의 것들

15

1. 사도행전에서 계속되는 이야기
2. 후기 서신에서의 바울과 예수

에베소로 올라가는 바울의 발걸음에 다소 관심을 가지고 뒤따라왔기 때문에, 이제 잠시 동안 그에게서 떠나고자 한다. 바울의 이야기가 에베소에서 끝나게 되었기 때문이 아니라, 시간상 생략하기 위해서이다. 그리고 주요한 문제, 특히 사도행전의 신빙성 문제와 바울과 예수의 관계 문제를 위한 충분한 근거를 이미 다루었기 때문이다.

그러나, 보다 많은 이야기를 다루지 않는다 할지라도, 질문에 적절한 사도행전의 후반부와 바울서신에서 나오는 증거에 대해서 몇 가지의 간략한 설명을 할 것이다.

1. 사도행전에서 계속되는 이야기

사도행전에 따르면, 바울은 에베소를 떠나 마게도냐로 간다(20:1). 그 후에 그는 아가야(예를 들어, 아마도 고린도로)로 계속 여행하여, 거기에서 석 달을 머물렀다.

이것은 고린도후서와 로마서를 통해 확인되는데, 로마서는 사실상 바울이 예루살렘과 로마를 향하여 출발하기 전에 고린도에서 보낸 편지이다(롬 15:23-25, 16:1). 고린도후서는 여러 방면에서 사도행전의 빈 곳을 채우면서, 바울이 실행했던 고린도의 '고통스런 방문'에 대해 언급하는데, 그것은 사도행전에 기록되지 않은 것으로, 바울의 여행계획에 대한 바울과 고린도 교인 사이의 긴장을 서술한다(1:15-24).

고린도에서의 체류가 마지막에 달하자, 바울은 마게도냐를 통과하면서 자신의 발걸음을 되밟았다. 그 후, 아가야 해를 건너 드로아로 도착하여, 밀레도로 가기 위해 아시아 지방의 해안(터키 서부 해안)으로 내려갔다. 바울은 거기 밀레도에서 에베소 교회의 장로들을 만나서 그들과 작별인사를 했다. 그후 계속 여행을 하면서, 마침내 가이사에 상륙하여 예루살렘으로 향한다(행 20-21장).

사도행전에서의 바울의 여행은 예수의 마지막 예루살렘 여행과 다소간 유사하게 보인다. 바울과 다른 이들은 예루살렘에서 고난이 그를 기다리고 있음을 알았으며, 그리고 바울에게 지금 다시 만나고 있는 이들을 다시는 보지 못할 것이라고 말한다(20:22-23, 38, 21:4, 10-14). 사도행전의 기자는 이러한 예수와 바울 사이의 유사점이 의미가 있다는 것을 능히 볼 수 있었을 것이다. 그러나, 그렇다고 이것은 누가가 그 이야기를 지어내었다는 것을 의미하는 것은 아니다. 바울의 로마서는 이것과 반대로 말하는데, 그 이유는 그가 여행을 떠나기 전에 고린도에서 이 편지를 보내면서 다음과 같이 말하고 있기 때문이다.

(1) 예루살렘으로 가려는 의도를 말한다(11:25).

(2) 과거의 사역 현장에서부터 서쪽의 새로운 지역으로 이동하려는 의도를 분명히 한다(15:19, 24). 그는 그 동안 수리아 안디옥에 있는 교회에서부터 일하면서 움직였는데, 지금은 스페인으로 가기를 원하고, 그리고 아마도 로마를 전진기지로 삼고 싶어 한다(이것이 아마도 로마인들에게 편지를 보내는 이유 중의 하나일 것이다).

(3) 예루살렘에서 그를 기다리고 있는 위험에 대한 염려를 표한다. 그는 로마인들에게, "나로 유대에 순종치 아니하는 자들에게서 원을 받게

하고 또 예루살렘에 대한 나의 섬기는 일을 성도들이 받음직하게 되도록"(15:31) 기도를 요청한다. 그는 아주 분명하게, 자신이 유대인으로부터 위험에 처하게 될 줄을 알고 있다. 유대인에게 있어 바울은 아주 미움을 받는 인간일 뿐만 아니라, 예루살렘에 있는 유대인-그리스도인들도 그에 대해 의심하고 있었기에 그가 가지고 가는 재정적인 선물이 심지어는 거절될 수도 있었다. 바울은 그 선물이 실제적인 교제의 행위가 되기를 원하나, 그들이 그런 식으로 받아들일지에 대해서 확신할 수는 없었다.

이러한 사항들을 가정한다면, 바울의 여행에 대한 사도행전의 묘사가 불길한 예감과 마지막이라는 인상을 갖는 것은 매우 일리가 있다.

사도행전에 의하면, 흥미롭게도, 바울이 예루살렘에 도착했을 때, 로마서에 기록된 대로 그가 가지고 있던 두 가지의 두려움이 어느 정도 현실화된다. 유대인-그리스도인들은 바울과 그의 동료들을 따뜻하게 영접하나, 바울의 평판("이방에 있는 모든 유대인을 가르치되 모세를 배반하고 아들들에게 할례를 하지 말고 또 규모를 지키지 말라고 하는 사람"으로 소문이 남[21:22])에 대한 염려를 표명한다. 사도행전에 나타나듯이, 유대인들에 대해 말하자면, 아시아 지방 출신의 어떤 유대인들은 바울이 성전에 있는 것을 보고서, 그에 대하여 폭동을 선동하면서 그가 성전에 부정한 헬라인을 데리고 왔다고 고발을 했다. 사도행전은, 유대인들이 에베소 출신의 아시아 동료인 드로비모가 바울과 함께 그 도시에 있는 것을 보았다고 설명한다. 일찍이 사도행전은 바울의 여행 전체 또는 일부에 동행한 여러 교회의 전 민족의 그룹을 나열했다(20:4). 그 폭동의 결과 바울은 체포를 당하였는데, 그 후 그는 여러 번의 시련과 가이사랴에서의 장기간의 수감생활을 한 후에, 그가 상소한 가이사 앞에서 재판을 받기 위해 로마로 이송된다. 사도행전은 바울의 로마행 여행을 들려주는데, 그 이야기는 극적인 배의 파손 이야기를 포함하여, 바울이 가택 연금되어 로마에서의 재판을 기다리는 것으로 끝난다.

사도행전의 결론부의 상당한 부분은 일인칭으로 쓰여져있다(예, 행 16:10a: "바울이 이 환상을 본 후에 우리가 떠나기를 힘쓰니"). 그리고 사도행전이 역사적인 설명이라는 것을 믿을 만한 합당한 이유가 있다. 로마의 관원인 벨릭스와 베스도와 같은 이름은 정확한 것이다. 뇌물을 바라는 타락한 사람으로서의 벨릭스의 인품(24:26-27)은 로마 역사가인 타키투스와 다른 사람들에 의해 드러난 모습과 일치된다(타키투스,「Annals」12:54). 난파선의 이야기는 직접 기술한 많은 흔적들을 보여주는데, 장소와 기상 조건 그리고 운항시기의 시행과 같은 정보가 적절히 주어져 있다.

사도행전에 있는 바울의 이야기의 마지막 부분은 그의 서신에 의해 아주 직접적으로 확인되지는 않지만, 고린도후서는 바울이 헌금모집에 공헌한 교회의 대표자들을 함께 동행한 것을 확증하고 있다(8:19-20). 이것은 사도행전과 흥미롭게도 일치되는 것인데, 그 이유에 대해 사도행전은 바울이 왜 다양한 지역 출신의 많은 동료들과 함께 예루살렘으로 올라왔는지를 설명하지 않으나, 고린도후서는 그것이 헌금모집과 관련이 있는 것으로 즉, 재정의 오용에 대한 비난을 방지하기 위한 의도로 취해진 수단이었음을 분명히 한다. 우리는, 바울의 반대자들이 바울을 그 자신의 목적으로 돈을 횡령하는 자로 고발하려고 했음도 상상할 수 있다!

바울의 여러 서신을 보면, 그가 수감되어 있음이 확인되지만(빌 1:13; 골 4:10, 18; 몬 1; 딤후 1:8), 그곳이 로마인지, 가이사랴인지, 또는 다른 어떤 곳인지 그가 수감되어 있는 장소에 대해서는 분명하지 않다. 그러나, 바울이 장기간 수감되어 있으면서도 상대적으로 문명적인 조건에 있었다는 사도행전의 묘사는 이러한 서신들의 증거와도 잘 부합된다. 물론, 만약 '옥중서신'이 로마에서 쓰였다고 하는 전통적인 견해가 정확하다면, 그것은 사도행전에 기록되어있지 않은, 아니면 아주 적게만 기록된 바울의 생애의 기간과 연관될 것이다. 이런 경우에 있어서, 서신들이 사도행전을 확인하지 못하는 것은 별 문제가 되지 않는다.

2. 후기 서신에서의 바울과 예수

이전의 장에서 우리는 바울 서신들로부터 바울이 세운 교회에서 과연 그가 무엇을 가르쳤는지, 그리고 특별히 그들에게 예수에 대해 무엇을 가르쳤는지를 다루었다. 우리는 이것에 대해 다양한 단서들을 언급하였는데, 어떤 것은 강력하나, 다른 어떤 것은 좀 더 불확실하여서, 때때로 바울의 후기 서신들로부터 그 증거를 제시하였다. 우리는 여기에서 이런 다른 증거에 대해 자세하게 설명할 수 없으나, 후기 서신에서 예수의 이야기와 담화에 대한 몇 가지 가능성 있는 암시를 밝히려 한다.

고린도후서에는 히브리어 '아멘(=진실로: 1:19-20)'으로 중요한 말들을 소개하는 예수의 특징적인 방법에 대한, 그리고 그리스도인들이 함께 예수 안에서 기름 부으심을 받은 예수의 세례에 대한(고후 1:22), 예수의 변화에 대한(3:18, 4:6), 예수의 가난과 온유함과 친절함에 대한(8:9, 10:1), 사도들과 기적에 대한(12:12), 그리고 아마도 예수의 맹세의 가르침(1:17)에 대한 적절한 암시가 있다.

로마서에서 시작되는 구절은 그 자체적으로도 특별히 흥미를 자아내는데, 그 이유는 바울이 여기에서 그의 복음 또는 좋은 소식을 말하기 때문이다. 우리는 그 같은 설명을 고린도전서 15장 1-4절에서 보았는데, 거기에서의 초점은 예수의 죽음과 부활에 배타적으로 맞추어져 있다. 그 이유는 바울이 거기에서 죽은 자의 부활의 문제를 말하기 때문이다. 그러나 로마서 1장 2-4절은 복음에 대해 보다 넓게 요약을 한다. 즉, 그것은

- '성경에 있는 예언서'에 나타난 하나님의 약속과 함께 시작한다.

- 다음에 초점을 맞춘다.
    하나님의 아들,
    다윗의 후손으로 태어난,
    결국 죽은 자 가운데에서 능력 있게 부활한,
    우리 주 예수 그리스도

- "모든 나라"에 좋은 소식을 전하기 위해 파송된 사도들에 대한 설명으로 끝난다.

 이러한 요약에 대하여 재미있는 것들이 많이 있다.

(1) 그 중심부에 예수의 이야기가 있는데, 그것은 그의 죽음과 부활에 대한 것이 아니라, 그의 탄생으로부터 부활에 이르기까지의 이야기이다.

(2) 예수의 동정녀 탄생에 대한 가능한 암시가 있다("태어나다"[born]라는 단어는 동사 "되다"[become]로서 갈라디아서 4장 4절에 나타난다).

(3) 여기에서의 바울의 요약은 마태복음과 유사한 복음의 형태를 갖는다. 즉,

- 예수를 구약과 아브라함 쪽으로 뒤돌아보면서 연결시키는 연대기로 시작한다.
- 그리고 나서, 그의 탄생에서부터 부활까지의 '하나님의 아들' 인 예수의 이야기를 하다가,
- "모든 나라에" 사도를 파송하는 예수의 이야기로 끝난다.

 이렇게 흥미를 자아내는 평행법(parallelism)은 우연적인 것일 수 있으나, 바울의 '복음' 은 학자들이 보통 생각하는 우리의 기록된 복음서 중의 하나와 아주 같다고 할 수 있을 것이다. 마가복음에 있어 "하나님의 아들 예수 그리스도의 복음"이라는 것은 예수의 이야기였다(막 1:1, 14:9). 바울이 '좋은 소식' 을 선포했을 때, 그것은 신학적인 진리를 좀더 추상적으로 설명한 것이었을까, 아니면 그것은 역시 바울이 구원을 위한 하나님의 능력으로 보았던 예수의 이야기였을까?

로마서의 도처에서:

- 예수는 두 번째 아담으로 표현되는데(5:12-21), 그것은 우리가 보았듯이, '인자'에 대한 예수의 가르침으로 족히 연결될 수 있다.

- 바울은 그리스도의 죽음과 더불어 세례를 받는 것을 언급하는데(6:2-3), 이것은 십자가를 지고 따르라는 예수의 가르침과 연결될 수 있다(예, 막 8:34).

- 바울은 '그의 아들을 보내신'(8:3) 하나님에 대해 말하는데, 이에 대해 어떤 이들은 그것을 예수의 포도원의 비유의 반복으로 보기도 한다. 그 비유에 보면, 화가 난 주인은 반항적인 소작인으로부터 결실을 거두기 위해 자신의 아들을 보낸다(막 12:1-12).

- 바울은 성령을 통하여 그리스도인들이 '아바'라고 부르짖는다고 말하는데(8:15), 이것은 예수가 하나님을 말하는 독특한 방법을 생각나게 한다(막 14:36과 비교하라).

- 축복에 대한 것과 원수를 저주하지 말라는 말씀(12:14-21)은 산상수훈을 닮았다(마 5:43-47; 눅 6:27-31).

- 관리 당국에 세금을 지불하라는 교훈(13:1-7)은 "가이사의 것은 가이사에게 주라"는 예수의 말씀을 생각나게 한다(막 12:13-17; 마 22:15-22; 눅 20:20-26).

- 율법의 완성으로서의 사랑에 대한 강조(12:9-10; 13:9-10)는 마가복음 12장 28-34절과 마태복음 22장 34-40절에 있는 예수의 가르침과 유사하다.

- 주님의 오심을 위해 깨어 있으라는 격려(13:11-14)는 예수의 비유를(그리고 데살로니가서의 가르침을) 생각나게 한다.

- 바울은 약한 자를 실족케 하지 말도록 강한 자를 격려를 하면서(14와 15장), 그 예로서 예수를 인용한다(15:3). 마태복음 18장 6-9절과 그리고 다른 곳에서 있는 예수의 가르침과 비교하라.

- 바울이 그리스도를 유대인의 종으로서 언급하는 것(15:7)은 마태복음 15장 24절에서 예수가 자신의 사역을 설명한 것을 그런대로 재미있게 암시한 것이다.

빌립보서에서의 가장 재미있는 증거는 '그리스도 찬양'(자주 그렇게 불리듯이)으로 2장 5-11절에 있다. 어떤 이들이 이 '찬양'은 빌립보서 이전에 있었던 것인데, 이것을 바울이 전용했다고 생각한다. 우리의 관점에서 보면, 그것에 대해 여러 가지의 흥미로운 것들이 있다. 첫 번째, 그것은 어떤 면에서 로마서 1장 3-4절에 있는 복음의 요약과 비슷하다. 그 구절은 예수의 성육신과 탄생으로부터 죽음과 부활에 이르기까지의 이야기를 하는데, 이 이야기는 주님으로서의 예수 그리스도에 대한 언급과 그가 전 세계에서 예배를 받고 있다는 것을 언급하는 것으로 끝난다. 빌립보서의 특이점은 그리스도의 겸손에 대한 초점인데, 빌립보서의 상황에서는 서로 연합하여 겸손하게 사는 것에 대한 강한 호소가 자연스러웠기 때문이다(2:1-4를 보라). 두 번째, 심지어 죽음에 이르기까지 예수가 종으로서 겸손하였다는 설명은 마가복음 10장 42-45절과 요한복음 13장에 있는 예수의 종직에 대한 가르침과 아주 유사한데, 요한복음 13장에서 예수가 제자들의 발을 씻기는 것은 그의 다가오는 죽음에 대한 행동적인 비유로서 보여질 수 있다. 세 번째, 인간과 동일한 모습을 취했다는 데에 사용된 동사는 갈라디아서 4장 4절과 로마서 1장 3절의 '되다'(become)라는 동사로서, 이것은 바울이 예수의 동정녀 탄생을 알았다는 것을 암시한다(앞의 제7장을 보라).

빌립보서는 또한 예수의 고난과 부활(3:10), 그리고 그리스도의 오심에 대해 말하는데, 그분은 "우리의 낮은 몸을 자기 영광의 몸의 형체와 같이 변케 하실"(3:21) 분으로, 이것은 고린도전서 15장과의 관련하여 우리가 본 구절이다.

바울의 후기 서신들(골로새서, 에베소서, 빌레몬서, 디모데 전후서, 디도서)은 학자들에 의하면, 가명으로 쓰인 것(바울의 이름으로 쓰였으나 바울이 쓴 것이 아닌)이라고 흔히 간주되었다. 우리는 데살로니가후서와의 연관 속에 이런 가능성을 고려했으나, 그 경우에 있어서도 그것에 대해 믿기지 않는 충분한 이유를 보았다. 이러한 다른 편지들이 바울이 쓴 것인지 아닌지 간에, 그것들은 또한 예수의 이야기에 대한 여러 가지의 그럴듯한 반복(echoes)을 담고 있다.

그러므로, 골로새서는 예수의 씨와 씨 뿌리는 자의 비유에 대한 반복(반향)인 것 같다(1:5); 골로새서에는 "우리를 대적하는 증서를 […] 십자가에 못 박고"(2:14)라는 재미있는 언급이 있는데, 이것은 빌라도의 군사가 예수의 십자가에 못 박은 고발장에 대한 그럴듯한 암시이다(마 27:37; 막 15:26; 눅 23:38; 요 19:19-21). 그리고 이것은 그리스도인들에게 보상과 벌을 내릴 '주인'으로서 그리스도를 언급하면서, 종과 주인에 대한 예수의 비유를 생각나게 한다(3:22-4:1). 소금으로 고루게 함같이 하라(4:6)는 대화에 대한 설명은 세상의 소금으로 부르심을 받은 것으로 그리스도인들을 말하는 예수의 말씀을 생각나게 한다(마 5:13; 막 9:50; 눅 14:34-35).

에베소서는 모퉁이돌이 그리스도가 되는 하나의 건물과 성령이 거하는 거룩한 성전으로서 교회(2:20)를 말하는데, 이것은 "건축자들의 버린 돌이 모퉁이의 머릿돌이 되었다"(막 12:10)는 예수의 말씀과 아마도 연결되는 것 같다. 에베소서는 또한 남편과 아내가 하나의 육신이라는 것에 대해 창세기의 본문을 인용하는데(엡 5:25-33), 그것은 예수가 결혼과 이혼에 대해 논할 때(막 10:1-12)와 그리고 바울이 고린도전서(6:16, 7:4)에서 사용한 것이다. 에베소서는 또한 악한 날에 굳게 서서 기도할 필요에 대해 말하는데(6:10-20), 그것은 예수가 제자들에게 깨어서 "굳게 서있도록 하기 위해 […] 기도하라"(눅 21:36)는 권고를 생각나게 하는 교훈이다.

바울이 그의 동료인 디모데와 디도에게 말하는 소위 목회서신 안에는 많은 재미있는 언급이 있다. 대속물로서의 그리스도(딤전2:5; 딛 2:14; 막 10:45과 비교), 삯을 받기에 합당한 일꾼(딤전 5:17, '성경'에 일렀으되라고 언급됨; 눅 10:7과 비교하라), 부자가 영생을 위하여 보물을 위에 쌓아둘 것의 중요성(딤전 5:19; 보물을 하늘에 쌓아두라는 예수의 말[마 6:19-20/눅 12:33-34]과 비교하라), 그리고 마지막 날의 고난과 박해(딤후 3:1-12; 막 13:5-13과 비교하라).

이런 것은 총망라한 리스트는 아니지만, 어떤 단서들은 바울이 예수의 가르침에 정통하다는 증거로서 다른 어떤 것보다 더 강력하다. 그러나, 어떤 경우이든지 분명한 것은 앞의 장들에서 전개되었던 논의는 우리가 연구하지 않은 바울서신들을 언급함으로 더 확장될 수 있을 것이다. 어떤 후기 서신들은 이전의 서신보다 예수의 가르침을 덜 분명하게 반향하고 있는 것 같다. 이것은 그것들의 신빙성을 의심하고 있는 사람들을 오히려 지지하는 편이 될 수 있다(이것은 바울에 대한 예수의 중요성에 대해 손대지 않은 채 논쟁에서 떠나는 것이거나 또는 심지어 강화하는 것이 될 것이다). 그러나, 그것은 사실 우연적인 것이 될 수 있는데, 그 이유는 바울이 예수의 말씀과 이야기를 사용하는 것은 특별한 교회의 특별한 문제를 반성하기 위한 것이었음을 우리가 보았기 때문이다. 예수의 가르침에 대한 오해와 논쟁은 처음 1세기 시대에는 대단한 것일 수가 있었다. 그 이유는 당시의 그리스도인들은 나중의 시기에 비해 비로소 아주 많은 문제들을 처음으로 생각하고 있었기 때문이다. 그러나, 그 이후의 시대에서 예수의 가르침에 대한 해석은 표준화되고, 보편화되었을 것이다.

참된 이야기

16

1. 사도행전에 있는 바울의 이야기
2. 바울 서신에 있는 예수의 이야기
3. 바울과 예수의 참된 이야기

우리는 이 책에서 시작한 몇 가지의 질문에 답하기 위해 바울과 함께 충분히 멀리까지 여행을 했다. 특별히 우리는 바울이 거짓 사도인지 아닌지를 보는 데 관심을 가졌다(초대 교회에서 그리고 오늘날도 어떤 사람들이 그렇게 생각하듯이). 즉, 그가 예수를 따른다고 주장하면서 예수의 복음과 다른 복음을 주장하고 있는지를 살펴 보았다. 우리는 역시 사도행전에 있는 바울의 삶과 사역에 대한 설명이 진실성이 있는 설명인지 아니면 약간 가공적인 말로 꾸민 것은 아닌지에 대해 관심을 가졌다. 우리는 이러한 질문들에 대해 바울과 먼 거리를 여행하면서 답변을 했다. 사도행전과 바울서신들을 비교하면서, 그것들이 좀 더 넓은 역사적인 상황에서 서로 어떻게 연결이 되는지를 보려고 했다. 그리고 그 서신들이 바울과 그의 사역에 대해 우리에게 무엇을 말하는지를, 특히 예수에 대한 바울의 인식이 문제에 대해 어떤 빛을 비추는지를 살펴보고자 했다.

1. 사도행전에 있는 바울의 이야기

사도행전에 대해 조사해본 결과, 우리는 그 역사적인 확실성을 강하게 시인하게 되었다. 우리는 사도행전에 대해 의심을 두고 있는 다양한 학적인 이론들이 얼마나 사실상 철저하게 믿기 어려운 것들인지를 보았다(예를 들어, 사도행전 15장의 회의가 갈라디아서 2장에 기술된 것처럼 바울과 예루살렘 지도자와의 만남에 해당한다고 하는 널리 주장된 견해). 사도행전을 역사적인 상황의 관점에서 주의 깊게 읽으면, 사도행전이야말로 역사를 재차 올바르게 다루고 있음을 더욱 더 분명하게 알게 된다(유대인의 로마로부터의 추방과 같은 사건을 포함하여).

사도행전이 모든 이야기를 말해주는 것은 아니다. 어떻게 그런 일이 가능하겠는가? 특별한 때에 바울에게 아주 중요했던 일들이 있었는데, 그것은 안디옥에서 베드로와의 논쟁, 그리고 예루살렘을 위한 헌금과 같은 것들이었다. 그러나, 이런 것들은 그 당시의 사도행전에서 자신의 이야기를 쓰고 있었던 저자(누가)에게는 중요한 문제가 아니었다. 그러나, 이것은 좋지 않은 인상을 지닌 채로 어떤 속임수를 쓰거나 또는 역사를 가상화하려는 것은 아니다. 사도행전이 안디옥에서의 날카로운 논쟁에 대해 상세히 얘기하면서, 왜 구태여 베드로와 바울의 일시적인 불일치(아주 급하게 가려 뽑은 것임)를 강조하겠는가? 사도행전의 다른 부분에서 바울의 마지막 예루살렘 방문을 특별하게 다루고 있을 때에(즉, 그의 체포와 시련), 왜 구태여 헌금에 대해 많이 말하겠는가(물론, 24장 17절에 언급되었지만)?

사실상 사도행전과 바울서신의 증거는 상당하게 상호 보충적이다. 그 둘 사이의 차이점은 중요한데, 그것은 우리에게 다양한 증인들의 증거가 있음을 보여주기 때문이다. 그것들이 서로 다른 증거를 한 점에 모으고 그리고 서로 빛을 비추어주는 방식은 우리들이 신뢰할 수 있는 신빙성 있는 증거를 다루고 있음을 시사하는 것이다. 예를 들어서, 바울이 데살로니가전서 2장에서 데살로니가인들의 고난과 유대인에게 임할 '진노'를 말하는 것은, 유대인의 반대자들이 고린도로 오는 것 때문에 바울이 데살로니가를 떠나야만 하는 사도행전의 증거와 일치된다. 바울은 고린도에서 데살로니가전서를 썼는데, 시기상으로는 로마로부터 유대인의 추방 직후이고 그리고 그 당시 예루살렘에 일어난 끔찍한 사건 직후이다.

우리가 말했듯이, 사도행전은 바울의 동료에 의해서 쓰여진 것 같이 보인다. 이것은 사도행전의 후반부가 일인칭 복수를 사용하는 것에서부터 자연적으로 추론되는데, 16장 10절은 이렇게 시작된다. "바울이 이 환상을 본 후에 우리가 곧 마게도냐로 떠나기를 힘쓰니". 현대의 학자들은 이러한 '우리' 라는 단어가 과연 필연적으로 사도행전의 저자가 바울의 동료라는 것을 보여주는가에 대해 의심하면서, 저자가 다른 사람의 일기를 사용했을 수도 있다고 말한다. 그리고 다른 어떤 사람들은 '우리' 라는 말은 일종의 문학적 장치라고 말한다. 그러나, 이러한 제안의 그 어떤 것도 전혀 그럴듯하지 않다. 만약에 일기가 존재했다고 한다면, 사도행전의 저자는 '우리' 리는 말을 남겨두지 않고서 그리고 자신이 거기에 있었다는 잘못된 인상을 주지 않고서도 그것을 적절히 자신의 작품 속으로 사실상 통합할 수 있었을 것이다. 고의적인 문학적인 장치라는 생각도 '우리' 라는 것이 얼마나 자신을 의식하지 않으며 그리고 간헐적인 것처럼 보이는가를 가정한다면, 거의 받아들이기 힘들다. 이러한 제안들은 학자들이 사도행전을 신뢰할 수 없다는 것에 대해 다른 근거에서(사도행전과 바울 사이의 예상된 불일치와 같은) 어떤 결론을 내렸기 때문에, 다만 어떤 의미를 지닌다. 그러나, 우리가 조사했듯이 사도행전의 신뢰성에 대한 증거를 가정할 때, '우리' 라는 말에 대한 명확한 설명은 그 저자가 현존했다는 것이다.

교회의 초세기적인 전통에 의하면 사도행전은 누가(의사로서 바울의 동료)가 쓴 것인데, 이 전통은 전적으로 믿을 수 있다. 어떤 경우이든지, 만약에 사도행전이 바울의 동료에 의해 쓰여졌다면, 사도행전과 바울 서신 안에서, 우리가 토론하고 있는 사건에 대해 두 가지의 독립적인 증인들의 설명을 보게 된다. 우리가 보았듯이, 두 가지의 설명은 서로 사실상 아주 잘 부합된다.

2. 바울서신에 있는 예수의 이야기

그러나, 바울과 예수의 이야기는 무엇에 관한 것인가? 학자들에 의하여, 바울은 자신의 것을 창작하면서, 헬라의 신비 종교와 같은 것들로 예수의 복음을 변질시켰으며, 그리고 예수의 가르침에 대해 거의 관심을 가지지 않았다고 비난을 당했다. 바울 서신에서 예수의 삶과 가르침을 직접 언급한 적이 없었다는 것이 이런 논쟁의 주요한 항목이 되었다.

그러나, 우리는 재차 이러한 논쟁이 철저하게 그릇되었다는 것을 보았다! 바울의 복음이 그 핵심에서 예수의 이야기와 담화를 포함한다는 엄청난 양의 증거가 있다. 그리고, 물론 바울이 서신에서 그것들을 직접 인용하지는 않지만, 간접적으로는 언급하고 그리고 자주 암시한다.

이 책은 바울의 네 서신(갈라디아서, 데살로니가전후서, 고린도전서)에 집중되어 있다. 우리는 이 서신들이 바울의 초기에 현존한 서신들이라고 주장했다. 이 서신들 안에서, 우리는 바울이 사람들에게 예수의 죽음과 부활을 가르친 증거를 발견했다. 그는 그들에게 최후의 만찬의 이야기, 예수의 체포, 그의 십자가의 죽음, 장사, 부활, 그리고 부활하신 주의 모습에 대한 이야기를 했다. 우리는 바울이 예수의 재림과 윤리 문제(이혼과 사도권과 같은 사명의 문제)에 대한 가르침에 익숙했다고 하는 움직일 수 없는 확고한 증거를 발견했다. 우리는 바울과 그의 교회가 하나님을 '아바'로서 말하는 것에 대해 알게 되었으며 그리고 예수의 이러한 말을 중요하게 보았다는 확고한 증거를 발견했다.

이렇게 상당한 정도의 확고한 증거에 덧붙여서, 바울의 교회에서 예수의 이야기와 가르침이 중요했었다는 것을 암시하는 아주 그럴듯한 다른 증거도 역시 많이 있다. 그 중에는 '서로 사랑'하고 그리고 '서로 종이 되라'는 예수의 명령과 하나님의 나라에 대한 가르침, 정함과 부정함에 대한 가르침, 베드로의 수위성에 대한 것, 성전에 대한 것, 또는 유대인의 우선권에 대한 것이 있다. 이러한 많은 문제들은 바울과 바울의 제자들 사이에서 논쟁의 주제가 되어왔던 것으로 보인다. 즉, 고린도 교인들은 예수의 가르침을 한편으로는 난교(문란한 성관계)를 옹호하는 것으로 다른 한편에서는 독신주의를 옹호하는 것으로 이용했었다.

어떤 증거는 보다 덜 강하다. 예를 들어서, 바울이 예수의 탄생, 세례 그리고 변화(transfiguration)에 대해 알고 있었다는 그럴 듯한 실마리가 있다.

현명한 조사관이라면 이러한 증거 자체에 너무 많은 것을 내세우지 않고, 어떤 덜 모호한 다른 증거를 찾아보고 그것의 의미를 가지고 자신의 의심을 확증하거나 논박할 것이다. 이런 경우에 있어, 우리가 보았듯이, 덜 모호한 증거들이 많이 있기 때문에 가능성이 보이나 불확실한 것들은 결국 어느 정도 그럴 듯한 것들로 보이게 된다. 달리 말하자면, 바울이 예수의 탄생, 세례와 변화(우리가 본 바 몇 개에 대해서만 지적하자면)에 대해 지식이 있고 그리고 그것을 가르쳤음에 대한 의미 있는 축적된 주장이 있다.

그러므로 우리에게 나타나는 전체적인 모습은 우리가 복음서에서부터 알고 있는 것의 아주 많은 것들을 바울도 능히 알았다는 것이다. 그의 서신에 등장하지 않는 것들도 있다. 예를 들어서, 예수의 기적은 직접적으로 언급되지는 않으나, 심지어 이 경우에서도 간접적인 한 두개의 암시는 있다. 우리가 보았듯이, 이것은 놀라운 것이 아닌데, 그 이유는 바울 서신서에 등장하는 주제는 그가 편지를 보내는 교회에 영향을 주었던 문제에 의해 결정되었기 때문이다.

참으로 인상적인 것은, 예수의 전승이 바울의 서신 속에서 논하고 있는 모든 주제에 관해 어떻게 그렇게도 의미 있어 보이는가 하는 것이다. 갈라디아서에서의 바울 자신의 사도권에 대한 문제 속에서든지, 데살로니가서에서 죽은 그리스도인의 운명이든지, 고린도서에서의 성과 결혼에 관한 것이든지, 바울은 그가 말하는 것 안에서 예수의 전승을 깊이 있게 접근한다. 예수의 이야기와 담화는 그에게 기본 토대가 되었으며 그리고 그의 가르침의 핵심적인 것이었다.

그러므로 많은 것들은 사실 안전하게 결론이 내려질 수 있다. 다소 사변적으로 말해서, 학자들은 바울의 설교에서 사용된 '복음'이라는 단어와 다른 곳에서 쓰인 복음이라는 말을 구별하는 방법이 오해를 불러일으키지 않을지 의심할 수 있다. 바울이 전파한 복음(기쁜 소식)은 무엇이었을까? 우리는 그것이 예수의 이야기였다는 혹은 최소한 예수의 이야기를 포함했다는 것을 암시하는 수많은 실마리를 보았다. 그러므로, 고린도전서 15장 1절에서 바울은 그들에게 가르쳤던 복음을 언급하면서, 계속하여서 예수의 죽음, 장사, 그리고 부활을 말한다. 그 상황 속에서, 바울은 부활을 계속하여 말하기 때문에 예수의 죽음으로 이야기를 시작한다. 그러나, 갈라디아서 4장 4절에서는 아마도 그 이야기의 정반대적인 결과를 보게 되는데, 거기에서 바울은 이렇게 말한다. "때가 차매 하나님이 그 아들을 보내사 여자에게서 나게 하시고 율법 아래 나게 하신 것은". 로마서 1장 3-4절은 사실상 틀림없이 그것들을 함께 제시한다. 바울은 여기에서 '복음'을 언급하는데, 그는 그 복음에 대해 사도이고, 그리고 예수에 대해서는 다윗의 자손으로 탄생함부터 죽은 자 가운데에서 부활하신 것까지 말한다. 이와 비슷한 유형이 빌립보서 2장 5-11절속에도 반영되고 있다. 이러한 모든 실례 속에서, 바울은 단지 전체의 이야기를 요약하고 암시할 뿐이지만, 바울의 교회가 기록된 복음서와 차이가 나지 않는 그런 형태로 예수의 복음(기쁜 소식)을 배웠다는 것은 적어도 가능하다. 그것은 바울이 어떤 장소에 처음 도착했을 때, 그 자리에서 일어나서 복음서 중의 하나를 처음부터 끝까지 (실제로) 암송했다는 것을 의미하는 것이 아니다. 상식적으로도 그렇고, 사도행전도 그렇게 말하지 않는다. 그러나, 바울의 복음적인 설교는 단지 예수의 죽음과 부활에 대한 어떤 신조적인 주장이 아닌, 예수의 삶과 가르침에 대한 실질적인 설명을 십중팔구 포함했을 것으로 생각된다. 또한 바울 자신의 복음적인 사명에는, 예수의 탄생부터 부활까지의 예수의 이야기에 대한 체계적인 설명이 사실상 포함되어 있을 것이라고 생각된다.

만약에 누가복음의 저자가 바울의 동료였다면(우리가 주장하는 대로) 그러한 결론은 더욱더 그럴 듯한 것이다. 그 증거로는 바울의 선교팀에 복음서 저자가 포함되었다는 것이다. 만약에 그렇다면, 예수의 이야기가 바울의 팀 내에서 관심과 중요성을 차지했다는 결론을 내릴 수 있다. 이론상으로는, 단지 누가만이 관심을 가졌고 그리고 바울을 포함하여 다른 사람들은 관심이 없었다고 할 수 있다. 어쨌든, 누가와 같은 사람이(그리고 아마 그 전에는 마가) 예수의 이야기의 나레이터로서의 특별한 역할을 담당했다고 상상할 수 있겠지만, 일반적으로 이것은 다른 사람들과 함께 하지 않는 그런 관심이었던 것 같지 않다. 그런 것은 확실히 누가가 사도행전에서 제시하고 있는 것이 아니다. 누가는 바울에 대한 설명을 "담대히 하나님 나라를 전파하며, 주 예수 그리스도께 관한 것을 가르치되 금하는 사람이 없었더라"(행 28:31)는 설명으로 끝맺는다. 그것은 역시 바울에 대한 우리의 연구가 제시하는 바도 아닌데, 그 이유는 바울이 예수에 대해 관심이 있었다는 방대한 증거를 우리가 이미 보았기 때문이다. 누가복음이, 바울의 교회가 예수에 대해 과연 무엇을 가르쳤을지에 대한 바람직한 생각을 제공해준다고 추론하는 것은 불합리하지 않다.

이것은, 바울서신이 누가복음과 공통적인 여러 가지의 것들을 가지고 있다는 것에 대해 우리가 조사 과정에서 알게 된 것들과 일치된다. 예를 들어서, 우리는 갈라디아서에서 바울이 율법아래에서 여자에게서 태어난 예수에 대해 설명하는 것이, 누가가 말한 예수의 유아시절의 이야기와 얼마나 비슷하게 들리는지를 보았다. 데살로니가전서에서, 우리는 '진노'와 주님의 재림의 긴급성에 대해 바울이 언급한 것이, 누가복음 21장에서 예수가 한 말과 얼마나 비슷하게 들리는지를 보았다. 고린도전서에서, 우리는 최후만찬에 대한 예수의 말씀이 누가복음과 고린도전서와 얼마나 동일한지를 그리고 고린도 교인들이 마리아와 마르다에 대한 누가복음의 이야기와 예수의 부활의 삶에 관한 말씀에 관한 누가의 설명을 족히 잘 알고 있을 것이라는 것을 지적했다.

한편, 우리 바울이 마태복음 16장 16-20절의 베드로의 위임과 유대인에게로 제한한 사명에 관한 말씀, 그리고 지혜롭고 어리석은 처녀의 비유를 포함하여 다른 복음서에 있는 것들을 익히 알고 있음을 또한 발견했다. 이러한 증거는 전혀 전체적인 주장을 손상시키는 것이 아니다. 그것은 단지 누가가 바울의 교회에 알려진 예수의 이야기와 담화에 대해 많은 것을(모든 것이 아니라) 우리에게 말하고 있다는 것을 의미한다. 누가와 사실상의 모든 복음 전도자들은 선별력이 있기에, 바울도 요한('서로 사랑하라'는 명령)을 포함하여 그들의 각자 속에서 발견한 것들을 증언한다.

만약에 바울과 예수에 대해 우리가 주장한 것이 줄곧 올바른 노선이었다면, 예수의 삶에 대한 바울의 '침묵'이 예수의 지상 사역에 대한 그의 심각한 관심의 결여를 보여준다고 말하는 이들은 전적으로 잘못된 것이다. 사실상 바울은 전혀 침묵하지 않는다. 예수의 가르침을 반복한 흔적과 그의 삶에 대한 암시가 어디에나 있다. 예수의 전승을 보다 명백하게 또는 보다 빈번하게 인용하지 않는다는 문제에 대해서는, 그 증거가 암시하듯이 만약 바울과 그의 동료들이 어떤 장소에서 복음을 전할 때 그들에 의해 예수의 이야기와 담화가 전수되었다고 대답한다면, 이것은 그런대로 족히 설명된다. 바울서신은 양육문서(follow-up documents)로서 '일어나고 있는 문제'를 다루고 있기에, 그는 보통 잘 알려진 전승을 반복할 필요가 없었다. 한편, 바울은 청취자들이 그 암시(allusions)의 의미를 알 것을 기대하면서, 그들에게 암시할 수 있었고 그리고 암시했다. 바울에게 있어 하나님의 교회의 건전한 기초는 단지 예수에 대한 추상적인 신학적 개념이 아니라, 예수의 삶과 가르침, 그의 죽으심과 부활, 그의 현재적 주권 및 그의 재림이었다.

3. 바울과 예수의 참된 이야기

1) 바울에 대한 소개

우리는 사도행전이 바울의 참된 이야기를 말해 준다고 결론을 내렸다. 그리고 사도행전과 바울서신을 함께 둘 때, 바울에게 발견하는 모습은 인상적인데, 그는 하나님의 은총에 사로잡힌 사람으로 다른 이들에 대한 정력적인 사역으로 그 은총을 나타내고 있다. 사도행전의 이야기의 상황 속에 바울서신들을 두는 것은 여러 모로 도움이 되는데, 그것은 어떤 난해한 문제를 해명하기 때문만이 아니라, 또한 그 서신들이 현실과 동떨어진 한가한 신학자의 연구로부터가 아닌 활동적이고 정력적이고 헌신된 사역으로부터 온 것임을 깨닫게 되기 때문이다. 또 바울서신을 사도행전과 함께 읽는 것이 도움이 되는 이유는, 그 서신이 그가 세운 교회에 관하여 많은 것들을 말해줄 뿐만 아니라(고린도전서는 비할 데 없는 전대미문의 모습을 보여준다), 그의 사역에서 특징적으로 나타나는 많은 열정과 고통도 아울러 나타내 보이기 때문이다. 어떤 이들은 바울은 같이 지내기 까다로운 사람이라고 상상하는데, 물론 그는 확실히 베드로와도 적어도 한번은 그 사이가 틀어졌고 그리고 아주 훌륭한 사람인 바나바(바울을 위해 많은 일을 했음)와도 두 번씩이나 그랬다. 그러나 바울은 그 두 사람과 화해했으며, 그리고 비록 그의 강한 신념 때문에 어떤 일에 대해서는 비타협적인 사람으로 보이지만, 다른 한편으로 그는 대단히 인간적이고 사람에 대한 관심이 깊었다. 그는 우상에게 바친 음식에 대해 '강한 자'의 견해에 동의하나, '약한 자'를 희생시키면서까지 자신들의 견해를 고집하는 것에 대해서는 단호하게 맞선다. 그는 성과 인간의 신체는 단지 육체적인 것이기에 그리스도인들은 그것을 억제해야만 한다고 생각하는 초-영적인 사람들(the super-spiritual)과는 의견을 달리한다. 그는 동료들과 회심자에게 사랑과 존경을 고취시키면서, 그들을 아주 깊이 돌보아 주었다. 그는 편지로는 강한 자나, 인간적으로 약한 자라는 평판을 받았다(고후 10.10). 사람들이 그를 천국에서 만날 때, 많은 사람들은 고린도전서 13장의 작가인 이 사람이 얼마나 온유하고 사랑이 많은지를 보고 놀랄 것이다!

어떤 사람들이 예수에 대한 바울의 신실성을 의심하는 것에 관해서 말하자면, 적어도 표면적으로는 예수의 하나님 나라의 가르침과 바울의 칭의와 '그리스도 안에서'라는 가르침 사이에는 명백한 차이점이 있는 것 같다. 그러나 우리가 보기에도 바울은 예수의 가르침과 이야기에 매우 관심이 있었던 사람으로서, 그는 자신이 주님으로 본 그분에게서부터 자신의 삶과 사역에 대한 모델을 찾았다. 그리고 우리는 예수의 메시지와 바울의 가르침 사이에 연결되는 사항들이 아주 많음을 보았다(본 저자의 이전에 나온 책,「바울:예수의 제자인가, 기독교의 창시자인가?」에서도 자세하게 조사한 사항임). 바울은 기독교의 발전에 있어 그의 고유한 공헌을 하지 않은 것이 아니다. 그 반대로, 바울은 예수의 죽음과 부활 *이후*(아주 거대한 중대 사건), 오순절과 성령의 은사 *이후*, 그리고 재림 *이전*에 이방 세계에서 예수를 따른다는 것이 무엇을 의미하는지를 그의 교회들과 함께 실천함으로 절대적인 공헌을 했다. 그러나 새로운 상황 때문에 불가피하게 바울은 예수가 논하지 않았던 새로운 문제를 표명해야만 했을지라도, 우리가 조사한 증거를 보면, 바울에게는 예수가 여전히 그 기초로 남아있음을 보게 된다. 예수의 메시지(또는 '그리스도의 말씀' : 골 3:16)와 예수의 모범(고전 11:1), 그리고 무엇보다도 예수의 죽음과 부활은 바울의 사역의 핵심이었다.

또한 주목할 가치가 있는 것은, 우리가 예를 들어 바울이 영적인 은사문제나 고린도에서의 성문제와 같은 어려운 문제를 다루는 것을 관찰해보면, 그것들을 다루는 그의 모습은 균형이 잡혀있고 그리고 인상적이다. 그는 기적적인 영적인 은사를 긍정하지만, 하나님의 사랑이 우선됨과 십자가의 방법을 강조한다. 이것은 확실히 예수에 대한 충실한 해석인데, 예수는 기적을 행하였지만 그 후 그의 얼굴을 십자가에 두었던 것이다. 바울은 성령을 통한 그리스도 안에서의 자유와 그리스도 안에서의 남녀간의 평등을 긍정한다. 그러나 바울은 또한 창조의 선함과 남녀간의 신체의 선함과 차이점의 선함을 긍정하면서, 고린도 교회의 다양한 구성원들의 부도덕성과 남녀 공통적인 금욕주의를 둘다 배제한다. 다시 말하면, 예수에 대한 바울의 해석은 틀림없이 건전하게 보인다. 바울이 여성차별주의자이고 그리고 흥을 깨는 금욕적인 사람이었고, 예수의 긍정적인 가르침을 왜곡시킨 사람이었다는 생각은 전적으로 빗나간 것이다. 그 반대가 맞다. 바울이 우리가 '그리스도의 마음을 가지고 있다' 고 말할 때, 그는 자신을 배타적으로 말한 것이 아니라 일반적인 그리스도인에 대해 말한다(고전 2:16). 그러나, 그것은 우리가 그를 지성적이고, 사랑이 많고, 예수에 대해 융통성 있는 충실한 해석자이자 눈에 드러나는 진실한 사람으로 볼 수 있게 한 그런 논조의 말이다.

2) 예수에 대한 의문

이 책은 바울에 초점을 두고 있으나, 바울과 예수에 대해 말한 것들을 고려할 때, 예수에 대한 설명으로 끝내는 것도 부적절하지 않을 것이다. 왜냐하면, 우리의 연구는 예수의 이야기의 진실성의 문제에 대해서도 흥미있는 어떤 함의를 가지기 때문이다.

그리스도인의 신앙에 있어서, 복음서의 예수 이야기가 사실인지에 대한 것보다 더 중요한 질문은 아마도 없을 것이다. 모든 종류의 의심은 그것들에 대해서 일어났고 그리고 모든 종류의 이론은 복음서를 설명하기 위하여 제출된 것으로, 특히 복음서간의 관계에 대한 것이다. 학자들은 대부분 복음서가 1세기에 모두 쓰인 것에 동의하지만, 다른 문제들에 대해서는 의견상의 차이점이 크다.

이 책에서 우리는 많은 경우에 있어서 매우 복잡한 이러한 문제들을 조사할 수 없다. 그러나, 우리의 연구는 세 가지 이유에서 적절하다. 첫 번째, 그것은 예수의 이야기와 담화가 바울의 선교사역 동안에, 그리고 바울이 서신을 쓸 때에(달리 말해서, 예수 자신이 나타난 십년 혹은 이십년 내에) 얼마나 중요했는가를 보여준다. 학자들은 복음서의 날짜를 주후 60년경이나 그 이후로 잡는 경향이 있다. 그리고, 어떤 이들은 예수의 이야기와 담화가 다소 그것이 기록되기 이전에는 다소 부정확하게 기억되었을 것이라고 추측한다. 당연히, 많은 것들이 삼십년 안에 잊혀졌을 것이다. 그러나, 바울의 증거를 보면, 여전히 목격자들(우호적이고 적대적인!)이 살아있는 동안에는, 그리스도인들은 가장 이른 초대 교회 시대에서부터 줄곧 예수에 대해 조심스럽게 가르치고 배웠다는 것을 보여준다.

두 번째 그리고 더욱 특별히, 바울(주후 40년대 후반에 글을 씀)이 예수의 탄생의 이야기(하나의 예로, 누가복음에 있음)나 혹은 예수의 지혜로운 처녀와 어리석은 처녀에 대한 비유(다른 하나의 예로, 마태복음에 기록)를 알고 있다는 우리의 생각이 옳다면, 그러면 이것은 그러한 이야기들에 대한 유력한 확증적인 진술이고, 그리고 다른 많은 것들도 마찬가지다. 바울의 증거는 또한 다른 복음서들을 다루는 문제에도 빛을 비추어준다. 학자들은 대부분 마가복음이 가장 이른 복음이라고 생각하는데, 이것이 옳다고 생각될 수 있다. 그러나, 바울은 마가복음이 믿을 만한 유일한 정보의 근거가 아님을 우리에게 상기시킨다. 누가복음 혹은 마태복음(또는 심지어 요한복음)에서 다만 발견되는 이야기와 담화도 역시 아주 이른 시기로 사실상 되돌아가기 때문이다.

세 번째 그리고 마지막으로, 우리는 누가가 사도행전에 있는 바울의 이야기를 훌륭하고 박식하게 말하는 역사가임을 설명했다. 만약에 이것이 두 번째의 책에서도 사실이었다면, 예수에 관한 책인 첫 번째의 책(누가복음)에서도 사실이라는 것이 가능한 입장임에는 틀림이 없다.

누가는 다음과 같이 정확성에 대한 인상적인 주장을 하면서 그의 복음서를 시작한다. "우리 중에 이루어진 사실에 대하여, 처음부터 말씀의 목격자 되고 일군 된 자들의 전하여 준 그대로 내력을 저술하려고 붓을 든 사람이 많은지라. 그 모든 일을 근원부터 자세히 미루어 살핀 나도 데오빌로 각하에게 차례대로 써 보내는 것이 좋은 줄 알았노니, 이는 각하로 그 배운 바의 확실함(혹은 '안전함')을 알게 하려 함이로라"(눅 1:1-4). "자세히", "목격자", "확실함을 알게"와 같은 표현들로써 이렇게 복음서가 시작되는 것은 자신의 설명이 진정한 역사로 보여지기를 원하는 필자와도 그 보조가 정확히 일치된다. 어떤 학자들은, 그것은 역사성의 문제에 대한 진정한 의도가 없이 순전히 형식적으로도 그렇게 시작할 수 있다는 식으로 말한다. 그러나, 사도행전을 관찰하면서 우리가 보았던 관점에서 보면, 이러한 학적인 의견은 대단히 문제시될 만한 것이라는 생각이 든다.

물론, 누가복음에는 '우리'라는 구절이 없기에, 그(어떤 학자)는 사도행전을 믿을 수 있는 것으로, 복음서를 믿을 수 없는 것으로 여길 수 있다. 그러나, '우리'라는 구절은 단지 사도행전의 중간쯤에서 시작하기에, 우리는 그 이전의 부분들(바울의 회심과 관련 있는 것)도 근거가 충분함을 발견했다. 이 저자(누가)는 자신의 탐구를 할 수 있는 것이다! 분명히 그 복음서는 바울(만약, 저자가 누가였다면, 바울의 동료는 누가임) 이전의 것들을 기술하지만, 저자(누가)는 장기간 바울과 함께 팔레스타인에 있었던 것으로 보인다(행 21:27, 27:1 등에서의 '우리'라는 구절을 보라). 그리고 누가복음 1장 1-4절을 쓴 저자는 이후의 문제들에 대한 연구에서처럼, 예수에 대해서도 철저하게 연구했을 것 같다. 만약에 그가 바울에 대해 신용할 수 있는 이야기를 해주는 데 어려움을 가지고 있었다면(우리가 주장했듯이), 그는 예수의 이야기에 대해서도 동일할 것이라고 추측할 수 있다.

예수의 문제에 대한 이러한 세 가지 요소의 증거는 중요하다. 우리는 이 책에서의 우리의 과업을 조사관(탐정)의 업무에 비유하면서, 급하게 조기에 결론으로 비약하지 않고, 다른 증거의 항목들을 함께 연결하면서, 그것들이 어떻게 함께 일치하는지를 보려고 했다. 우리가 발견한 것은 수렴적인 증거들이 경탄스럽게 서로 얽혀져 있다는 것이다. 사도행전에서, 바울서신 및 다른 복음서에서부터, 또한 요세푸스나 다른 고대의 역사가는 말할 것도 없다. 이러한 증거가 그 질문에 관련하여 제시하는 것, 신약성경에 나오는 예수의 이야기가 '참' 된가? 우리는 '참' 이라는 단어가 의미하는 것을 정확히 정의하면 오랜 시간을 낭비할 수도 있다. 그러나, 만약에 우리가 묻는 것이 신약성경에 나오는 예수의 이야기가 공정한 역사에 근거하는지를 묻는 것이라면, 우리의 증거가 지시하는 쪽의 대답은 '그렇다' 는 것이다.

여러분들이, 이 책에서 조사한 증거들에 의하여서, 바울의 참된 이야기와 또한 예수의 참된 이야기를 깨달아 소유하기를 강조하는 바이다.